VISIONEN UND UTOPIEN

VISIONEN UND UTOPIEN

eco

INHALT

Bildessay **Der Paradiesgarten**
6

KAPITEL 1
Auf der Suche nach dem vollkommenen Leben
16

Bildessay **Baumeister privater Utopien**
43

KAPITEL 2
Amerika als Gelobtes Land
56

Bildessay **Traumstadt am Meer**
87

KAPITEL 3
Die Vervollkommnung des menschlichen Geistes
98

Bildessay **Die Pflicht zur Erneuerung**
120

KAPITEL 4
Wegbereiter einer utopischen Gesellschaft
134

Danksagung
154

Bibliographie
156

Register
157

Der Paradiesgarten

Die Vorstellung vom Paradies, sei es als himmlisches Reich oder als irdisches Eden, als ein Zustand ursprünglicher Unschuld oder ewiger Seligkeit, ist eine der ältesten utopischen Visionen. Jede Kultur hat das Paradies auf ihre Weise dargestellt, doch fast alle denken das Paradies als einen Garten des ewigen Frühlings, in dem der Sterbliche unsterblich wird und der menschliche Geist in Harmonie mit dem göttlichen vereint ist.

Das Wort „Paradies" geht zurück auf das altpersische *pairidaeza*, das Park oder Einfriedung bedeutet. Auf dem dürren persischen Hochland haben Gärten offenbar eine nahezu religiöse Bedeutung angenommen. Der persische Garten war eine ummauerte Oase, gegliedert durch ein Netz von Wasserläufen – eine kosmologische Idee, die sich auch im biblischen Eden widerspiegelt. Durch Obstbäume, Blumen und grünes Strauchwerk symmetrisch gestaltet, sollte er der philosophischen Besinnung ebenso dienen wie der sinnlichen Freude.

Auch die Gartenparadiese anderer Kulturen verkörperten das Ewige. Nach dem Koran werden die Seligen in Gärten der Lust geführt, wenn sie zu Gott gebracht werden. Der ewige Sitz der Hindugötter ist ein Land der Blumen, der Düfte und der goldenen Pfade.

Der Baum der Glückseligkeit des islamischen Propheten wächst aus himmlischen Wurzeln abwärts und verbindet Himmel und Erde. Dieses türkische Motiv aus dem 18. Jahrhundert ist eine Version des mythischen kosmischen Baums, eines Symbols der Erneuerung oder Unsterblichkeit.

Die jüdisch-christliche Theologie verleiht dem Garten ebenfalls paradiesische Züge. Im europäischen Mittelalter war der Klostergarten – wie der persische Garten – ein umfriedeter Ort, der Zuflucht und Geborgenheit verhieß. Während in der Welt außerhalb seiner Mauern Elend und Krankheit herrschten, bot er mit seinen Heilkräutern und Nutzpflanzen wie Gemüse und Getreide die Früchte eines irdischen Paradieses. So ist es verständlich, daß die religiöse Kunst die Muttergottes mit dem Jesuskind und andere christliche Motive oft inmitten oder vor dem Hintergrund eines ummauerten Gartens darstellte.

In den Religionen des Westens gelten Paradiesgärten als Orte der Kontemplation und Erbauung, in denen des Ostens erhoffen sich die Menschen von ihnen Erleuchtung. Im konfuzianischen Denken verkörpert die Natur Weisheit und Tugend. Die Zen-Lehre sieht den Buddha im schlichtesten Stein gegenwärtig, und für die Anhänger des Amida-Buddhismus führt der Weg zum Paradies, dem Reinen Land, durch den Garten. Doch gleichgültig, auf welchem Wege die Menschheit ins Paradies gelangt und welche Form dieses annimmt, der Glaube ist, wie die Gemälde auf den nachfolgenden Seiten zeigen, unvergänglich.

Auf Allahs Geheiß huldigen Engel Adam und Eva, die in dieser Koran-Darstellung des Gartens Eden einen flammenden Glorienschein tragen (aus einer persischen Miniatur des 16. Jahrhunderts; gegenüber).

شيطان لعين

Auf der unten abgebildeten indischen Malerei des 18. Jahrhunderts warten eine Gopi (eine Schäferin) und ihre Begleiterin auf das Erscheinen von Krishna, dem Gott der Liebe – ein Symbol für das Streben der menschlichen Seele nach Vereinigung mit dem Göttlichen, nach Erlösung vom irdischen Kreislauf der Geburt und Wiedergeburt. Jede Gopi glaubt, sie sei die einzige Geliebte des Gottes. Die wartenden Frauen sind entzückt von der Schönheit des Frühlings, der eine Zeit der Erneuerung ankündigt und bei den Menschen die Hoffnung auf geistige Vollendung weckt.

Auf der indischen Darstellung gegenüber tritt ein kostbar gewandeter Krishna bei Vollmond auf, um seinen kosmischen Tanz zu vollführen. Während himmlische Helfer Blumen herabstreuen, bilden die Gopis einen Kreis als Symbol der Hochzeit zwischen Himmel und Erde. Der blaue Gott – wie Krishna ebenfalls genannt wird – tanzt gleichzeitig mit jeder Gopi; die Verbindung des Paares steht für die Vereinigung der Gläubigen mit dem Göttlichen.

Auf dieser Malerei aus dem Jahre 1646 (links) mit dem Titel „Pfirsichblütenfrühling" erstreckt sich vor einem einsamen Wandersmann am rechten Bildrand eine grüne Wildnis. Die Szene erinnert an die Utopie, die der chinesische Dichter T'ao Ch'ien im 5. Jahrhundert beschrieb. Darin stößt ein Fischer auf ein Wäldchen blühender Pfirsichbäume, hinter dem sich eine Grotte auftut. Er durchschreitet sie und gelangt in ein verzaubertes Land. Er verläßt dieses Paradies in der Hoffnung auf Rückkehr, kann aber den Weg nicht mehr finden.

Die Erzählung offenbart die tiefe Überzeugung der Chinesen, daß die Abgeschiedenheit in der Einsamkeit der Natur zu geistiger Erneuerung führe. Wenn sie mit dem Rhythmus der Natur harmonieren, können die Menschen den Weg zu Weisheit, Wahrheit und Verstehen finden – das Paradies auf Erden.

Auf der Suche nach Harmonie gibt sich auf dem obigen Rollbild aus dem 14. Jahrhundert ein japanischer Beamter unter Pflaumen- und Kirschblüten der Meditation hin. Die japanische Gartenkunst, von buddhistischen Mönchen aus China vermittelt, reduziert die Natur auf das Wesentliche. Hier mag der in Kontemplation Versunkene das geistige Paradies erblicken.

Der florentinische Maler Sandro Botticelli dachte sich das Paradies als ein Land der natürlichen Harmonie und Schönheit, und so stellte er die Ankunft des Frühlings auf seinem um 1478 entstandenen Gemälde „Primavera" (unten) dar. Das Gemälde zeigt, wie Zephir, der Westwind (am rechten Bildrand), die verschleierte Primavera, den Frühling, ergreift und in Flora, die blütenstreuende Göttin der Blumen, verwandelt. Die eklektische Vision des Künstlers, in der sich antike Mythen und christliche Symbole vereinen, veranschaulicht die Überzeugung der Frührenaissance, die ganze Schöpfung sei durch ein geistiges Band mit Gott verbunden.

Der flämische Maler Jan Brueghel d. Ä. zeigt eine Menagerie von Geschöpfen (rechts), die sich mit Mann und Frau einen reichen Garten Eden teilen. Adam und Eva sind klein und unauffällig im Hintergrund dargestellt. Das Gemälde ruft die ursprüngliche Unschuld des Menschen in Erinnerung und vermittelt das biblische Idealbild eines fruchtbaren Gartens, den Gott auf Erden schuf.

Die Höhen und Täler des Paradieses gehen auf diesem Gemälde, das der britische Maler John Martin „Die himmlischen Gefilde" (1854) nannte, in das helle Licht der Ewigkeit über. Die Landschaft illustriert das christliche Bild des Paradieses, wie es das Buch der Offenbarung im Neuen Testament beschreibt – eine von lichten Engeln bewohnte, verschwenderisch schöne, überirdische Welt, in der die Seelen auf das Jüngste Gericht warten.

KAPITEL 1

Auf der Suche nach dem vollkommenen Leben

In Utopia, wo jedermann ein Anrecht auf alles hat, wissen alle, daß – wenn dafür Sorge getragen wird, daß die öffentlichen Speicher gefüllt sind – es niemandem an irgend etwas mangeln wird; denn es gibt keine ungleiche Verteilung unter ihnen, so daß niemand arm und niemand in Not ist; und obwohl niemand irgend etwas besitzt, sind doch alle reich; denn was kann einen Menschen reicher machen, als daß er ein heiteres und fröhliches Leben führt, frei von Sorgen?"

So beschrieb Thomas More [Morus], der englische Staatsmann des 16. Jahrhunderts, seine Vorstellung von der idealen Gesellschaft und prägte damit jenen Begriff, der seither einen Ort der Vollkommenheit bezeichnet. More – der später Lordkanzler unter Heinrich VIII. wurde und als Märtyrer in die Geschichte der katholischen Kirche eingehen sollte – schrieb sein Werk *Utopia* als staatsphilosophischen Dialog in zwei Teilen in den Jahren 1515 und 1516. Der Titel spielt mit den beiden in englischer Aussprache gleichlautenden griechischen Wörtern *eutopia* und *utopia*, die einerseits „guter Ort", andererseits „Nirgendwo-Land" bedeuten.

Es ist der fiktive Bericht eines Portugiesen mit Namen Raphael Hythlodeus – auch dies ein hintersinniges Spiel mit einem griechischen Wort, das etwa „Erzähler von witzig erfundenen Dingen" bedeutet –, der angeblich dreimal an Entdeckungsreisen des italienischen Seefahrers Amerigo Vespucci in die Neue Welt teilgenommen hat. Während der erste Teil des Buches eine verhüllte Kritik am England der Renaissance enthält, schildert der zweite Hythlodeus' Besuch in dem Land Utopia, einer Insel vor der Küste von Irgendwo, „wo die Lebensweise der Bewohner nicht nur die glücklichste Grundlage für eine zivilisierte Gemeinschaft ist, sondern überdies nach aller menschlichen Voraussicht auf ewig bestehen wird".

Thomas More war nur einer jener unzähligen Visionäre, die von einer idealen Welt träumten, einem Himmel auf Erden, der weder Böses noch Unvollkommenheiten kennt. Diesen universalen Traum haben tapfere – und bisweilen tollkühne – Optimisten immer wieder auf ihre Weise geträumt, in fast allen Kulturen, von den sumerischen Priesterherrschern über die Philosophen der Renaissance bis hin zu den Sozialrevolutionären des 20. Jahrhunderts. Die einen dachten an ein Paradies gleich dem Garten Eden, in dem die Menschen frei von irdischer Mühsal in ewiger Herrlichkeit leben könnten, die anderen entwarfen ihre eigenen Utopien und beschrieben

Städte und Staaten, die sich rühmen konnten, die Probleme der Menschheit vollkommen gelöst zu haben. Mores *Utopia* und Platons *Staat* gehören zu den bekanntesten Beispielen solcher Gedankenentwürfe der Vollkommenheit.

Viele haben sich nicht damit begnügt, ihr Utopia lediglich zu träumen oder zu planen. Sie weigerten sich, die bestehende Gesellschaft zu akzeptieren, und schlossen sich zu Gemeinschaften zusammen, die der Utopie nachlebten. Pythagoras, der griechische Mathematiker und Mystiker des 6. Jahrhunderts v. Chr., führte eine Sekte, deren Anhänger in mönchischen Gemeinschaften und strenger Askese lebten, um Vollkommenheit zu erlangen.

Zweitausend Jahre nach Pythagoras sahen unzählige Gruppen in der Entdeckung Amerikas einen neuen Anfang, die Gelegenheit, zu einer Lebensweise wie im Garten Eden zurückzukehren. Religiöse Utopisten schufen in Amerika modellhafte Gemeinschaften mit dem Ziel, zu geistiger Vollkommenheit zu gelangen. Andere versuchten in der Neuen Welt auf der Grundlage radikal-utopischer intellektueller Vorstellungen Gemeinschaften zu bilden. Auch das 20. Jahrhundert hat utopische Visionäre hervorgebracht, darunter diejenigen, die in einem *New Age* zu leben glauben und meinen, Utopia existiere in uns selbst. Sie behaupten, die Menschen könnten, wenn sie die spirituelle Dimension ihres Bewußtseins nur entwickelten, harmonisch in einem weltumspannenden Utopia zusammenleben.

Am stärksten ist das Bedürfnis, sich einen Himmel auf Erden zu entwerfen, zumeist in Zeiten des Haders und des Umbruchs. Für Platon war das auslösende Motiv die Eroberung seines geliebten Athen durch das mächtige Sparta, für More waren es die Vorzeichen der nahenden Reformation; für viele, die nach Amerika auswanderten, war es die religiöse Verfolgung in der Heimat, und für manche Amerikaner des 20. Jahrhunderts waren es Krieg, Armut und Rassismus. Nichts deutet darauf hin, daß die Suche nach Utopia nachläßt. Allein in den Vereinigten Staaten soll es nicht weniger als 3000 idealistische Gemeinschaften geben, in denen sich Menschen zusammenschlossen, um ein gemeinsames Ziel oder Ideal zu verwirklichen.

Die Definitionen der Utopie sind so vielfältig wie die Gruppen, die sie anstreben. Doch für die meisten bedeutet Utopie Vollkommenheit, Harmonie – Harmonie mit sich selbst und mit anderen. Utopien haben aber auch mit Vorstellungen zu tun, wie die Menschen leben sollten, und das berührt Fragen wie die der Religion, Arbeit, Gleichheit, Sexualmoral, Familie, des Eigentums und der Autorität. Die einzelnen Gemeinschaften sehen diese Dinge sehr unterschiedlich. Setzen die einen die ideale Gesellschaft mit materiellem Wohlstand gleich, so wollen andere von den materiellen Gütern nichts wissen. Es gibt Utopisten, die ein vollkommen natürliches Leben anstreben, und andere, die als Grundlage ihrer Gemeinschaft die moderne Technik feiern. Während einige persönliches Eigentum befürworten, treten die meisten für die gemeinschaftliche Teilhabe ein, bei der alle gleichberechtigt sind und Zugang zu allen Dingen haben.

Welche Form sie auch annimmt – die

utopische Vision begleitet uns stets. Oscar Wilde behauptete, daß man eine Weltkarte, auf der Utopia nicht verzeichnet sei, gar nicht zur Kenntnis nehmen dürfe, da sie das einzige Land ignoriere, das die Menschheit immer wieder suchen werde. Und wenn sie dort ankomme, halte sie Ausschau und setze, wenn sie ein besseres Land erblicke, wieder die Segel. Fortschritt bestehe in der Verwirklichung von Utopien.

Während man den Begriff der Utopie im Zusammenhang mit einer idealen Gesellschaft bis zur Renaissance nicht benutzte, ist die Vorstellung von einem Ort, der kein Leiden kennt und dessen Bewohner unsterblich und ewig jung sind, so alt wie die Menschheit. Jede Kultur hatte ihre Paradies-Mythen, wie die Gelehrten sagen, und aus diesen Paradies-Mythen der Vergangenheit, die in der Seele des modernen Menschen bewahrt sind, speist sich in der säkularen westlichen Welt die Vision von Utopia.

Viele dieser Mythen beschreiben ein längst vergangenes goldenes Zeitalter, in dem die Menschen ohne Furcht und Mangel lebten. Die Cheyenne-Indianer erzählen von einer fernen Zeit, in der Männer und Frauen sich nackt und ohne Scham bewegten, von Überfluß umgeben. Andere Völker verstanden das Paradies als einen Teil jener Welt, die noch niemand gesehen hat, als einen Ort, der ein glückliches Dasein verheißt, als Belohnung nach dem Tode. In all diesen Mythen ist das Paradies ein Ort der Unschuld, frei von Konflikten. Es ist zugleich ewig, und wenn es gegenwärtig verloren ist, dann muß es künftig wiederkehren.

Der Garten Eden im alttestamentlichen Buch Genesis, dessen Bilder ins Bewußtsein der westlichen Zivilisation eingegangen sind, ist wohl das bekannteste Beispiel für ein Paradies, doch bei weitem nicht die älteste der erhaltenen Beschreibungen. Diese Auszeichnung gebührt dem Paradies-Mythos der Sumerer, jenes bemerkenswerten Volkes, das zwischen 4000 und 2000 v. Chr. das Zweistromland bewohnte. Nach Ansicht einiger Sprachwissenschaftler haben die Juden das Wort *eden* („fruchtbare Ebene") sogar bei den Sumerern entlehnt.

Die Sumerer erreichten einen hohen Entwicklungsstand in Landwirtschaft und Handwerk, Architektur und Kunst, besonders aber in der Literatur. Archäologen haben über 5000 Tafeln und Reste anderer Objekte entdeckt, auf denen literarische und religiöse Werke der Sumerer festgehalten sind. Besonders faszinierend ist eine Tontafel, die von dem Land Dilmun erzählt: „Das Land Dilmun ist rein ... / Es ist ein sauberer Ort, es ist ein überaus glänzender Ort ... / In Dilmun stößt der Rabe keinen Schrei aus, / Der Falke stößt nicht den Schrei des Falken aus, / Der Löwe tötet nicht, / Der Wolf tötet nicht das Lamm, / Unbekannt ist der Hund, der das Zicklein tötet, / Unbekannt ist der kornvertilgende Eber ... / Der augenkranke Mann sagt nicht: Ich bin augenkrank, / Die alte Frau sagt nicht: Ich bin alt."

Die Sage von Dilmun beschreibt ein Land, das weder vom Wind noch vom Regen Gewalt erleidet, dessen Felder ewig grün und fruchtbar sind, einen Ort, wo reine Quellen aus der Erde sprudeln. Die Idylle ist von Göttern und Göttinnen bevölkert, die frei von aller Mühsal sind und denen Alter wie auch Krankheit nichts anhaben können. Doch gegen die Versuchung sind die Bewohner von Dilmun nicht gefeit. Nach der sumerischen Sage ließ die Muttergottheit Ninhursag inmitten der fruchtbaren Felder von Dilmun acht Pflanzen wachsen, die zu essen sie den Unsterblichen verbot. Doch Enki, der Gott des frischen Wassers, konnte der Versuchung nicht widerstehen, die

Auf der Insel Utopia, die der englische Staatsmann Thomas More (ganz links) als Fiktion beschrieb und die auf diesem Holzschnitt aus dem im 16. Jahrhundert erschienenen Werk zu sehen ist, lebte es sich ganz anders als im England der Renaissance. Ob More die in seinem Buch geschilderte religiöse Toleranz und den Gemeinbesitz tatsächlich befürwortete oder ob er eine Satire verfaßte, ist unter Gelehrten bis heute strittig. Der Verfasser tat allerlei, um seine Geschichte glaubhaft erscheinen zu lassen. So stellt er ein utopisches Alphabet vor und ein Beispiel utopischer Dichtung (unten). Andererseits enthält sein Text eine Fülle von Wortspielen: Die Stadt Amaurotum (griech. „Nebelstadt“) etwa liegt an dem Fluß Anydrus („Fluß Wasserlos“).

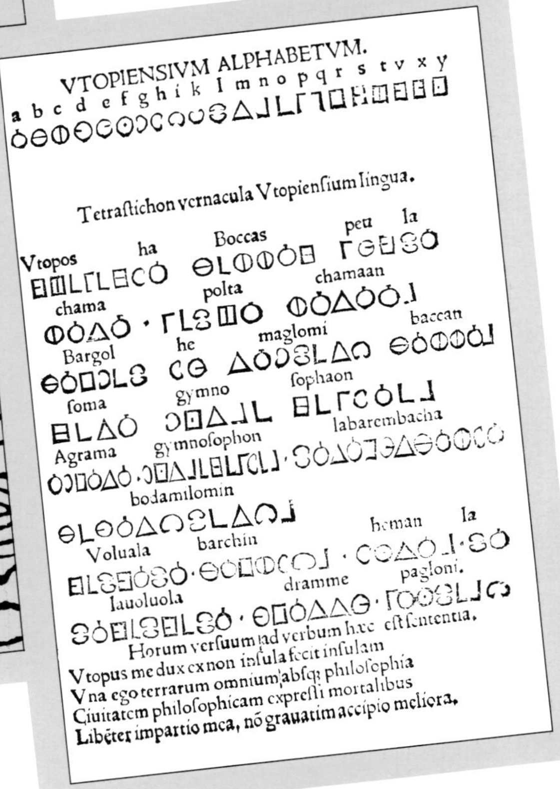

VTOPIENSIVM ALPHABETVM.

a b c d e f g h i k l m n o p q r s t v x y

Tetraſtichon vernacula Vtopienſium lingua.

Vtopos ha Boccas peu la

chama polta chamaan

Bargol he maglomi baccan

ſoma gymno ſophaon

Agrama gymnoſophon labarembacha

bodamilomin

Voluala barchin heman la

lauoluola dramme pagloni.

Horum verſuum ad verbum hæc eſt ſententia.

Vtopus me dux ex non inſula fecit inſulam

Vna ego terrarum omnium abſq; philoſophia

Ciuitatem philoſophicam expreſſi mortalibus

Libēter impartio mea, nō grauatim accipio meliora.

Pflanzen zu kosten. Er wird nach ihrem Genuß von einer tödlichen Krankheit befallen. Ninhursag rettet Enki zwar, indem sie acht heilende Göttinnen erschafft, damit diese die acht erkrankten Teile seines Körpers gesunden lassen, doch beginnt mit der Verfehlung des Gottes eine neue Ordnung. Von nun an ist ein ewiges Leben wohl noch möglich, aber nicht mehr selbstverständlich und unausweichlich, denn es werden neue Wesen geboren, „Menschen mit dunklem Haupt", um den Göttern als sterbliche Begleiter zu dienen.

Da die Herkunft der Israeliten sich bis nach Mesopotamien, dem Zweistromland, zurückverfolgen läßt, ist es nicht erstaunlich, daß in der biblischen Beschreibung des Gartens Eden ein Widerhall von Dilmun anklingt. In der Genesis heißt es: „Und es ging aus von Eden ein Strom, zu wässern den Garten", in dem waren „allerlei Bäume, lustig anzusehen und gut zu essen". Und gleich den verbotenen Pflanzen von Dilmun gab es einen Baum, reich an Früchten, der den Bewohnern des Gartens, Adam und Eva, verboten war. Doch Eva wurde von einer Schlange verleitet, die ihr versprach, sie und Adam würden sein wie Gott, wenn sie einen Apfel vom Baum der Erkenntnis des Guten und des Bösen äßen. „Und das Weib schaute an, daß von dem Baum gut zu essen wäre und daß er lieblich anzusehen und ein lustiger Baum wäre, weil er klug machte; und sie nahm von der Frucht und aß und gab ihrem Mann auch davon, und er aß. Da wurden ihrer beider Augen aufgetan, und sie wurden gewahr, daß sie nackt waren, und flochten Feigenblätter zusammen und machten sich Schürze."

Der Genesis zufolge bestrafte Gott Adam und Eva für ihren Ungehorsam, indem er sie dazu verurteilte, sich mühselig vom Acker zu ernähren und schließlich zu sterben. Er vertrieb sie aus dem Garten Eden und verbannte sie aus ihrem früheren Zustand eines unschuldigen Glücks und der Harmonie mit allen Geschöpfen Gottes.

Der Fall der Menschheit aus der Gnade ist keine Besonderheit der jüdisch-christlichen Überlieferung. Afrikanische Mythen berichten von menschlichen Übertretungen, die Gott dazu zwangen, in den Himmel zurückzukehren. In Angola heißt der Eine große, unsichtbare Gott, der alle Dinge schuf und lenkt, Nyambi. Menschen – so der Mythos – haben ihn gekränkt, und er hat ihnen seine Zuneigung entzogen. In Nordamerika berichten zahlreiche Legenden der Hopi-Indianer davon, daß die Menschen begannen, sich von dem

Dem Alten Testament zufolge wurde der legendäre Turm zu Babel – links in der Darstellung (1563) des flämischen Malers Pieter Brueghel d. Ä. – von den Nachfahren Noahs errichtet, um zum Himmel zu gelangen. Zornig über diese Anmaßung, vereitelte Gott den Plan, indem er die Sprache der Menschen verwirrte und diese über das Antlitz der Erde zerstreute.

Die Geschichte erklärt die Entstehung der unzähligen Sprachen dieser Welt und enthält zugleich eine Warnung vor den Gefahren, die demjenigen drohen, der Gottes Plan mißachtet. Die zweifache Botschaft der Erzählung beruht nach Ansicht von Gelehrten auf der Ähnlichkeit des Namens Babel – aus dem babylonischen „babili" („Gottes Tor") – mit dem hebräischen Verb „balal" („verwirren").

Der wirkliche Turm von Babel war vermutlich eine Zikkurat (ein Stufenturm in babylonischen Tempelanlagen) namens „E-temen-an-ki" („Haus der Grundlagen von Himmel und Erde"), die wohl Mitte des 16. Jahrhunderts v. Chr. in Babylon gebaut wurde. Als künstliche Nachbildung des kosmischen Berges gedacht, der nach der Legende das Heilige und das Profane vereinte, war das Gebäude rund hundert Meter hoch. Die babylonischen Priester hofften, wenn sie eine solche Zikkurat erstiegen, den symbolischen Gipfel der Welt zu erreichen – die höchste Stufe der Schöpfung und damit geistige Vollkommenheit.

Adam und Eva haben ihre Unschuld – wie auch ihre Unsterblichkeit – verloren und bedecken sich schamhaft, als sie, hier auf einem Gemälde von Michiel van Coxcie (16. Jahrhundert), aus dem Garten Eden fliehen. Fast alle Kulturen machen die Übertretung von Geboten dafür verantwortlich, daß die Menschheit den Stand der Gnade verlor und seither nach dem Paradies auf Erden sucht.

Großen Geist zu entfernen, und sich entzweiten. Da drang eine listige Schlange in ihr Paradies ein und entfernte die Menschen noch weiter voneinander. „Sie begegneten sich mit Mißtrauen und beschuldigten einander fälschlich, und schließlich wurden sie kriegerisch und begannen sich grimmig zu bekämpfen."

In all diesen Überlieferungen bedeutet der Fall der Menschheit aus der Gnade das Ende eines goldenen Zeitalters, mit dem der Niedergang der Welt einsetzt. In ganz unterschiedlichen Zivilisationen glaubt man, die Welt durchlaufe einen Zyklus von Epochen, der zu Zerstörung und Wiedererneuerung führt. In fast allen Legenden heißt es, das Leben des Menschen auf der Erde habe in einem Zustand der Vollkommenheit begonnen. Zu den bekanntesten Beispielen solch untergegangener Zeiten gehört das goldene Zeitalter des antiken griechischen Mythos, wie ihn der griechische Dichter Hesiod aus dem 8. Jahrhundert v. Chr. in seinem Epos *Werke und Tage* schildert: „Am Anfang schufen die unsterblichen Götter, die ihren Sitz auf dem Olymp hatten, ein goldenes Geschlecht sterblicher Menschen, die in der Zeit des Kronos lebten, als dieser König des Himmels war. Sie lebten wie die Götter, sorglosen Gemüts, über Mühsal und Kummer erhaben. Das elende Alter suchte sie nicht heim, sondern sie vergnügten sich mit Festen, fern aller Übel. Sie hatten alle guten Dinge, denn eine fruchtbare Erde brachte ohne ihr Zutun Früchte in Hülle und Fülle hervor, und sie lebten glücklich und in Frieden, mit vielen Reichtümern gesegnet. Sie waren reich an Vieh, und sie wurden von den Göttern geliebt." Als dieses erste Geschlecht von der Erde bedeckt war, so Hesiod, „schufen die Götter ein silbernes Geschlecht, das weit tiefer stand und weder an Statur noch an Geist dem goldenen Geschlecht gleichkam". Ein noch dekadenteres bronzenes Geschlecht folgte – es zerstörte sich selbst – und wurde abgelöst von einem Geschlecht der Heroen, die im Krieg starben. Das letzte, eiserne Geschlecht leitete das gegenwärtige Zeitalter ein.

Nur eines der Geschlechter Hesiods, die Heroen oder Halbgötter, erlangte Unsterblichkeit. Viele von ihnen, so hieß es, seien auf die

Insel der Seligen gezogen, auch Elysium genannt. Dort regierte Kronos, und sie waren frei von Kummer und Sorgen. In Homers *Odyssee* verkündet der weissagende Meeresgreis Proteus dem König von Sparta, Menelaos, er sei für das Elysium ausersehen, wo das Leben der Menschen sehr leicht sei. Dort gebe es keinen Schnee und auch keinen Regen, sondern immerwährende Böen heftig wehender Westwinde, die Okeanos heraufschicke, die Menschen zu erfrischen. Frei von Verdruß und Krankheit, gingen die Dichter, Priester und Heroen in Elysium ihrer Lieblingsbeschäftigung nach.

Hat Hesiod die Geschichte von den Zeitaltern des Menschen nur erdacht, oder hat er eine uralte Überlieferung aufgezeichnet? Das läßt sich nicht mit Sicherheit sagen. Dennoch haben die Griechen und Römer in ihrer Mehrzahl die Sage von einem goldenen Zeitalter und dessen Untergang als historische Tatsache betrachtet. Mehr noch: Ihre Philosophen und Dichter haben immer wieder Hesiods Mythos vom goldenen Zeitalter auf eigene Weise gedeutet.

In seinen *Gesetzen*, die drei Jahrhunderte nach Hesiod entstanden, ging Platon auf dessen Werk ein. „Wir müssen nach Kräften bestrebt sein, dem Leben nachzueifern, das es zu Zeiten des Kronos gegeben haben soll", schrieb Platon, „und insoweit das Unsterbliche in uns lebt, müssen wir ihm Beachtung schenken, im privaten wie im öffentlichen Leben." Die römischen Dichter Vergil und Ovid, die im 1. Jahrhundert v. Chr. lebten, stützten sich gleichfalls auf Hesiods Legenden. In seinen *Metamorphosen*, einer Sammlung von epischen Gedichten, die lange Zeit geradezu als Handbuch der griechischen und römischen Mythologie benutzt wurde, schrieb Ovid, im goldenen Zeitalter seien Glaube und Rechtschaffenheit von den Menschen freiwillig geachtet worden, ohne Richter und Gesetze ... Es bedurfte keiner Soldaten, und doch genossen die Völker in Sicherheit ihren Frieden ... Der Frühling währte ewig.

Die Vorstellung, es habe einst ein goldenes Zeitalter gegeben, hat die Menschheit seit jeher hoffen lassen, die paradiesische Zeit werde einmal wiederkehren oder wiedergeschaffen. Wie die Griechen glaubten auch die alten Inder, die Welt habe mehrere Zeitalter oder *yugas* durchlaufen – Krita, Treta und Dvapara – und befinde sich jetzt im letzten, am tiefsten gefallenen Zeitalter, dem Kali. Das Kali soll am 17. Februar 3102 v. Chr. begonnen haben und nach 432 000 Jahren enden; dann soll ein neuer Kreislauf der Zeitalter beginnen.

In den Glaubensvorstellungen der Sioux wird die Welt von einem großen Büffel geschützt, der am Tor zum Weltall steht und die Wasser zurückhält, die immer wieder die Erde bedrohen. Sobald ein Zeitalter endet, verliert das Tier ein Bein; hat es alle vier Beine verloren, so wird die Welt überflutet und anschließend erneuert.

Aber vielleicht hat niemand stärker an die Wiederkehr eines goldenen Zeitalters

Auf dieser Darstellung (15. Jahrhundert) der apokalyptischen Vision des Johannes erschaut der Apostel den Himmel und die plündernden Horden Satans. Der Offenbarung zufolge sieht er das letzte menschliche Drama voraus, in dem das Böse ausgemerzt werden und eine neue, harmonische Erde entstehen wird. Das spirituelle Zentrum dieses Reiches ist das Neue Jerusalem, das – so die Vision des Propheten – vom Himmel herabfährt, um seinen Platz auf der Erde einzunehmen.

Als ein goldenes Fanal des Glaubens beschirmt der im Jahre 691 vollendete Felsendom in Jerusalem den heiligen Stein (kleines Bild), der von Juden, Christen und Moslems als Bindeglied zwischen Paradies und Erde verehrt wird. Nach der jüdisch-christlichen Überlieferung ist der Fels der Ort, wo Abraham sich anschickte, Gott seinen Sohn zu opfern; die Moslems glauben, von hier aus sei Mohammed auf seiner nächtlichen Reise ins Paradies aufgestiegen. Anhänger aller drei Religionen sind der Überzeugung, daß sich an diesem Ort das Jüngste Gericht vollziehen werde.

geglaubt als die Azteken, die ihr Reich darauf bauten – und es verloren. Der Legende zufolge hat der aztekische Windgott Quetzalcoatl, der in der Stadt Tula lebte und über ein ruhmvolles goldenes Zeitalter herrschte, gelobt, er werde eines Tages wiederkommen und ein noch glänzenderes Paradies für sein Volk schaffen. Als der spanische Eroberer Hernando Cortez 1519 in Mexiko landete, glaubten die Azteken, er sei der lang erwartete Quetzalcoatl. Selbst der gefürchtete aztekische Herrscher Montezuma II. wollte keinen Widerstand leisten.

Viele Christen erwarten ein neues goldenes Zeitalter, das sich nach der Wiederkehr Christi in einer tausendjährigen Herrschaft der Gerechten äußern werde. Diese Gläubigen – man nennt sie Millennaristen oder Chiliasten – berufen sich dabei auf das Buch der Offenbarung des Johannes im Neuen Testament, Kapitel 20, wo der Apostel beschreibt, daß der Teufel tausend Jahre gefesselt sein werde; die Welt werde dann von Christus und von denen regiert, die um seinetwillen gelitten haben und gestorben sind. Danach, so Johannes, wird der Teufel sich wieder für kurze Zeit befreien können und Not und Chaos über die Welt bringen. Doch Gott selbst wird eingreifen und den Teufel samt seinen Anhängern vernichten; die Toten werden auferstehen und die Erlösten fortan „einen neuen Himmel und eine neue Erde" bewohnen, mit einem „Neuen Jerusalem". Die neue Erde, die Gott Johannes offenbarte, wird Eden ähneln, mit einem lauteren Strom und einem Baum des Lebens, dessen Blätter der Gesundheit der Heiden dienen. Das Neue Jerusalem – es ist zu einem weiteren Symbol der Hoffnung und der Wiedergeburt, der Flucht in ein Paradies geworden – wird große, hohe Mauer aus Jaspis haben, und die Grundsteine schmückt „allerlei Edelgestein". Die Gassen der Stadt sind „aus lauterem Gold wie ein durchscheinend Glas".

Es sind ihre eigenen Unvollkommenheiten, welche die Menschheit auf die Wiederkehr des goldenen Zeitalters hoffen lassen. Wie Pandora, die ihre eitle Neugier nicht bezähmen konnte und einen Schwarm von Plagen über die Menschheit brachte, sind die Menschen vor allem dadurch zu Plünderern des Paradieses geworden, daß sie ihr spirituelles Bewußtsein aufgaben. Deshalb warnten die Hindus vor rastloser Neugier, die edlen Vorsatz mißachtet und den Geist schwächt, bis der Mensch zugrunde gerichtet ist.

Doch stets gibt es die Möglichkeit der Umkehr. Ein Manichäer schrieb mahnend: „Wache auf, glanzvolle Seele, von dem Schlaf der Trunkenheit, in den du gefallen bist ... folge mir zu jenem Ort der gepriesenen Erde, an dem du von Anfang an wohntest. Die aus dem Paradies vertriebenen Menschen brauchen sich nicht mit Träumen von einstiger Vollkommenheit zu begnügen. Sie könnten versuchen, ein neues Paradies auf Erden zu schaffen, ein Utopia, und sei es auch nur ein bescheidenes."

Eine der frühesten Gruppen, die eine Utopie verwirklichen wollten, wurde im 6. Jahrhundert v. Chr. von dem griechischen Weisen Pythagoras in Italien gegründet. Meist kennt man ihn heute aufgrund des geometrischen Lehrsatzes, der nach ihm benannt wurde, doch war Pythagoras weit mehr als nur ein großer Mathematiker. Er war Philosoph und Mystiker und leistete darüber hinaus Großes auf den Gebieten der Musik und der Astronomie. Der britische Philosoph Bertrand Russell nannte Pythagoras „einen der intellektuell bedeutendsten Menschen, die je gelebt haben".

Pythagoras wurde um 580 v. Chr. auf der griechischen Insel Samos geboren. Er war ein tüchtiger Sportler – bei den 48. Olympischen Spielen errang er den Sieg im Schwergewichtsboxen – und ein eifriger Schüler. Er studierte bei Thales von Milet, dem ersten hellenischen Philosophen, und bei Anaximander, einem bewunderten, weisen Astronomen.

Auf Anregung von Thales ging Pythagoras im Alter von etwas über 20 Jahren nach Ägypten, um von den sagenumwobenen Tempelpriestern zu lernen; er blieb 22 Jahre dort. In Ägypten beschäftigte sich Pythagoras – wie sein Biograph Iamblichos im 4. Jahrhundert n. Chr. schrieb – mit Astronomie und Geometrie und wurde umfassend in alle Mysterien der Götter eingeweiht. Iamblichos zufolge soll Pythagoras außerdem zwölf Jahre lang bei den Priestern in Babylon studiert haben. „Dank ihrer Hilfe hat er den Gipfel der Arithmetik, der Musik und anderer Fächer erreicht." (Anderen Quellen zufolge soll Pythagoras auch in Indien bei den Brahmanen und in Britannien bei den Druiden studiert haben, doch gibt es dafür keine Anhaltspunkte.)

Mit 56 Jahren kehrte Pythagoras nach Samos zurück. Von anderen Weisen unterschied er sich durch seine breite Bildung, in der östlicher Spiritualismus und westliche Logik sich verbanden. Andere bezeichneten sich als weise Männer – Pythagoras war der erste, der sich „Philosoph" nannte, „Liebhaber des Wissens". Eine Zeitlang waren denn auch die Bezeichnungen „Philosoph" und „Pythagoreer" Synonyme und untereinander austauschbar.

Pythagoras' Schriften sind nicht erhalten, und von den Zeugnissen seiner Zeitgenossen über ihn nur wenige. In Dokumenten aus dem 5. und 4. Jahrhundert v. Chr. wird er insgesamt lediglich fünfmal erwähnt. Was man über diesen geheimnisvollen charismatischen Denker weiß, stammt daher überwiegend von späteren Autoren wie Iamblichos, und deren Berichte enthalten viel Legendäres.

Es gibt unzählige Geschichten von seinen übermenschlichen Wundertaten. Oft wird berichtet, Pythagoras sei gleichzeitig in zwei Städten erschienen. „Fast alle", schrieb sein Biograph, „die von seiner Lebensgeschichte berichten, behaupten vertrauenswürdig, er sei an ein und demselben Tag in Metapontum in Italien und in Tauromenium in Sizilien zugegen gewesen und habe an beiden Orten gemeinsam mit seinen Schülern Reden gehalten."

Hoch über der Stadt Lhasa erhebt sich der heilige Palast des Dalai Lama, des geistig-religiösen Führers der Tibeter – auf diesem Photo erscheint er wie der sagenhafte Schatz am Ende des Regenbogens. Der Palast, „Potala" genannt, soll durch Tunnel mit dem verborgenen Paradies Shambala verbunden sein, dem Hort heiliger buddhistischer Lehren. Wenn das Böse in der Welt überhand nimmt, wird der König von Shambala kommen und ein goldenes Zeitalter einleiten.

Zwischen beiden Städten jedoch lagen etliche Tagesreisen. Pythagoras soll auch Erdbeben, Plagen und heftige Stürme zuverlässig vorhergesagt haben. Er war so sehr im Einklang mit der Natur und den Elementen, daß er einem Bericht zufolge einen Fluß ansprach, während er ihn überquerte, und der Fluß habe geantwortet: „Heil dir, Pythagoras!" Andere Legenden erzählen davon, daß der Philosoph über das Tierreich gebieten konnte. Ein wilder Bär, der Dorfbewohner angefallen hatte, soll dadurch gezähmt worden sein, daß Pythagoras ihn beruhigend kraulte, ihm Mais und Eicheln zu fressen gab und ihn einen Eid schwören ließ, künftig kein Lebewesen mehr anzutasten.

Auf Samos zurückgekehrt, war Pythagoras, wie wir bei Iamblichos lesen, „von der Nachlässigkeit seiner Landsleute, was die Bildung angeht, enttäuscht". Er ging daher nach Italien, „wo es viele Menschen gab, die für Gelehrsamkeit aufgeschlossen waren". In der süditalienischen Küstenstadt Crotona gründete er eine Schule, die als Pythagoreischer Bund bekannt wurde. Dieser Bund war indes mehr als eine Schule. Er war eine Bruderschaft, deren Mitglieder hofften, durch Festhalten an der Lehre des Gründer-Philosophen und eine disziplinierte, asketische Lebensführung ein neues goldenes Zeitalter der Weisheit und des Friedens einzuleiten. Hatten sich anfangs etwa 300 Jünger dem Philosophen in Crotona angeschlossen, so strömten bald sehr viel mehr in die Gemeinschaft, angezogen vom Ruf des Pythagoras. Sie gewann so viele Anhänger, daß sie zu einer respekteinflößenden politischen Kraft wurde. Die Bruderschaft bildete einen Musterstaat, regiert von einer Elite, dem „Rat der Dreihundert". Tochtergemeinschaften entstanden außerhalb Crotonas in allen griechischen Siedlungen Italiens und in der Mehrzahl derer im westlichen Griechenland.

Die Pythagoreer sahen in ihrer Philosophie die Basis für eine Lebensweise, die zum Seelenheil zu führen vermochte. Ihr zentraler Glaubenssatz besagte, daß die Menschheit mit anderen Lebensformen ebenso wie mit dem Kosmos verbunden sei. Aus der Verwandtschaft alles Lebendigen leiteten sie die feste Überzeugung ab, daß die menschliche Seele unsterblich sei. Jede Seele, jedes Wesen, so behaupteten sie, sei Teil der umfassenden göttlichen Seele und in einem sterblichen Körper gefangen.

Die Gesellschaft hatte die Aufgabe, die Seelen ihrer Mitglieder für die Rückkehr in die allumfassende universale

Seele zu läutern. Die Mitglieder konnten sich nur durch ein reines Leben in Selbsterforschung, Stille und strengster Befolgung der Regeln auf das künftige goldene Zeitalter vorbereiten. Da jedoch die Welt allein durch das Studium der Philosophie nicht vollständig zu erklären war, wurde das Studium der Mathematik als unerläßlich für jeglichen intellektuellen und spirituellen Fortschritt angesehen.

Wer Mitglied werden wollte, hatte sich einer rigorosen Prüfung zu unterziehen. Zunächst mußte er sich von Pythagoras befragen lassen – wie er seine Eltern behandele, „nach seinem unpassenden Lachen", „nach der Art, wie er ging, und seiner ganzen Körperhaltung". Hatte der Anwärter diese Prüfung bestanden, wurde er drei Jahre lang von Pythagoras anscheinend nicht beachtet, zugleich aber im Hinblick darauf beobachtet, wie es um seine Standhaftigkeit und wahrhaftige Liebe zur Gelehrsamkeit bestellt war.

War er als Kandidat angenommen, mußte er ein fünfjähriges Schweigegelübde einhalten und jeglichen Besitz aufgeben. Wenn er alle Prüfungen der Bruderschaft bestanden hatte – darunter strenge geistige Exerzitien –, wurde er zum Esoteriker ernannt und durfte in den engeren Kreis der Schüler um Pythagoras eintreten. Fiel er durch, so erhielt er alles, was er an Besitz eingebracht hatte, doppelt zurück, und es wurde, wie Iamblichos schreibt, „ein Grab für ihn errichtet, so als ob er gestorben sei".

Es gab zwei Klassen von Schülern, je nach ihren Fähigkeiten und Verhältnissen. Die *mathematici* – auch Pythagoreer genannt –, die den inneren Kreis der Bruderschaft bildeten, befaßten sich mit Fragen der Logik und der Kosmologie; die *acusmatici* – auch Pythagoristen genannt – studierten ethische und religiöse Probleme. Zur täglichen Unterweisung kamen die Gruppen zusammen und erörterten philosophische Fragen: Was ist das Gerechteste? (Antwort: zu opfern) oder: Was ist das Klügste? (Antwort: Zahlen). Auch Weisheiten wurden hier vermittelt: „Hilf niemandem, eine Last abzulegen, denn es ist nicht recht, die Ursache dafür zu sein, daß er sich nicht müht, sondern hilf ihm, daß er sie aufnimmt." Oder: „Gib dem, der um Rat fragt, nur den besten Rat, denn der Ratschlag ist etwas Heiliges."

Die Pythagoreer führten ein mönchisches Leben unter strengen Regeln. Sie trugen weiße Gewänder, die nicht aus Wolle sein durften, und schliefen auf Decken aus demselben Tuch. Allmorgendlich übten sie vor dem Aufstehen ihr Gedächtnis, indem sie sich die Ereignisse des Vortages von Anfang bis Ende in Erinnerung riefen. Darauf folgte ein stummer Ausgang, denn es war nach ihrer Ansicht nicht recht, ein Gespräch zu beginnen, bevor nicht jeder seine Seele besänftigt und mit der Vernunft in Einklang gebracht hatte. Der Rest des Tages war mit genau vorgeschriebenen Studien und Arbeiten ausgefüllt.

Da sie an die Metempsychose glaubten – die Wanderung der Seele von einem Körper in einen anderen, sei es Tier oder Mensch – und daher keinem Körper, in dem eine Seele wohnte, Leid zufügen wollten, waren die Pythagoreer strenge Vegetarier. Sogar bestimmte Gemüsearten wie Bohnen wurden nicht verzehrt oder auch nur angerührt, weil sie als Samenpflanzen Symbole der Zeugung waren. Solche Verbote wurden bis ins kleinste befolgt. Eine Schar von Pythagoreern, die von einem Feind belagert wurde, soll bis zum Tode gekämpft haben, obwohl sie hätte entkommen können, wenn sie ein Bohnenfeld durchquert hätte.

Pythagoras legte großes Gewicht auf die Harmonie und erklärte, der Mensch müsse die widerstreitenden Kräfte in seinem Inneren miteinander versöhnen. Die Reinheit der Musik und der Mathematik zu ergründen war ebenso ein Weg, diese Harmonie zu erreichen, wie die Entwicklung von Freundschaftsbanden. In einer Freundschaft, so lehrte Pythagoras, müsse man stets treu sein.

Zur Verdeutlichung dieses Verständnisses von Freundschaft erzählt Iamblichos die Geschichte der Pythagoreer Lysis und Euryphamos. Lysis hatte seine Andachtsübungen im Tempel der Iuno beendet, als er seinem Freund Euryphamos am Eingang des Tempels begegnete. Euryphamos bat Lysis, auf ihn zu warten. Lysis war einverstanden und setzte sich vor dem Tempel nieder. Doch als Euryphamos seine Gebete verrichtet hatte, dachte er nicht mehr an Lysis und verließ den Tempel durch einen anderen Ausgang. „Lysis aber", schreibt Iamblichos, „wartete auf ihn, ohne seinen Sitz zu verlassen, den Rest dieses Tages

Diese um 1800 entstandene tibetische Malerei zeigt ein Götterpaar in Liebe vereint, gemäß der Lehre des Tantrismus, einer magisch-mystischen Bewegung, die einige buddhistische Sekten stark beeinflußt hat. Wie der Tantrismus lehrt, können Menschen durch eine rituelle Folge von Yoga, Meditation, Opferung und Geschlechtsverkehr – er bedeutet höchste Glückseligkeit und vollkommene Einheit in Harmonie – über bloß sinnliche Empfindungen hinausgelangen und einen höheren Zustand der Erkenntnis erleben. Das Paar, umgeben von den Buddhas, symbolisiert den Mittelpunkt des Kosmos und die vier Himmelsrichtungen.

Auf diesem Stahlstich aus dem 15. Jahrhundert schauen die frommen Auserwählten vom Gottesstaat herab auf die Bewohner des Menschenstaates, die teils Tugend üben, teils eine der sieben Todsünden begehen. Augustinus lehrte in seinem utopischen Werk „Über den Gottesstaat", nur durch Unterwerfung unter die Herrschaft der Kirche könne der Mensch in das Reich der Seligen gelangen.

und die folgende Nacht und den größeren Teil des nächsten Tages."

Bei solcher Pflichttreue und Hingabe erscheint es wie Ironie, daß die Pythagoreer zu Opfern ihres eigenen Erfolges wurden. Etwa 30 Jahre nach ihrer Gründung in Crotona wiegelte ein abgewiesener Bewerber die Öffentlichkeit gegen die Pythagoreische Bruderschaft auf, indem er deren exklusiven, oligarchischen Charakter geißelte. Er erreichte, daß der Unmut der Politiker und vieler Bürger sich gegen den Einfluß der Gesellschaft richtete. Ihre Versammlungsorte wurden überfallen, und einige Mitglieder, darunter möglicherweise auch Pythagoras selbst, wurden ermordet. Man beschuldigte die Pythagoreer der Ketzerei und der Subversion, und so wurden sie rasch und auf tragische Weise um ihren Einfluß gebracht. Die Überlebenden sollten indes die Überzeugungen des Gründers über die nächsten fünf Jahrhunderte bewahren.

Obwohl sein Versuch, eine utopische Gesellschaft zu schaffen, die geistige und seelische Vollkommenheit anstrebte, letztlich scheiterte, sind Pythagoras' Leistungen bis heute lebendig. Keiner hat wohl einen angemesseneren Nachruf auf ihn verfaßt als Iamblichos: „Er brachte seine Jünger dazu, mit den Göttern zu sprechen ... Er läuterte und stärkte die Seele. Er wiederbelebte und weckte, was göttlich war in ihnen. Er lenkte auf den Kern des Seins das geistliche Auge, das, wie Platon sagt, eher zu bewahren lohnt als zehntausend leibliche Augen ..., denn mit ihm erfassen wir die eine Wahrheit."

Um 387 v. Chr., über hundert Jahre nach dem Tod des Pythagoras, fuhr ein junger Grieche von Athen nach Süditalien, um einige Pythagoreer zu besuchen. Wie andere vor ihm kam er in der Hoffnung, auf Fragen, die ihn zutiefst beunruhigten, eine Antwort zu finden. „Ich war früher voller Begeisterung für den Staatsdienst", erklärte er. „Nachdem ich mich näher mit dem politischen Geschehen befaßt und das Chaos bemerkt habe, war ich verwirrt ... Ich erkannte, daß jeder Staat unter einer schlechten Regierung leidet."

Der Besucher hatte in der Tat Anlaß, beunruhigt zu sein. Was rückblickend als Griechenlands Blütezeit erscheint, war mit dem Tod des verehrungswürdigen Sokrates und der großen Tragiker Euripides und Sophokles zu Ende gegangen. Das einst so stolze Athen hatte im Peloponnesischen Krieg, der sich über fast 30 Jahre hinzog, erst vor kurzem eine vernichtende Niederlage durch Sparta erlitten. Der Staat war politisch und wirtschaftlich am Ende. Konnten die Pythagoreer dem jungen Platon helfen, nach diesem Sturm Ruhe zu finden?

Die Zeit, die Platon bei den Pythagoreern verbrachte – er vertiefte sich in ihre Philosophie und befaßte sich mit ihrer utopischen Gemeinschaft –, scheint sein Leben und Denken verändert zu haben. Mit frischem intellektuellem Schwung kehrte er innerhalb eines Jahres nach Athen zurück, gründete dort die Akademie und schrieb sein erstes philosophisches Meisterwerk, *Phaidon*.

In dieser Zeit verfaßte Platon auch jenes Werk, in dem viele das schönste Beispiel einer literarischen Beschreibung einer utopischen Gesellschaft sehen, *Der Staat*. Der *Staat* ist eine glänzende Verteidigung von Platons Konzeption des idealen Staatswesens. Verfaßt in einer Zeit der Wirren im politischen Leben Griechenlands, war der *Staat* für Platon ein Medium, um sein Mißfallen an der staatlichen Politik auszudrücken, und zudem eine philosophische Abhandlung über die Gerechtigkeit. Nach Ansicht einiger Gelehrter ist Platons ideale Gesellschaft gleichwohl eine Metapher für die ideale oder vollkommene Seele, und der Weg, der im *Staat* entworfen wird, führt eher zu spiritueller Erleuchtung als zu gesellschaftlicher Aufklärung.

Das Werk hat die Form eines Dialogs zwischen Sokrates, Platons früherem Lehrer, und einigen Freunden. In dem Bemühen, die Frage zu beantworten, was Gerechtigkeit sei, entwerfen sie die, wie sie meinen, ideale Gesellschaft. Wenn sie verstehen könnten, wie ein Staat beschaffen sein müsse, um wahrhaft gerecht zu sein, dann, so überlegten die Philosophen, müßten sie jedoch verallgemeinern und die Gerechtigkeit selbst verstehen können.

„Ein glückseliger Staat", schreibt Platon, „ist nicht zu schaffen, indem wir einige wenige Personen glücklich machen, sondern indem wir die allgemeine Glückseligkeit des Ganzen begründen." Um diese Glückseligkeit wirklich zu gewährleisten, muß, so folgert er, der ideale Staat die gleichen Tugenden aufweisen, die auch die Seele stärken – Weisheit, Tapferkeit, Besonnenheit und Gerechtigkeit. Damit die Regierung stark ist, müssen nach Meinung Platons Herrscher gewählt werden, die zu herrschen verstehen. „Die in der Natur begründete Wahrheit ist, daß derjenige, der krank ist, möge er reich oder arm sein, an der Tür des Arztes warten muß, und jeder, der der Herrschaft bedarf, an der Tür dessen, der zu herrschen weiß."

In Platons utopischem Stadtstaat, der sich teilweise am Vorbild Spartas, der Feindin Athens, orientiert, gibt es drei Stände: die Wächter, welche die übrigen Bürger lenken und führen, die Helfer, die polizeiliche und militärische Aufgaben haben, und die Arbeitenden, zu denen die Bauern, die Handwerker und die Kaufleute zählen. Wenn alle Stände ihre Pflichten erwartungsgemäß erfüllen, muß der Staat die Ideale der Gerechtigkeit und Glückseligkeit zwangsläufig von selbst erreichen, schreibt Platon.

Ungeachtet ihres Standes sollen sich alle Bewohner von Platons utopischem Stadtstaat gemeinschaftlich in den Besitz teilen. Privatbesitz ist stets verderblich, meint Platon, und wenn die Menschen sich in den ungehemmten Erwerb stürzen, muß der Stadtstaat darunter leiden. Daher sollte in der idealen Republik der gesamte Besitz der Gemeinschaft in den Händen der Wächter und Helfer liegen. Das gemeinschaftliche Utopia werde gedeihen, wenn die Mehrzahl der Menschen darin übereinstimme, die Worte „mein" und „nicht mein" auf dieselbe Sache zu beziehen.

Platon zeichnet ein idyllisches Bild von seinem Paradies, in dem jeder die einfachen Freuden des Lebens genießt. Er mutmaßt, „daß die Menschen Getreide und Wein und Kleider und Schuhe fertigen und sich Häuser bauen, ... sich von Gerste und Weizen ernähren", zu ihrer Belustigung Wein trinken, Girlanden tragen und dankbar Loblieder auf die Götter singen. „Sie genießen ihr Beisammensein und zeugen nicht mehr Kinder, als ihre Mittel ihnen erlauben – dank einer besonnenen Furcht vor Armut und Krieg."

Zur Festigung der Einheit schlägt Platon vor, daß den Wächtern und Helfern die Ehe verboten und die Frauen Gemeinbesitz sein sollen. „Keiner", bestimmt Platon, „soll eine Frau für sich allein haben; auch die Kinder sollen Gemeinbesitz sein, und der Vater soll sein Kind nicht kennen noch das Kind seinen Vater." Über die Fortpflanzung sollen die Wächter entscheiden, und nur die Besten, ausgewählt nach bestimmten Kriterien – wie Alter, Kraft, Bildung und äußere Erscheinung –, sollen sich paaren dürfen. Neugeborene sollen ihren Müttern gleich fortgenommen werden und in einem staatlichen Kinderheim aufwachsen, so daß die Frauen der Platonschen Aristokratie von den Pflichten ihrer Erziehung befreit sind. Die Frauen des Wächterstandes sollen den Männern bei der Regierung des Stadtstaates helfen.

Auch für die Erziehung legt Platon genaue Richtlinien fest, wobei er sich an die Pythagoreer hält, wenn er die Wichtigkeit der musikalischen Bildung betont. „Rhythmus und Harmonie prägen sich am tiefsten der Seele ein", schreibt er, „und haben großen Einfluß auf sie." Musik, Literatur, Malerei und Architektur müssen bestimmten ethischen Normen genügen. Die Kunst soll den Interessen des

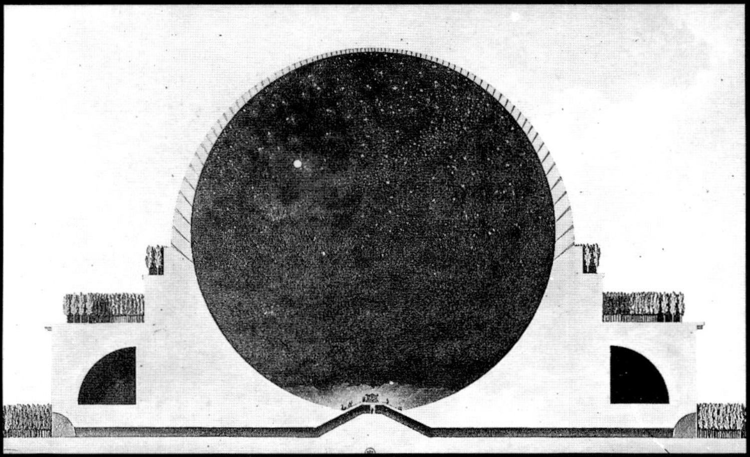

Mit einem futuristischen Ehrengrabmahl – der Entwurf nahm stilistisch Bauwerke des 20. Jahrhunderts vorweg – wollte der Architekt Étienne-Louis Boullée 1784 den Naturphilosophen und Wissenschaftler Isaac Newton ehren. Boullées Konzept – von der utopischen Überzeugung ausgehend, daß alles in der Natur eine bestimmte eigene Natur besitze – beruhte auf einfachen geometrischen Formen. Eine Außenansicht des Denkmals (ganz oben) zeigt einen abgestuften Sockel, in dem als Symbol des Universums eine riesige Kugel ruht. Ein Querschnitt durch den Bau (oben links) enthüllt Öffnungen in der gewölbten Decke der Kugel, die den nächtlichen Sternenhimmel illusionieren sollen. Auf einem anderen Querschnitt (oben rechts) hängt im Mittelpunkt des Globus eine Kugel mit einer brennenden Lampe, die einen Tageslichteffekt bewirkt.

Staates dienen, so Platons Ansicht, und nicht die Launen ihres Schöpfers ausdrücken.

Viele meinen, der Mangel an persönlicher Freiheit, die Herrschaft der Elite und die Auflösung der Familie in Platons idealer Republik seien Kennzeichen eines totalitären Staates. Dennoch haben die philosophischen Ideale, auf denen diese faszinierende Utopie basiert, immer wieder zahllose Denker bewegt. Joyce Oramel Hertzler hat 1923 eine Untersuchung vorgelegt, die einen Meilenstein in der Erforschung des utopischen Denkens darstellt: *The History of Utopian Thought.* Er vertritt die Auffassung, Platon habe in der Philosophie ein Instrument gesehen nicht nur der Interpretation, sondern zur Umgestaltung der Gesellschaft. *Der Staat* sei nicht vage und phantastisch, sondern voller Hoffnung.

Für seinen Schöpfer blieb der idealisierte Stadtstaat eine Vision der Vollkommenheit, ein unerreichbares Ideal. Platon behauptete nicht, daß sein utopischer Plan verwirklicht werden könne, er war jedoch überzeugt, daß er Ideale und Prinzipien enthalte, denen Politiker nacheifern sollten. „Seine Utopie", so schrieb er, „existiert in unserem Denken, denn auf Erden ist sie nirgendwo gegeben. Doch im Himmel wird wohl ein Urbild von ihr vorhanden sein."

So wie Platon, der in der Entwicklung seines Konzepts des vollkommenen Stadtstaates in *Der Staat* und anderen Schriften zahlreiche pythagoreische Lehren übernahm und in seinem Sinne umformte, ließen sich auch andere von den utopischen Lehren des mystischen Sehers von Samos inspirieren. In der *Aeneis* Vergils, die nach dessen Tod im Jahre 19 v. Chr. erschienen ist, gibt es eine bewegende Beschreibung der pythagoreischen Vorstellung vom Jenseits. Auch Plutarch, dessen *Leben des Lykurg* – die Biographie des sagenhaften Gesetzgebers Spartas entstand um das Jahr 100 v. Chr. – eine idealisierte Darstellung Spartas enthält, war Pythagoreer. Daneben gab es ganze Gemeinschaften, die sich von den längst untergegangenen pythagoreischen Bruderschaften inspirieren ließen. Manche richteten sich so akribisch genau am Vorbild der Pythagoreer aus, daß man sie als Neo-Pythagoreer bezeichnete. Zu diesen gehörten die Essener, eine jüdische Gemeinschaft in Palästina, die einen Mysterienkult pflegte.

„Die Lebensweise dieser Männer gleicht der jener, welche die Griechen Pythagoreer nennen", behauptete Flavius Josephus, ein jüdischer Historiker des 1. Jahrhunderts n. Chr., von einer der Essener-Gemeinden, die zwischen dem 2. Jahrhundert v. Chr. und dem 2. Jahrhundert n. Chr. in Syrien und Palästina vielerorts existierten. Der Vergleich war verständlich, lebten die Essener doch wie die Pythagoreer in strengen, klösterlichen Gemeinschaften, mit dem gleichen utopischen Ziel der Vollkommenheit.

Die Essener glaubten fest, die Apokalypse stehe unmittelbar bevor, und sie stellten sich das Ende der Welt ähnlich vor wie später die Chiliasten. Das Leben war für sie ein ständiger Kampf zwischen gegensätzlichen Kräften – den Söhnen des Lichts, die für Wahrheit und Frömmigkeit standen, und den Söhnen der Finsternis, die das Böse verkörperten. Jedes Wesen, vom Menschen bis zu den Engeln, gehöre einem dieser beiden Lager an, behaupteten die Essener, und der Kampf zwischen ihnen werde bis zum Ende der Welt nicht aufhören. Dann, am Tage des Jüngsten Gerichts, werden die Söhne des Lichts siegen. Daraufhin wird ein „apokalyptischer Krieg der Mächtigen des Himmels" die ganze Welt erfassen und die gesamte Schöpfung verwüsten. Das Böse wird gebannt werden, und die Gerechten leben ewiglich und in immerwährender Freude.

Um sich auf diese geistige Entscheidungsschlacht vorzubereiten, zogen sich die Essener in die Wüste oder andere verlassene Gegenden zurück. Dort bereiteten sie sich, in strenger Selbstentsagung lebend, mit Leib und Seele auf Gottes letzte Schlacht vor.

Die Essener gaben, wie die Pythagoreer, beim Eintritt in die Gemeinschaft allen Besitz auf, so daß – wie Josephus festhielt – „der Reiche seinen Besitz nicht mehr genießen konnte als jener, der nichts besitzt". Die meisten Mitglieder waren unverheiratet, und Frauen blieben auch, mit wenigen Ausnahmen, von den mönchischen Siedlungen grundsätzlich ausgeschlossen. Bewerber mußten vor der Aufnahme in die Gemeinschaft vier Stufen durchlaufen. Die Aufnahme fand erst statt, wenn der Bewerber als spirituell gerüstet galt, und das nahm in der Regel fünf Jahre in Anspruch.

Das Leben in der Gemeinschaft der Essener war streng reglementiert. 1947 wurde in Israel eine fast zwei Meter lange Pergamentrolle aus dem 1. Jahrhundert v. Chr. entdeckt, die eine Art Leitfaden der Disziplin darstellt; sie vermittelt Einblicke in die Regeln, die Philosophie und die

Ein Wissenschaftler, der mit den Engeln sprach

Emanuel Swedenborg widmete sein Leben dem Streben nach Erkenntnis. Es führte den angesehenen schwedischen Wissenschaftler, Philosophen und Theologen des 18. Jahrhunderts zu vielen verschiedenen Gebieten, doch faszinierte ihn keines so stark und nachhaltig wie der Bereich des Spirituellen.

Ab April 1744 hatte Swedenborg bemerkenswerte Träume und Visionen, in denen er angeblich im Jenseits weilte, mit Gott auf den Wegen des Paradieses wandelte und mit den Engeln sprach. In einfachen Gesprächen, wie er sagte, erfuhr Swedenborg, daß Geister den Menschen ganz ähnlich seien.

Sie lebten in einer Welt zwischen Himmel und Erde in Gemeinschaft mit Menschen von ähnlichem Charakter. Doch anders als auf der Erde, wo Eigenschaften wie Habgier und Heuchelei oft verborgen werden, lägen im Geisterreich alle Schwächen offen zutage. Unter der Anleitung von Engeln könnten Geister jedoch versuchen, sich zu vervollkommnen und zu Engeln zu werden. Das Schicksal der Seele hängt, wie Swedenborg entdeckte, nicht von Gottes Richterspruch ab, sondern davon, ob der Geist zur Vollkommenheit oder zur Zerstörung neigt.

Swedenborg vermittelte seine Offenbarungen mit der Sorgfalt eines Wissenschaftlers in einer ganzen Anzahl dickleibiger Bände und versichert, daß er nur Dinge beschreibe, die er tatsächlich selbst gesehen habe. Er gebe einen ehrlichen Bericht von seinen Reisen und Gesprächen in der Geisterwelt und habe sich dabei so gewissenhaft wie jeder Gelehrte an Beobachtung und Induktion gehalten.

Zu seinen Lebzeiten fand Swedenborg zwar wenige Anhänger, doch wegen seines Glaubens an die Fähigkeit zur Vervollkommnung des Geistes und an ein spirituelles Spiegelbild zum Diesseits gewann er schließlich auf diejenigen, die nach dem Ideal der Utopie streben, großen Einfluß. Neben der *New Jerusalem Church*, die seine Anhänger 1787 gründeten, gibt es heute unzählige Gemeinden in der ganzen Welt, die sich auf seine Lehren berufen.

täglichen religiösen Rituale der Sekte. Dem Dokument zufolge – es gehört zu den sogenannten Schriftrollen vom Toten Meer – hatten die Mitglieder sich vor Tagesanbruch zu erheben, um zur Feier der sieben großen Zyklen der Schöpfung die Sonne anzubeten. Anschließend ging jeder an seine Arbeit. Das Kloster versorgte sich selbst, und die Aufgaben reichten vom Ackerbau über das Backen und die Töpferei bis zum Abschreiben heiliger Texte.

Mittags kam man wieder zusammen, um ein reinigendes kühles Bad zu nehmen und schweigend eine Mahlzeit einzunehmen. Danach ging man bis zum Abendbrot wieder seiner Arbeit nach. Der Leitfaden schreibt vor, wie man sich bei den Versammlungen zu verhalten hatte: „Zuerst soll der Priester sich setzen, dann die Ältesten und danach die übrigen ... Ein Mann soll nicht sprechen, während sein Nachbar das Wort hat, ... auch soll er nicht außerhalb der vorher festgelegten Reihenfolge sprechen. Wer gefragt wird, darf sogleich sprechen; und ... ein Mann soll kein Wort sprechen, das den Oberen mißfällt."

Der Sabbat wurde streng eingehalten; um ihn nicht zu entweihen, durfte man an diesem Tag nicht einmal seine Notdurft verrichten. Wer die Regeln, die für den heiligen Tag galten, nicht genauestens befolgte, wurde auf sieben Jahre aus der Sekte ausgeschlossen. Zur Durchsetzung der Disziplin wurden verschiedene Strafen verhängt, darunter eine Kürzung der Essensrationen und der Ausschluß von den feierlichen Ritualen der Gemeinschaft. In der Versammlung einzuschlafen wurde mit einer Strafe von 30 Tagen, Betrug mit 60 Tagen, Klatsch mit einem Jahr geahndet. Fluchen, über die Oberen zu schwatzen oder mit einem Exkommunizierten Verbindung zu halten kostete den sofortigen und unwiderruflichen Ausschluß. Offenbar wurde die Exkommunikation mehr gefürchtet als der Tod. Josephus berichtet, viele von denen, die aus der Gemeinschaft verstoßen worden seien, hätten sich anschließend in der Wüste zum Sterben niedergelegt.

Die Sklaverei war nach Ansicht der Essener ungerecht, und sie selbst hielten natürlich auch keine Sklaven. Philo von Alexandria, ein jüdischer Philosoph des

1. Jahrhunderts n. Chr., berichtete, daß Sklavenbesitzer nicht nur wegen ihrer Ungerechtigkeit – sie verletzten die Gesetze der Gleichheit – verurteilt wurden, sondern auch wegen der Gottlosigkeit, mit der sie das Gesetz der Natur mißachteten. Man nimmt an, daß die Essener oft Sklaven gekauft und ihnen dann die Freiheit geschenkt haben.

Im Neuen Testament findet sich zwar kein Hinweis auf die Essener, doch zu Lebzeiten Jesu florierte die Sekte und zählte etwa 4000 Anhänger. (Nach Ansicht einiger Gelehrter könnte Johannes der Täufer einige Zeit bei den Essenern von Qumran gelebt haben.) Zu den übrigen Juden pflegten sie Distanz – sich selbst betrachteten sie als das einzig wahre Israel –, während sie in ihrer Gemeinschaft unverbrüchlich zusammenhielten. Da sie sich als Auserwählte, als die Soldaten des Herrn auf Erden sahen, hielten sie sich für ihre Aufgabe am Tag des Jüngsten Gerichts in ständiger Bereitschaft. Dadurch, daß sie, wie sie glaubten, ein irdisches Utopia schufen, in dem sie ihre Seele läuterten, hofften die Essener dazu beizutragen, ein himmlisches, immerwährendes Paradies einzuleiten.

Die Essener und die Pythagoreer teilten nicht nur ähnliche philosophische Ideale, sie hatten auch das gleiche Schicksal. Beide Bewegungen gingen schließlich unter, Opfer der Zeit und von Gegnern, die ihr Elitedenken verurteilten. Zahllosen weiteren utopischen Gemeinschaften ist es ähnlich ergangen; viele sind nicht mehr als Fußnoten im Buch der Geschichte, andere sind längst vergessen. Dennoch gibt es jahrhundertealte Utopien, die heute noch ebenso kraftvoll erscheinen wie in ihrer Entstehungszeit. Ihre kunstvoll und kühn erdachten Visionen einer vollkommenen Welt werden nach wie vor von Intellektuellen und experimentierfreudigen Menschen leidenschaftlich diskutiert. Dabei handelt es sich naturgemäß um jene Utopien, die es lediglich in den Köpfen ihrer Schöpfer gegeben hat und die sich nur in abgegriffenen Büchern erhalten haben. Solche Entwürfe wie Platons *Staat*, das bekannteste Beispiel utopischer Literatur aus

Rückblick auf eine bessere Welt

Für John Ruskin – den englischen Schriftsteller und Sozialreformer des 19. Jahrhunderts – hatte England mit dem Anbruch des Industriezeitalters viel verloren. Überzeugt, nur Handwerker gingen einer noblen Beschäftigung nach, war ihm die nunmehr dominierende Massenproduktion mehr als verhaßt. Er meinte, die Menschen würden durch die Maschinen erniedrigt und könnten nur durch Kreativität ihre vielfältigen Möglichkeiten entfalten. Eine Arbeit, die der Mensch von Anfang bis Ende selbst ausführe, steigere seine schöpferischen Kräfte und trage zu einem für alle harmonischen Leben bei, erklärte er.

Er sehnte sich nach dem England des Mittelalters, einer Zeit, die er als angenehm und wohlgeordnet empfand. Ruskin brachte diese Ansicht 1853 in *Die Steine Venedigs* zum Ausdruck: Man habe in den letzten Jahren die große zivilisierte Erfindung der Arbeitsteilung ausgiebig studiert und vervollkommnet; man gebe ihr nur einen falschen Namen. Es sei, genaugenommen, nicht die Arbeit, die geteilt werde, sondern der Mensch – in kleine Bruchstücke und Krumen des Lebens zerlegt, so daß das bißchen Intelligenz, das in ihm übriggeblieben sei, nicht ausreiche, um eine Stecknadel oder einen Nagel zu fertigen, sondern sich darin erschöpfe, die Spitze einer Stecknadel oder den Kopf eines Nagels herzustellen.

In der Einsicht, daß die Industrie nicht verschwinden würde, gründete Ruskin 1871 die *Guild of Saint George*, eine Genossenschaft, die Land und Fabriken aufkaufen und im sozialistischen Sinne betreiben sollte. Außerdem stiftete er in Sheffield ein Museum für Kunst und Wissenschaft. Obwohl nur das Museum überlebt hat, waren Ruskins Bemühungen nicht vergebens. Er inspirierte viele Gleichgesinnte, darunter die Organisatoren der *Arts and Crafts*-Bewegung sowie die Maler-Gemeinschaft der Präraffaeliten *(umseitig)*, und förderte die Arbeiterbildung. Es entstanden etliche Vereinigungen, die seinen Idealen folgen, und an der Universität Oxford wurde ein College in seinem Sinne geschaffen.

Herzeleid in Camelot

Kaum ein Anhänger John Ruskins hat sich utopischen Visionen des Mittelalters so hingegeben wie der Dichter und Künstler William Morris *(links)*. Morris, der unter anderem durch seine Tapetendrucke *(Hintergrund)* bekannt wurde, wollte die Vergangenheit wiedererstehen lassen. Er gründete die *Arts and Crafts*-Bewegung, um das Kunsthandwerk und den Gebrauch von handgefertigten Gegenständen zu fördern, und entwickelte einen Plan zur Wiederbelebung des Zunftwesens.

Morris ahmte in seiner eigenen Arbeit mittelalterliche Maler nach, und er war fasziniert von mittelalterlicher Literatur, besonders von Thomas Malorys *Der Tod Arthurs* (15. Jahrhundert), einer Sammlung von Erzählungen um den legendären König Artus. Seine Liebe zu Artus' Zeiten teilte er mit Dante Gabriel Rossetti *(umseitig)*, einem der Gründer der Malerschule der Präraffaeliten. Morris und Rossetti gemeinsam war auch die Liebe zu einem Arbeitermädchen namens Jane Burden, die beiden Modell saß.

Rossetti und Jane waren heftig ineinander verliebt. Er aber, mit einer anderen verlobt, überredete Jane, Morris zu heiraten. Doch Jane war unglücklich mit dem schüchternen, unbeholfenen Morris. Es war der stürmische, romantische Rossetti, den sie anbetete. Auch er war ihr verfallen und hat sie viele Male porträtiert, angeblich sogar – entsprechend kostümiert – in seinen Rittergemälden.

William Morris lebte während des größten Teils seiner Ehe von seiner Frau getrennt und fand sich stumm mit der Leidenschaft zwischen Jane und Rossetti ab. Morris hatte eine romantische Vorstellung vom Mittelalter gepflegt – er konnte nicht vorausahnen, wie eng sein Leben dem Liebesdreieck der Artus-Legende entsprechen sollte.

William Morris, der in Kürze ihr Ehemann werden sollte, hat Jane Burden auf diesem Gemälde von 1858 als Guinevera dargestellt. Betört von der dunkeläugigen Schönheit, die später zum Inbegriff des präraffaelitischen Ideals wurde, soll Morris auf die Leinwand gekritzelt haben: „Ich kann dich nicht malen, ich liebe dich." „Königin Guinevera" ist das einzige erhaltene Ölgemälde von Morris.

Dante Gabriel Rossetti (oben) bringt Jane Burden Morris auf diesem Gemälde mit dem Titel „Astarte Syriaca“ (1877) eine überwältigende Huldigung dar. Astarte war die syrische Aphrodite, und Rossetti wollte Jane als eine Art verbotenes Objekt der Anbetung darstellen – düster, melancholisch und noch verführerischer als die Göttin der Liebe und Schönheit.

dem klassischen Altertum, und Sir Thomas Mores *Utopia* haben über die Jahrhunderte hinweg immer wieder begeisterte Leser gefunden. Anatole France, der französische Romancier der Jahrhundertwende, meinte, „ohne die Utopien anderer Zeiten würde der Mensch noch immer nackt und elend in Höhlen wohnen. Es sind Utopisten gewesen, welche die erste Stadt entwarfen ... Aus hochherzigen Träumen werden so segensreiche Realitäten. Die Utopie ist das Prinzip jeglichen Fortschritts und der Versuch, eine bessere Zukunft zu entwerfen".

Ein solcher Versuch ist Augustinus' *Über den Gottesstaat*, zwischen den Jahren 413 und 426 als Erwiderung auf jene verfaßt, die den Niedergang des Römischen Reiches dem schwächenden Einfluß des Christentums anlasteten. Um die Kritiker der Kirche zum Schweigen zu bringen, unterschied Augustinus zwischen zwei Reichen, dem Menschenstaat und dem Gottesstaat, womit er die Trennung von Kirche und Staat konzeptionell begründete. Der Gottesstaat sei eine Utopie, schrieb Augustinus, in der Ordnung und Tugend herrschten, während der Menschenstaat chaotisch und mit allen Schwächen der menschlichen Natur behaftet sei. Statt die irdischen Mängel des Staates der Kirche anzulasten, sollten die Menschen in dieser eine sichere Zuflucht sehen, die irdische Vertreterin des utopischen Gottesstaates.

Der *Gottesstaat* stützte sich sehr stark auf jüdisch-christliche Überlieferungen und enthielt wenig originelle Gedanken, übte aber dennoch großen Einfluß aus: Mit seiner Konzeption der Trennung von Kirche und Staat bahnte er der kirchlichen Vorherrschaft in Europa den Weg. Der *Gottesstaat* – so Joyce Hertzler in seiner *History of Utopian Thought* – spielte in den politischen Plänen von Königen und Päpsten und in den Herrschaftsstrukturen von Imperien und Hierarchien eine bedeutende Rolle.

Von Augustinus' *Gottesstaat* bis zum nächsten großen utopischen Werk, Thomas Mores *Utopia*, vergingen fast 1100 Jahre. Thomas More lebte in einer bemerkenswerten Zeit. 1478 geboren – in der Blütezeit der Renaissance –, hat er die Reformation in ihrer ganzen Dauer miterlebt. Erasmus, Martin Luther, Machiavelli, die Medici, Michelangelo, Leonardo da Vinci und Raffael waren seine Zeitgenossen. Gelehrte hatten im Westen kurz zuvor die Klassiker der Antike zugänglich gemacht und eröffneten ihren eifrigen Studenten neue Wege zur Gelehrsamkeit.

Die Erfindung des Buchdrucks ermöglichte die größere Verbreitung ebenso von Ideen wie von wissenschaftlichen Ergebnissen und vermittelte somit allen an Wissen Interessierten Kenntnisse in allen Bereichen. Die Erneuerung der Gelehrsamkeit schien grenzenlos zu sein. Auch die Welt selbst – zumindest die Vorstellung der Menschen von ihr – war im Umbruch begriffen, denn Forschungsreisende und Entdecker wie Vasco da Gama, Christoph Kolumbus, John Cabot und Amerigo Vespucci entdeckten neue Länder und veränderten die Weltkarten des Mittelalters. In einer derart den Geist beflügelnden Atmosphäre erdachte Thomas More seine vollkommene Gemeinschaft.

Thomas More studierte die Klassiker, darunter auch Platon und Augustinus, und erhielt eine juristische Ausbildung. Schon als Student überragend, wurde er zu einem der bedeutendsten Gelehrten seiner Zeit. Obwohl er später immerhin Lordkanzler von England war und sein Leben für die Kirche hingab, beruht sein Nachruhm doch vor allem auf seinem Werk *Utopia*.

Mores Utopia, eine mondsichelförmige Insel vor der Küste von Irgendwo, besitzt eine demokratische Verfassung mit einem auf Lebenszeit gewählten Staatsoberhaupt. Wissenschaft und Bildung genießen hohen Rang. Die Anzahl der Gesetze ist so gering, daß es keiner Juristen bedarf. Die Familie ist stark und unantastbar. Die Menschen sind monogam, und nur in extremen Fällen ist eine Scheidung zulässig. Wer vorehelichen Geschlechtsverkehr hat, verwirkt das Recht auf die Ehe, und Ehebrecher werden unnachsichtig bestraft und zur Sklaverei verdammt.

Ein Großhaushalt umfaßt in der Stadt mindestens zehn, auf dem Lande mindestens 40 Erwachsene und deren Kinder. Die Häuser gleichen sich, und zu jedem gehört ein Garten; die Türen haben keine Schlösser. In Utopia arbeitet jeder nur sechs Stunden täglich, drei Stunden vor und drei Stunden nach dem Mittagessen. Alle gehen einer Arbeit nach, und die erzeugten Güter werden in einem öffentlichen Lagerhaus aufbewahrt, aus dem sich jeder selbst mit dem versorgt, was er benötigt.

Da man in Utopia kein Geld braucht, ist der Besitz von Gold und Silber verboten. Um zu zeigen, wie töricht es ist, Edelmetalle zu horten, verwenden die Utopier sie als Material für gewöhnliches Hausgerät oder gar für die Ketten der

Geführt von kleinen Kindern, finden sich auf Edward Hicks' Gemälde „Das Königreich des Friedens" (um 1833) Raub- und Beutetiere in ungetrübter Nachbarschaft. Als eines von über hundert Werken, in denen der Künstler Szenen aus der Bibel darstellte, die auf die universelle Brüderlichkeit der Lebewesen verweisen, verkörpert das Gemälde die Idee von Amerika als einem Paradies, wo alle Geschöpfe in Eintracht leben. Im Hintergrund schließen William Penn und die Indianer den Vertrag von 1681, der zur Gründung von Pennsylvania führte, das Penn als künftigen Zufluchtsort der Quäker verstand.

Sklaven. Es ist ihnen unverständlich, daß die Bewohner anderer Länder etwas so Wertlosem wie Gold hohen Wert beimessen können. „Wie ist es möglich", so fragen sie, „daß ein schwerfälliger und einfältiger Grobian, der nicht mehr Verstand hat als ein Esel, dennoch viele weise und gute Menschen in Abhängigkeit und Knechtschaft hält, bloß weil er eine Menge Gold besitzt?"

Die Utopier verabscheuen den Krieg. Sie vertreten die Auffassung – im Gegensatz zur Meinung fast aller anderen Völker –, „daß es nichts Unrühmlicheres gibt als den Ruhm, den man durch Krieg erwirbt". Sie würden zwar kämpfen, so More, um ihr Land zu verteidigen, doch ziehen sie es vor, andere dafür zu bezahlen, daß sie an ihrer Stelle kämpfen. Bereits die Jagd gilt als Barbarei.

Mores *Utopia* war eine intellektuelle Erkundung der idealen Gesellschaft, *Der Sonnenstaat* des italienischen Philosophen, Mönchs, Dichters und Astrologen Tommaso Campanella hingegen pragmatischer Bestandteil einer Art Kampagne mit dem Ziel, die Welt unter spanischer Herrschaft zu einen. Entstanden 1602, weniger als hundert Jahre nach dem Erscheinen von *Utopia*, faßte der *Sonnenstaat* Campanellas Ideen für eine neue Weltordnung zusammen, die allen Menschen einen höheren Lebensstandard, die Einigung der Völker der Welt unter den Spaniern und eine Reform der Kirche bringen sollte. Campanella hatte seine radikalen Ideen schon Jahre vorher verbreitet, ehe er sich entschloß, sie zu Papier zu bringen. Das hatte ihm eine Kerkerstrafe als Ketzer eingetragen, und er war unter der spanischen Inquisition gefoltert worden. Er schrieb den *Sonnenstaat*, als er eine lebenslängliche Strafe verbüßte.

An Austrinopolis, der Hauptstadt des Sonnenstaates, läßt sich das Interesse des Verfassers an Astrologie und Wissenschaften ablesen. „Sie ist gegliedert in sieben weite Ringe oder Kreise, die nach den sieben Planeten benannt sind, und jeder Ring", so schrieb er, „ist mit dem nächsten durch vier Straßen verbunden, die von vier Toren ausgehen, welche in die vier Himmelsrichtungen weisen." In jedem Kreis sind die Wissenschaften jeweils auf Wandmalereien dargestellt, und so gleicht die Stadt einem aufgeschlagenen Lehrbuch. Im Zentrum der Stadt erhebt sich ein Tempel, von dem aus die Astrologen die Sterne deuten. „Ihre Aufgabe ist es, die Sterne und deren Bewegungen zu beobachten", erklärte Campanella, „und alles über ihre Macht und deren

Auswirkungen auf die menschlichen Angelegenheiten in Erfahrung zu bringen."

Campanellas idealer Staat beruhte, ebenso wie der von More und Platon, auf Gemeineigentum. Seine Bürger waren reich, weil ihnen nichts fehlte, und arm, weil sie nichts besaßen. Paarung und Fortpflanzung, Arbeitsteilung und Erziehung waren bis ins Detail geregelt. Im Unterschied zu anderen utopischen Visionen war Austrinopolis ein autokratisch verfaßter Staat, an dessen Spitze ein Oberpriester stand, der mit seinen Helfern alle Bereiche des Gemeinschaftslebens lenkte. Und im Gegensatz zu Mores Utopie, die ihre Grundlagen in der Sittlichkeit und in einem starken Familienverband hatte, glaubte Campanella an die Wissenschaft und an die absolute Herrschaft. Liebe und Treue innerhalb der Familie ersetzte er durch die Liebe zum Staat.

Die Wissenschaft spielte in den literarischen Utopien eine immer größere Rolle. 1619 erschien *Christianopolis*, ein utopisches Werk des deutschen Sozialreformers und evangelischen Theologen Johann Valentin Andreae. Es ist in Briefform geschrieben. Die Grundidee besteht darin, daß Klugheit, Wissen und Arbeit keine Gegensätze sind, wenn man auf ein gewisses vermittelndes Maß achtet. Scheint Christianopolis auf den ersten Blick nur ein weiterer utopischer Stadtstaat der Renaissancezeit zu sein, so führte Andreae doch einen neuen Gedanken ein: Er verband Arbeit und Wissenschaft eng miteinander. Das wichtigste Ziel der Gemeinschaft war zwar der Gottesdienst, doch die Gelehrsamkeit erhielt einen hohen Stellenwert. „Wenn die Materie nicht durch Versuche analysiert und Wissenslücken nicht durch geeignetere Instrumente geschlossen werden, sind die Menschen nichtswürdig", schrieb Andreae. Die Wissenschaft bestand in der Erforschung der Natur selbst.

Noch stärker steht die Wissenschaft im Mittelpunkt von *Nova Atlantis* („Neu-Atlantis"), einer 1627 erschienenen unvollendeten utopischen Abhandlung von Andreaes englischem Zeitgenossen Francis Bacon. Bacon schildert eine imaginäre Südseeinsel, die von einem weisen König regiert wird, der die Utopie auf der Grundlage der angewandten Wissenschaft organisiert hat. Die zentrale Institution der Insel ist denn auch das Haus Salomos oder das „Kollegium der Werke der Sechs Tage", eine Forschungsgemeinschaft, die praktisch einen Staat im Staate bildet.

Bacon war selbst Naturwissenschaftler, und das wird deutlich, wenn er die wissenschaftlichen Reichtümer schildert, die im Kollegium der Utopie vorhanden sind. Es gibt zahllose Laboratorien, medizinische Einrichtungen und astronomische Observatorien, zoologische Gärten, Handwerker mit ungewöhnlichen Fähigkeiten, und Stoffe, die von ihnen verfertigt werden, wie Papiere, Leinen, Seiden, Gewebe und köstliche Arbeiten aus Federn von herrlichem Glanz. Bacon erklärt ferner, die Inselbewohner beherrschten bereits die Kunst des Fliegens und den Bau von Unterseefahrzeugen, ganz davon zu schweigen, daß sie auch das Geheimnis des Perpetuum mobile entdeckt hätten.

Doch ungeachtet seines Enthusiasmus ruft Bacons *Nova Atlantis* als ein Werk der utopischen Literatur eher Enttäuschung hervor. Alles in allem stellt es kaum mehr als eine Abhandlung über die Notwendigkeit von Organisation und Planung dar; den politischen und sozialen Bedürfnissen der Menschen wird nicht ausreichend Aufmerksamkeit gewidmet und auf ihre spirituellen Bedürfnisse gar nicht eingegangen. Dennoch hatte Bacon seine Gründe, wenn er die Wissenschaft in den Mittelpunkt stellte; er war überzeugt von dem Gedanken, daß in der Gesellschaft Harmonie und Glück herrschten, wenn die Menschen lernen würden, jedes Problem von einem unpersönlichen, wissenschaftlichen Standpunkt aus zu untersuchen.

Seit zum ersten Male der Mythos vom Paradies Dilmun erzählt wurde, seit Platon den *Staat* hervorbrachte, hat sich das Verlangen, tief aus der eigenen Einbildungskraft zu schöpfen und eine vollkommene Gesellschaft zu entwerfen, für Hunderte von Denkern als unwiderstehlich erwiesen. Dieser wachsende Bestand an utopischen Legenden und Entwürfen bietet Schwarmgeistern seit langem Gelegenheit, sich vorübergehend in der verlockenden Welt des „Was wäre, wenn ..." zu verlieren und sich auszumalen, sie lebten auf den griechischen Inseln der Seligen oder in Thomas Mores Utopia. Für viele aber ließ sich der tiefe Wunsch, der bestehenden Ordnung zu entfliehen, nur so verwirklichen, daß sie die utopischen Theorien dieser Werke in die Praxis umsetzten. Die meisten der hoffnungsvollen Pioniere lockte vor allem ein bestimmtes Land. Manche bezeichneten es einfach als das „Neue Land", manche als das „Gelobte Land", andere nannten es beim Namen – Amerika.

Baumeister privater Utopien

Ich konnte die Ornamente, Muster und wunderbaren Symbole vor meinem geistigen Auge sehen. Ich wußte, sie stellen das Universum und seine Kräfte und die großen Mächte dar, die alles auf diesem Planeten hier zusammenhalten." So beschrieb Eddie Owens Martin – als Künstler ein Autodidakt – die Inspiration, die ihn veranlaßte, sein eigenes architektonisches Utopia zu bauen. Getrieben von seinen inneren Visionen, arbeitete er jahrelang daran, auf gut eineinhalb Hektar Land in Georgia einen weiträumigen Komplex aus Tempeln und Festungswällen zu errichten, die im Glanz mystischer Motive wie Pyramiden, Mond und Sternen *(oben)* erstrahlen.

Martin gehört – indem er den Strukturen, die er im Geiste vor sich sah, reale Gestalt gab – zu jener Gruppe naiver Visionäre, die allenfalls über eine rudimentäre künstlerische Ausbildung verfügen und einem unwiderstehlichen inneren Bedürfnis nachgeben, ihre individuellen kleinen Nischen auf dieser Welt nach ihren persönlichen Vorstellungen vom Paradies zu gestalten. Sie behaupten, nur zu befolgen, was ihnen inspirierende Visionen, Träume oder ein Geist eingäben oder was ihnen ihre eigene mystische Lebensphilosophie vorschreibe.

Wie die folgenden Seiten zeigen, erinnern manche ihrer Werke an altertümliche Altäre, andere wiederum sind surrealistische Konstruktionen aus Müll. Die Baumeister solcher Utopien sind nicht selten dem Gespött ihrer Nachbarn ausgesetzt, denen es an derartigen Visionen mangelt, aber sie bekommen auch hin und wieder eine Art Ermunterung durch die in etablierten Künstlerkreisen geäußerte Anerkennung. Den meisten jedoch scheint Hohn ebenso wie Lob gänzlich gleichgültig zu sein. Unbeeindruckt von Ablehnung oder Zustimmung beschreiten sie ihren Weg der Selbstverwirklichung und fahren fort, mit viel Phantasie ihre Umgebung als Zufluchtsort vor der Außenwelt und als greifbare Manifestation ihrer ureigensten Ideale auszugestalten.

Der Traumpalast eines Briefträgers

Um sich von der Eintönigkeit seiner täglichen Runde als Briefträger im französischen Département Drôme ein wenig abzulenken, baute Ferdinand Cheval in seinen Tagträumen einen wundersamen Palast, der „alle Architekturen primitiver Kulturen" verkörpern und damit „alle Vorstellungen übertreffen" würde. Chevals Palast blieb zehn Jahre lang ein Luftschloß. Eines Tages im Jahre 1879 jedoch fand er einen so wundervollen Stein, daß er beschloß, seine Phantasien Wirklichkeit werden zu lassen.

Von diesem Augenblick an war Cheval ein Besessener. Beim Austragen der Post hielt er Ausschau nach ungewöhnlich geformten Steinbrocken, die er nach Dienstschluß einsammelte und in einer Schubkarre in seinen Garten transportierte. Hier fügte er daraus ein fast labyrinthisches Ensemble aus Türmen, Treppen, Tempeln, Grotten, Wasserfällen und Skulpturen. Cheval – der zuvor weder Meißel noch Kelle in der Hand gehalten hatte – war von seiner Schöpfung immer mehr entzückt und bestimmte sie zu seiner Grabstätte: Das Monument würde ihm eine gewisse Unsterblichkeit verleihen.

Nach über 30 Jahren eigenhändiger Arbeit war der sogenannte „Ideale Palast" vollendet – 10 Meter hoch und 26 Meter lang, ein Stein gewordener utopischer Traum *(unten)*. Chevals Nachbarn belächelten zwar seinen Palast, und von Gesetzes wegen wurde ihm untersagt, sich darin bestatten zu lassen, aber bis zu seinem Tod 1924 lebte er glücklich in seinem Paradies. Sein Kunstwerk ist jetzt ein nationales Denkmal.

Ferdinand Cheval (links und unten links mit seiner Frau) schuf aus seiner Einbildungskraft und nach seinen Erinnerungen an fiktive und reale Orte den „Idealen Palast". Er besteht aus Tempeln im Hindu-Stil und einer Moschee, reich verziert mit Reliefs, Mosaiken und Skulpturen, die exotische Pflanzen und Tiere, biblische Szenen und ägyptische Mumien darstellen (kleines Bild unten).

St. EOM trägt hier eines seiner selbstgefertigten Kostüme. Er sagte, ein Geist hätte seine Hand beim Bau von Pasaquan geführt, und die Statuen, die den Eingang bewachen (unten), bezeichnete er als das Volk von Mu – eine Anspielung auf den legendären versunkenen Kontinent, den manche Gelehrte mit dem Garten Eden in Verbindung bringen.

Bunte Mauern gegen die Außenwelt

Zu der Zeit, 1935, als der Wahrsager Eddie Owens Martin in New York lebte, behauptete er, eine Stimme aus der spirituellen Welt habe ihm verkündet, mit ihm beginne etwas Neues. „Nenne dich von nun an St. EOM", wies ihn die Stimme an, „und sei ein Pasaquoyaner – der erste auf dieser Welt."

Aber es dauerte noch Jahre, bevor der in Georgia geborene Martin herausfand, was ein Pasaquoyaner war – jemand, der Vergangenheit und Zukunft vereinigte –, und erst 1957 folgte er seiner mysteriösen Eingebung. In jenem Jahr kehrte er nach Georgia zurück und begann das Haus und das Land, das ihm seine Mutter in Buena Vista hinterlassen hatte, in eine Festung umzubauen, der er den Namen Pasaquan gab.

St. EOM, wie Martin sich von da an nannte, gab vor, Pasaquan als „Monument für alle primitiven Völker in der Welt" zu errichten. In der Tat demonstriert der Stil des Bauwerks die Intentionen seines Schöpfers: Die farbenfrohen Muster erinnern an indische, afrikanische oder orientalische Vorbilder. Vor allem aber dienten die reich verzierten Wände und Gebäude *(unten und kleines Bild unten)* ihrem exzentrischen Erbauer als Ort der Zuflucht und der Geborgenheit. „Nachdem ich diese Mauern errichtet hatte, fühlte ich mich von der Außenwelt abgeschottet", bemerkte Martin vor seinem Tod 1986. „Hier kann ich in meiner eigenen Welt leben, . . . und wohin ich auch immer schauen mag, überall sehe ich etwas Schönes."

Reverend Howard Finster (rechts) behauptet, daß „dies ein ewig bestehender Planet sein könnte, wenn alle Menschen zu Gott fänden". Er betrachtet seine Kunst – darunter den „Paradiesgarten" (unten) und die „World's Folk Art Church" („Kirche der Kunst aller Völker dieser Welt", kleines Bild unten) – als Mittel, diese Botschaft zu verbreiten.

Heilige Kunst im eigenen Paradies

„Gott hat mich hierher gesandt als einen Mann der Visionen", erklärte einst der evangelikale Prediger und Künstler Howard Finster, „um der Welt durch meine Kunst von meinen Visionen zu berichten." Anfang der 60er Jahre begann Finster hinter seinem Haus in Pennville, Georgia, eine surrealistische Szenerie aus spiegelverkleideten und von religiösen Skulpturen umgebenen Monumenten, Flaschenhäusern und Zementhügeln zu schaffen. Ein handgemaltes Schild in diesem „Paradiesgarten" erläutert das Ziel seines Schöpfers: „Ich legte diesen Park an aus Bruchstücken in dem Versuch, eine zerbrochene Welt zu kitten."

Nach etwa 15 Jahren Arbeit hatte Finster eine Vision, die ihm befahl, eine Reihe von Gemälden zu schaffen, die er „Heilige Kunst" nennt. Wenige Jahre darauf erbaute er die *World's Folk Art Church* („Kirche der Kunst aller Völker dieser Welt") als eine Art Galerie für diese Kunst. Sie sollte „die Wahrheit Gottes, die Wahrheit der Menschheit und ihrer Entdeckungen, die Wahrheit der Gegenwart und die Wahrheit der Zukunft" enthüllen.

Raymond Isidore (links) verzierte jeden erdenklichen Gegenstand in seinem Haus – vom Blumentopf bis zu den Möbeln – mit Glas- und Keramikscherben. Die Einheimischen nannten ihn einen „pique assiette", einen Schmarotzer, und seine Schöpfung „La Maison Picassiette", das Schmarotzerhaus.

Ein glitzerndes Glasmosaik

„Wir werfen so viele Dinge weg, aus denen sich Leben und Glück schaffen ließe", bemerkte einst der Franzose Raymond Isidore. Er selbst aber bildete in dieser Hinsicht eine krasse Ausnahme. Von 1938 bis zu seinem Tod 1964 sammelte der in Chartres lebende Friedhofswärter Keramik- und Glasscherben auf Müllkippen, an Straßenrändern und von Freunden und Bekannten und setzte aus ihnen die phantastischen Mosaiken zusammen, die schließlich jeden Quadratzentimeter seines Hauses und Gartens bedeckten *(rechts)*.

Angeblich von Gott, der Natur und der großen Kathedrale seiner Heimatstadt inspiriert, schmückte Isidore die Innen- und Außenwände seines Heims mit biblischen Szenen, Darstellungen der Kathedrale von Chartres und anderen Kirchen sowie mit Bildern, die ihm gefielen. Isidore glaubte, ein Geist leite ihn dabei, gab jedoch auch unumwunden zu, daß er das Monument nach seinem individuellen Geschmack geschaffen hatte, um in seiner eigenen Welt leben zu können. Er meinte, durch die juwelenhafte Ausgestaltung seines Hauses und Gartens hätte er einen Traum verwirklicht.

Besessen vom Licht und dessen Spiegelungen, illuminierte Clarence Schmidt sein Haus mit Lichterketten und folienumwickelten Drähten (oben). Im Garten errichtete er Weihestätten für seine Helden. Mit einer Serie ehrte er amerikanische Präsidenten, darunter auch George Washington (Bild unten); andere zeigen Aufnahmen von Schmidt selbst.

Ein unglaubliches Bauwerk aus Müll

Der visionäre Künstler Clarence Schmidt beschrieb einst seine Behausung, die er sich an einem Berghang in Woodstock, New York, gebaut hatte, als ein „heiliges Unternehmen“, das „dieser schrecklich verirrten und kriegsgeschädigten Welt Frieden und Glück“ bringen werde.

Um 1948 begann Schmidt, ein gelernter Stukkateur, mit dem Ausbau seiner Berghütte. Bald verwandte er wie besessen seine gesamte Zeit und Energie auf dieses Projekt. Rund 20 Jahre später waren die Hütte nebst einem nicht weit entfernt stehenden großen Baum völlig von einem siebenstöckigen Haus mit 35 Zimmern verschluckt worden, dessen Baumaterial ausschließlich aus Resten von Holz, Teerpappe und Glas bestand.

Im Inneren erleuchteten weihnachtliche Lichterketten ein Labyrinth von Gängen und Räumen, deren Wände über und über bedeckt waren mit Spiegeln und einer verwirrenden Sammlung von ausrangierten Gegenständen wie Damenschuhen, Kaffeekannen und künstlichen Blumen. Die Gärten um das Haus sahen nicht anders aus: Skulpturen aus Abfällen standen neben den Bäumen und Sträuchern, deren Hunderte von Ästen und Zweigen in Folie gewickelt waren, um das Licht zu reflektieren.

Der zurückgezogen lebende Künstler nannte die ursprüngliche Hütte im Herzen seines chaotischen Bauwerks sein „Innerstes Heiligtum“, in dem er laut eigener Aussage ein „rituell-klösterliches heiliges Leben“ führte, das gänzlich der Schöpfung einer neuen Welt gewidmet war, die „zart von der Harmonie der Berge und immerwährendem Frieden umhüllt wurde“. Leider kam es so, wie es wohl kommen mußte: Schmidts leicht entflammbares Traumland fing Feuer und brannte 1968 völlig ab; er selbst starb zehn Jahre später.

Stolz präsentieren Robert Tatin und seine Frau Liseron eine grinsende Skulptur, die der Künstler „The Beast Tamer" („Bezwinger des Antichristen") nannte. Die meisten seiner Plastiken – die einem Vergleich mit der Kunst der Azteken, Assyrer, Maya und Inka standhalten – sind bewußt symbolisch: Der Drache (rechts unten) stellt, wie Tatin erläuterte, das Böse, die Selbstsucht und andere Laster dar, die der Mensch überwinden muß, um Erlösung zu erlangen.

Im Jahre 1962, als er 60 Jahre alt war, kaufte Robert Tatin – ein weitgereister Franzose, der als Keramiker, Bildhauer und Zimmermann gearbeitet hatte – die Ruine eines alten Bauernhofs im französischen Crosse-le-Vivien. Er und seine Frau Liseron machten sich bald an den Umbau des Hauses, aber irgendwann im Verlauf der Arbeiten entwickelte sich aus der simplen Renovierung eine grandiose Aussage in Stein über Tatins eigene Philosophie. Er glaubte, daß Weisheit und Glück des Menschen in den sogenannten weiblichen Werten „Intuition" und „Kreativität" lagen. Daher zeigt sich in vielen Toren – wie zum Beispiel dem „Mondtor" *(unten)* – und den Skulpturen, die er und Liseron in Handarbeit aus Zement in den nächsten 20 Jahren auf ihrem Grundstück schufen, die Vergötterung des Prinzips der Weiblichkeit. Für Tatin, dessen Schöpfung jetzt ein staatliches Museum ist, war die Kunst „ein Mittel, die Wunder in uns selbst zu entwickeln".

KAPITEL 2

Amerika als Gelobtes Land

Im Mai 1774 stach die alte und morsche *Mariah* in Liverpool mit Kurs auf New York in See. An Bord befand sich die kleine, korpulente Ann Lee, eine Frau in den Dreißigern, die mit ihrem braunen Haar, den blauen Augen und dem sanften Gesichtsausdruck wie eine Lehrerin wirkte, keineswegs jedoch wie die fanatische Anführerin der religiösen Spiritisten, die sich um sie scharten und die wegen ihres ketzerischen Glaubens aus ihrer Heimatstadt Manchester vertrieben worden waren. Einige Monate vor dieser Reise hatte Ann in einer dramatischen Vision einen großen Baum mit flammenden Blättern gesehen, der ihr, „Mutter" Ann, befahl, ihre Herde in die Neue Welt zu führen, wo sie das Heil finden würden. Doch fast hätten sie ihr Ziel nie erreicht. Nach einigen Tagen auf See beobachtete der Kapitän der *Mariah* entsetzt, wie seine Passagiere ihren Sonntagsgottesdienst abhielten. Sie zitterten und bebten und schnitten wilde Grimassen; sie tanzten wie Derwische, drehten sich mit ausgestreckten Armen im Kreis, wälzten sich auf dem Deck und sangen und schrien in den exotischen Sprachen der Geisterwelt. Aufgebracht drohte ihnen der Kapitän, sie über Bord zu werfen, sollten sie je ihre blasphemischen Handlungen wiederholen.

Am nächsten Sonntag bot sich jedoch das gleiche Schauspiel. Wutentbrannt trommelte der Kapitän seine Besatzung zusammen und wollte gerade seine Drohung in die Tat umsetzen, als plötzlich ein gewaltiger Sturm losbrach. Schon bald war das Schiff in arger Bedrängnis. Eine Planke am Rumpf lockerte sich, und es schoß mehr Wasser in den Schiffsleib, als alle Mann an den Pumpen bewältigen konnten. Der Kapitän, so heißt es, wurde leichenblaß und behauptete, das Schiff und alle Mann an Bord würden den folgenden Tag wohl nicht erleben. Mutter Ann wandte sich an den Kapitän und beruhigte ihn. „Nicht ein Haar auf unseren Köpfen wird verloren sein", prophezeite sie. „Wir werden alle sicher in Amerika ankommen. Gerade eben habe ich neben dem Mast zwei leuchtende Engel Gottes stehen sehen, die mir dieses Versprechen gaben." Im selben Augenblick brandete eine gewaltige Welle gegen das Schiff, drückte die lose Planke wieder an ihren Platz und dichtete so das Leck. Bald darauf legte sich der Sturm, und Mutter Lee fuhr weiter gen Amerika zu ihrem Rendezvous mit dem Schicksal. Innerhalb von zwei Jahren hatten sie und ihre kleine Schar die *United Society of Believers in Christ's Second Appearing* („Vereinigte Gesellschaft derer, die an die zweite Ankunft Christi glauben") aufgebaut, so

wie es die Vision vom flammenden Baum von ihr gefordert hatte. Die Shaker, so nannte man sie später, wurden eine der erfolgreichsten und langlebigsten Gemeinschaften, die je in der Neuen Welt gegründet worden waren.

Im 18. und besonders im 19. Jahrhundert entstand in Amerika eine Vielzahl verschiedener solcher Gruppen. Die meisten von ihnen lösten sich zwar über kurz oder lang wieder auf, aber einigen wenigen gelang es doch, sich als fester Bestandteil der amerikanischen Gesellschaft zu etablieren. Neben den Shakern zählten auch die Harmonisten, die Inspirationisten, die Perfektionisten und die Transzendentalisten zu diesen erfolgreichen Gruppen. Sie unterschieden sich zwar in vielfältiger Weise, doch den meisten war eines gemeinsam: die typisch amerikanische Mischung von praktischem Realismus und dem Streben nach der mysteriösen anderen Welt.

Die ersten utopischen Gruppen in Amerika wurzelten tief in der Reformation. Diese von Martin Luther im 16. Jahrhundert ausgelöste Rebellion gegen die Tyrannei der römisch-katholischen Kirche brachte im Laufe der Zeit eine Fülle protestantischer Religionsgemeinschaften hervor, deren charakteristische Merkmale eifrige Bibelfrömmigkeit und starke Voreingenommenheit gegenüber dem Klerus waren. Viele Mitglieder in diesen Gruppen waren leidenschaftliche Chiliasten, die an die nahe bevorstehende zweite Ankunft Christi glaubten. Nach seiner Wiederkehr würde der Erlöser die sündhaften Menschen auf immer verdammen und den Frommen himmlische Gnade in seinem Tausendjährigen Reich auf Erden zuteil werden lassen.

Die Überzeugung der Chiliasten wurde vielleicht am eindrucksvollsten um die Mitte des 19. Jahrhunderts demonstriert, als William Miller, Wanderprediger und Baptist, durch seine Ahnung berühmt wurde, Christus käme irgendwann zwischen dem 21. März 1843 und dem 21. März 1844 ein zweites Mal auf die Erde. Die Erwartungen steigerten sich, als ein großer Komet verheißungsvoll am Februar-Himmel aufleuchtete. Aber das Jahr verstrich ereignislos, und so verlegte Miller das bewußte Datum auf den 22. Oktober 1844. Die Gläubigen versammelten sich zu Tausenden auf Dächern und Hügeln oder kletterten in die Baumwipfel. Doch wie es in dem Bericht eines Zeitgenossen lakonisch heißt, „der Tag kam, und Christus kam nicht". Millers Mißerfolg war für seine Anhänger eine große Enttäuschung, aber sein Einfluß war dennoch stark genug, um die Bewegung der „Adventisten vom Siebenten Tag" ins Leben rufen zu können, die bis heute eine treibende religiöse Kraft im Leben Amerikas geblieben ist.

In allen utopischen Gesellschaften herrschte die feste Überzeugung, daß der Mensch durch die Beachtung ihrer jeweiligen gottbefohlenen Glaubenssätze fast himmlische Vollkommenheit erreichen könne. Ihre Anhänger lebten meist in von der „sündigen" Außenwelt abgeschotteten Gemeinden. In der Regel wurde dort eine Art Gemeinwirtschaft praktiziert, in der jeder sich nicht nur in die körperlichen und geistigen Arbeiten, durch die ihr Paradies erst möglich wurde, mit allen anderen teilte, sondern auch den ihm rechtmäßig zustehenden Anteil an dem gemeinsam erwirtschafteten materiellen Profit erhielt. Die meisten dieser Gemeinschaften verschrieben sich der Keuschheit, und die Frauen genossen in der Regel weitaus mehr Gleichberechtigung als sonst üblich. Alle lobpriesen ehrliche Arbeit und unterwarfen sich einer strengen Lebensordnung.

Ein weiterer, wenn nicht der wichtigste Schlüssel zum Erfolg der utopischen Gesellschaften in Amerika lag darin, daß fast jede in ihrem Streben von einem charismatischen und oftmals mystischen Anführer geleitet wurde, der für sich in Anspruch nahm, seine Eingebungen direkt von Gott oder aus der Bibel erhalten zu haben. Erfolg oder Mißerfolg der Gemeinschaften hing daher in hohem Maße davon ab, wie klar die Vision ihrer Anführer war und wie stark deren Autorität.

Aber warum kamen all diese frommen, tatkräftigen Männer und Frauen ausgerechnet nach Amerika, um ihr Utopia zu manifestieren? Der Grund lag in den Berichten über die Neue Welt, die in den Jahrzehnten nach deren Entdeckung die Menschen in Europa vernahmen. Sie schilderten Amerika als die bestmögliche irdische Verwirklichung der uralten Vorstellung vom Garten Eden, wo Einfachheit und Schlichtheit die Merkmale der Tugend und Glückseligkeit waren, oder als Kanaan, das Land, in dem Milch und Honig fließen und Gottes auserwähltes Volk nach einem langen Selbstreinigungsprozeß Vollkommenheit erlangen würde. Überdies lag die Neue Welt im Westen – wo die alten Griechen die sagenhafte, längst verschollene Insel Atlantis vermuteten und Sir Thomas More 1516 sein Utopia wähnte.

Christoph Kolumbus festigte das Bild vom Paradies Amerika, als er die dort lebenden Indianer als unschuldige Primitive charakterisierte, die nackt waren wie Adam und Eva. Er schrieb, die Luft der Neuen Welt sei mit dem Gesang der Nachtigallen erfüllt (obwohl es diese Spezies damals dort nicht gab). Andere Forscher schilderten ein Land von großem Reichtum, grenzenloser Fruchtbarkeit und in Harmonie lebenden Gemeinschaften. Solche Bilder beflügelten die Phantasie der Europäer. Der Kriege und Könige überdrüssig, beseelt von dem Wunsch nach einem Leben ohne Armut, religiöse Verfolgung und Seuchen, sahen sie in der Neuen Welt das Allheilmittel gegen alles Übel.

Schon im Alter von 15 Jahren erschienen Joseph Smith (oben) angeblich zum ersten Mal himmlische Engel, und als er 22 Jahre alt war, fand er die goldenen Tafeln, die ihn zur Gründung der Glaubensgemeinschaft der Mormonen bewogen. Sein Nachfolger Brigham Young (ganz rechts), der die Mormonen auf ihrer gefährlichen Reise von Nauvoo zum Großen Salzsee (rechts) führte, war der erste Gouverneur von Utah. 1857 wurde er jedoch von dem amerikanischen Präsidenten James Buchanan aus dem Amt entfernt, da er im Neuen Zion die Polygamie duldete.

Die Odyssee der Mormonen zum Neuen Zion

Die 1830 von dem New Yorker Farmer Joseph Smith gegründete „Kirche Jesu Christi der Heiligen der Letzten Tage" suchte wohl am unermüdlichsten nach einem amerikanischen Utopia. Die Leitlinien dieser Bewegung enthielt das *Buch Mormon* – eine von Smith gefertigte Übersetzung himmlischer Weisheiten, die angeblich auf zwei goldenen Tafeln eingraviert waren, welche er in der Nähe seiner Farm gefunden (und dann wieder verloren) hatte. Aufgrund dieser Inspiration wollten die Mormonen eine neue heilige Stadt Zion erbauen, in der sie die Rückkehr Christi erwarten würden.

Auf der Suche nach einem geeigneten Gelände für Zion – das eine Kombination aus dem Garten Eden und dem im Buch der Offenbarung beschriebenen Neuen Jerusalem sein sollte – begaben sich die Mormonen auf ihre historische Odyssee nach Westen. Von Palmyra im Staate New York zogen sie zunächst nach Ohio, wo finanzielle Probleme den Bau ihres Zion verhinderten. Als nächstes versuchten sie es in Missouri – bis sie von feindseligen Siedlern vertrieben wurden. Schließlich ließen sie sich 1838 in Illinois am Ufer des Mississippi nieder. Smith nannte den Ort Nauvoo, was, wie er sagte, „Ruhe" und „Schönheit" bedeutete.

Nauvoo wurde gemäß einem „Plan der Stadt Zion", den Smith angeblich von Gott erhalten hatte, in zwei Bereiche geteilt. In der heiligen Zone (Jerusalem) befanden sich nur zwei massive, reich verzierte Gebäude: der Tempel – gebaut nach einer von Gott gesandten Blaupause – und das Domizil des Propheten. Die weltliche Zone (Eden) gliederte sich in große Wohnblöcke, von denen jeder aus vier Häusern mit ausgedehnten Gärten bestand. Nauvoo wurde mit etwa 20 000 Einwohnern bald zur größten Stadt in Illinois. Obwohl Smith sie auch zum „größten Handelszentrum des Westens" erklärte, entwickelte sich dort kaum Gewerbe oder Industrie, weil vermutlich weder ihre heiligen Bezirke noch die dünn bevölkerten Wohngebiete Anreize für ein blühendes Wirtschaftsleben boten.

Smith wurde 1844 im nahegelegenen Carthage von militanten Gegnern der Mormonen ermordet. Die Regierung von Illinois wies daraufhin die Sekte aus Furcht vor weiteren Gewaltakten aus dem Staat. Unter ihrem neuen Führer Brigham Young verließen die Mormonen ihr Eden und zogen wieder gen Westen; sie gründeten schließlich ein neues Zion am Großen Salzsee in Utah. Ohne die strikte Teilung zwischen dem heiligen und dem weltlichen Bezirk, der Nauvoo so geschadet hatte, entwickelte sich Salt Lake City zu einer Großstadt – und in vieler Hinsicht doch zu dem Utopia der Mormonen.

Die ersten Immigranten aus Europa landeten zwar in einem weit rauheren Land, als sie ursprünglich erwartet hatten, aber sie begaben sich schnell unter den wärmenden Schutzmantel ihres Utopia. In dem unermeßlich fruchtbaren Amerika, in dem es weder kirchliche Traditionen noch Klassenunterschiede gab, war einfach alles möglich – auch das Paradies, hier und heute.

Dieser Wunschtraum stärkte den politischen wie auch philosophischen Optimismus, der später zur Unabhängigkeitserklärung und zur Verabschiedung der Verfassung führte. Er gab ebenfalls einer starken religiösen Bewegung Rückhalt, die in den 30er und 40er Jahren des 18. Jahrhunderts die Städte und Siedlungen Amerikas erfaßte und als die „Große Erweckung" in die Geschichte einging. Wanderprediger zogen durch die Kolonien und verbreiteten das Wort Gottes, damit der Glaubenseifer mit der immer weiter nach Westen wandernden Grenze Schritt hielt.

William Millers apokalyptische Vision Mitte des 19. Jahrhunderts war keineswegs die erste, die Amerika als Ort für die Befreiung durch Christus auswies. Schon 150 Jahre zuvor hatte ein ehemaliger lutherischer Geistlicher in Deutschland ein eindrucksvolles Kapitel im Buch des Utopismus der Neuen Welt aufgeschlagen, als er zu der Überzeugung gelangte, daß die Welt im Herbst 1694 untergehen werde. Johann Jakob Zimmermann, der dem Luthertum zugunsten des strengen Fundamentalismus abgeschworen hatte, glaubte auch unerschütterlich an die Astrologie. Aufgrund seiner Sterndeutungen und gewisser Bibelstellen war er sicher, daß die Ankunft Christi unmittelbar bevorstehe. Aber wo würde er erscheinen? Zimmermann suchte die Antwort darauf im Buch der Offenbarung und kam zu dem Schluß, daß eine Frau die wahre Kirche (die einzige, welche die Apokalypse überstehen wird) symbolisieren werde, der „zwei Adlerschwingen" verliehen würden, „um damit in die Wildnis zu fliegen". Für Zimmermann war klar, daß es sich bei besagter Wildnis um Amerika handelte. Allerdings legte er das weibliche Bildnis der Kirche nicht so weit aus, daß er die Mitwirkung von Frauen auch nur in Betracht zog, denn er wollte in der Neuen Welt eine ausschließlich aus Männern bestehende klösterliche Gemeinschaft gründen. Die im Zölibat lebenden Mönche sollten dort geläutert werden, um Gott von Angesicht zu Angesicht gegenüberzutreten.

Zimmermann versammelte eine Schar getreuer Anhänger um sich, starb jedoch am Abend der Abreise. Unverzagt setzten seine Männer das begonnene Werk unter der Führung des jungen Johannes Kelpius fort, der nicht nur Zimmermanns Fundamentalismus und dessen Glaube an die Astrologie teilte, sondern auch über Kenntnisse in der Alchimie, im Rosenkreuzertum und über altgermanische Kulte verfügte. Die Glaubensbrüder erreichten Amerika am 19. Juni 1694 und gründeten in einem Wald in Pennsylvania ihre Religionsgemeinschaft *The Woman in the Wilderness* („Die Frau in der Wildnis"). Sie bauten ein Gotteshaus aus Holz, auf dessen Dach sie – rund um die Uhr einander abwechselnd – mit einem Fernrohr beständig den Himmel nach Hinweisen auf die Apokalypse absuchten. Kelpius selbst zog sich in eine Höhle zurück.

Das Jahr 1694 endete ohne ein solches Anzeichen, doch erhielten einige geistige Erscheinungen den Glauben der Klostergemeinschaft lebendig. Während die Männer auf das Ende warteten, trugen sie ihr Evangelium in die Umgebung. Sie bauten sogar eine Druckerpresse, um das Wort Gottes besser verbreiten zu können. Als begeisterte Musiker brachten sie das wohl erste Notenheft Amerikas heraus. In dem Glauben, die Ureinwohner Amerikas gehörten zu den in der Bibel erwähnten verlorenen Stämmen Israels, bekehrten sie die Indianer und befaßten sich mit deren Sprachen, um ein Wörterverzeichnis zu erstellen.

Immer wieder vermeinten die Männer Anzeichen für das Nahen des Tausendjährigen Reiches Christi zu erspähen, wurden aber jedesmal bitter enttäuscht. Nach und nach wanderten die gebildetsten Mitglieder der Gemeinde ab. Kelpius weigerte sich, das baldige Kommen des Tausendjährigen Reiches Christi in Frage zu stellen, aber als er mit 35 Jahren an Tuberkulose starb, ging seine mutige kleine Glaubensgemeinschaft in der Wildnis mit ihm unter.

Der streng geführten Gemeinde von Ephrata (Bethlehem), einer anderen deutschen pietistischen Gemeinschaft, erging es besser. Sie wurde 1732 von dem energischen Mystiker Johann Conrad Beissel in Pennsylvania gegründet und nahm auch Frauen auf, die als „Geistige Jungfrauen" bezeichnet wurden. Die Geschlechter lebten jedoch streng voneinander getrennt. Die harten Bänke im Gotteshaus, auf denen sich die Gläubigen während Beissels stundenlanger

Die Original-Anlage dieses rekonstruierten Hecken-Labyrinths wurde in Harmonie, Indiana, von Vater Rapp geschaffen – das Photo zeigt ihn im Alter von etwa 80 Jahren. Die verschlungenen Wege des Irrgartens, der ein Sinnbild für die Suche nach der geistigen Erfüllung sein sollte, führten zu einem kleinen Tempel in der Mitte.

Predigten niederließen, waren qualvoll unbequem. Die niedrigen, engen Türen und Flure der schmucklosen Gebäude zwangen normal große Menschen, sich zu bücken; damit sollten sie an die warnenden Bibelworte erinnert werden, „eng ist der Weg, der ins Leben führt". Die Gemeindemitglieder zogen sich um neun Uhr abends zurück, wurden aber um Mitternacht zu einem einstündigen Gottesdienst geweckt und mußten schon um fünf Uhr morgens wieder aufstehen. Die Mahlzeiten waren karg und wurden schweigend eingenommen. Die üblicherweise von Maultieren verrichtete Feldarbeit oblag den Brüdern. Beissel regierte autoritär und absolutistisch. Jeden, der ihm auch nur im kleinsten Detail widersprach, verdammte er als Sünder und verstieß ihn aus der Gemeinde. Beissels despotische Herrschaft dauerte bis zu seinem Tod im Jahre 1768, und einige Jahre später löste sich seine Gemeinschaft auf, ohne jedoch in Vergessenheit zu geraten. Beissel war ein glänzender Musiker gewesen, der Chor seiner Gemeinde war berühmt und ihre Schule hoch angesehen. Die Ephrata-Gemeinschaft hatte viele Bücher veröffentlicht, und Beissels Lieder beeinflußten die Entwicklung der amerikanischen Hymnologie. Die restaurierten Gebäude dieser Glaubensgemeinde in Lancaster County

Auf diesem Photo aus dem Jahre 1870 sieht man, wie Shaker-Brüder in dunklen Anzügen und Schwestern in einfachen, bescheidenen Kleidern durch verschiedene Türen in das Versammlungshaus in Mount Lebanon, New York, strömen. Die Trennung der Geschlechter wurde bei den Shakern so streng gehandhabt, daß gemäß einer Vorschrift ein Mann und eine Frau auf der Treppe nicht aneinander vorbeigehen durften.

sind heute eine allseits beliebte Touristenattraktion.

1803 verwirklichte der deutsche Prediger Georg Rapp seine eigene Utopie vom Tausendjährigen Reich Christi in Amerika. Georg Rapp wurde 1757 in Württemberg geboren, wo er im Alter von 30 Jahren in seinem Haus zu einer kleinen Schar von Anhängern zu predigen begann, die ihn „Vater" nannten. Er war ein Gegner der lutherischen Kirche und bezichtigte alle Kirchenautoritäten der Heuchelei. Auch war er völlig davon überzeugt, daß die Welt zu seinen Lebzeiten untergehen und er alle seine Getreuen persönlich Christus übergeben würde, damit dieser sie in den Himmel aufnehme. Wie vorauszusehen war, hielten die Lutheraner wie auch staatliche Autoritäten seine Lehren für blanken Aufruhr und warfen Rapp und seine Anhänger mehrfach als Ketzer ins Gefängnis. Doch hatten die Rappisten einen Vorteil gegenüber den meisten anderen verfolgten Nonkonformisten: Rapp und viele seiner Anhänger waren reiche Bauern, die Geld genug hatten, um Deutschland verlassen zu können und anderswo seßhaft zu werden. 1803 schiffte sich Rapp nach Amerika ein und kaufte von seinem und seiner Anhänger Geld nördlich von Pittsburgh in Pennsylvania 2000 Hektar Land. Etwa 600 Gläubige folgten ihm ein Jahr später und begannen, die „Gemeinschaft der Harmonie" aufzubauen. Schnell entwickelte sich eine große, erfolgreiche Kommune mit mehreren kleinen Wirtschaftszweigen einschließlich einer Whisky-Brennerei. Die Harmonisten (oder Harmoniten) hatten eine entschieden unverkrampftere Einstellung zum weltlichen Leben. Obwohl sie sehr religiös waren, tranken sie Alkohol, aßen gut und rauchten anfangs auch gern ihre Pfeife, bis sie später dem Tabak abschworen. Im Jahre 1807 ergriff sie ein überstarker religiöser Eifer, worauf einige von ihnen vorschlugen, ihre Gemeinschaft sollte von nun an im Zölibat leben. Die Eheschließung wurde zwar nicht verboten, doch die Gemeinde tendierte stark zu völliger sexueller Enthaltsamkeit, und die meisten Ehepaare betrachteten ihre Bande fortan als gelöst.

Da sich der Boden in Pennsylvania für den Weinanbau als nicht geeignet erwies, zogen die Harmonisten 1814 nach Indiana an das Ufer des Wabash River und gründeten dort die Stadt Harmonie. Schon nach wenigen Jahren säumten fruchtbare Felder und Weinstöcke die gepflegten Straßen, die Ziegelhäuser in identischer Bauweise verbanden – die ersten Vorläufer der heutigen Fertighäuser. Vorfabrizierte Bauteile einschließlich Isolierplatten wurden numeriert in einem zentralen Lagerhaus aufbewahrt. Fremde, an das ungepflegte Aussehen der meisten neugegründeten Städte an der Siedlungsgrenze gewöhnt, waren über Harmonies sauberen, adretten Anblick erstaunt, und viele glaubten, sie wären zumindest auf einen Vorposten von Utopia gestoßen.

Immer mehr Deutsche schlossen sich nach ihrer Einwanderung den Harmonisten an. In ihrer Blütezeit zählte die Gemeinde etwa 900 Seelen, und ihr Wohlstand war so groß, daß die Gemeindemitglieder sich ohne weiteres einigten, ihr gesamtes Eigentum zum Gemeinbesitz zu erklären. 1818 verbrannten sie feierlich das Buch, das die von jeder Familie ursprünglich an die Gemeinschaft gezahlten Beträge festhielt. Rapp wollte mit Zustimmung seiner Anhänger keine neuen Mitglieder mehr werben. Wenn Christus bald wiederkehrte, wie alle felsenfest glaubten, warum sollten sie sich dann noch um die Zukunft sorgen? Doch im Jahre 1824 rief Rapp in der Furcht, die Selbstzufriedenheit würde den religiösen Eifer erlahmen lassen, seine Getreuen erneut zum Aufbruch. Sie verkauften ihr Land am Wabash River und kehrten nach Pennsylvania zurück, wo sie unweit ihrer ersten Siedlungsstätte die Stadt Economy gründeten. Aber hier machte sich allmählich Unzufriedenheit breit, und Anschuldigungen wurden laut: Vater Rapp sei egoistisch und despotisch, er wende unlautere Tricks an; zum Beispiel sei er abwechselnd vom einen zum anderen Ende eines geheimen unterirdischen Gangs gerast, um seine Anhänger davon zu überzeugen, daß er an zwei Orten gleichzeitig sein könne. Man hörte sogar das dunkle Gerücht, daß er seinen Sohn Johannes habe kastrieren lassen, als dieser trotz des befohlenen Zölibats geheiratet hatte, und daß Johannes bei dem Eingriff verblutet sei. Das wurde nie bewiesen, aber wahr ist, daß Johannes 1812 kurz nach der Geburt seiner Tochter Gertrude starb, die dann bei ihrem Großvater lebte.

Im Jahre 1831 erhielt Rapp Konkurrenz in Gestalt des deutschen Scharlatans Bernhard Müller, der sich Graf Maximilian de León nannte und mit einer kleinen Schar von Bundesgenossen die Gemeinschaft unterwanderte. Müller warb von der Lehre abweichende Harmonisten ab und drängte Rapp, das Vermögen der Gemeinde zu teilen. Rapp bestach Müller mit einem Geldbetrag, der kaum einen Verlust für die Wirtschaft der nunmehr reichen Gemeinschaft bedeutete, und es kehrte wieder Ruhe ein.

Im Jahre 1847 starb Rapp im Alter von fast 90 Jahren. Economy blieb noch 30 Jahre eine feste Gemeinschaft, obwohl dort nur noch alte Menschen lebten. Ein Besucher der Stadt merkte 1874 an, daß sich ihre Bewohner für nichts anderes zu interessieren schienen als für das Tausendjährige Reich Christi. „Die Menschen erwarten das Kommen des Herrn, sie warten auf das Erscheinen Christi am Himmel, und sie streben einzig und allein danach, für dieses große Ereignis bereit zu sein." Doch keiner von ihnen sollte diesen glorreichen Tag auf Erden erleben, denn das letzte Mitglied der Harmonisten starb 1921.

Georg Rapp hatte sein Utopia aus einer bereits bestehenden Gemeinde heraus aufgebaut. Das Zusammengehörigkeitsgefühl seiner Schüler wurde außerdem dadurch verstärkt, daß sie die gleiche Sprache sprachen und gleicher Herkunft waren. Demgegenüber stand Ann Lee, nach deren Vision angeblich Engel den Sturm während ihrer Überfahrt über den Atlantik besänftigt hatten, vor einer schwierigeren Aufgabe. Sie kam allein mit ihrem Ehemann, ihrem Bruder und fünf Schülern in New York an. Sie betrachtete sich als Mittlerin zwischen den gewöhnlichen Menschen und der übernatürlichen Welt des Geistes. Um ihre Kirche zu bauen, wozu sie ihre Vision bestimmt hatte, mußte sie bei Null anfangen. Aber schon nach zehn Jahren hatte sie eine Bewegung ins Leben gerufen, die noch heute, nach über 200 Jahren, besteht und die zu ihren besten Zeiten rund 4000 (einigen seriösen Schätzungen nach sogar bis zu 7000) Gläubige in 24 Gemeinden zwischen Maine, Indiana und Florida zählte.

Ann Lee wurde 1736 in Toad Lane im englischen Manchester als Tochter eines armen Schmieds und seiner Frau geboren und war ein ungewöhnlich melancholisches Kind. Schon sehr früh erzählte sie von religiösen Visionen, die sie heimsuchten und zu der Überzeugung gebracht hätten, daß die Welt böse und gottlos sei. Im Alter von 25 Jahren heiratete sie nach langem Zögern Abraham Standerin, der wie ihr Vater Schmied war, und gebar ihm in rascher Folge vier Kinder, die jedoch schon bei der Geburt oder im Säuglingsalter starben. Dieses Trauma bestimmte zweifellos ihre späteren rigorosen Ansichten über die Ehelosigkeit. Im Alter von 23 Jahren hatte Ann sich einer vom Glauben der Quäker abgefallenen Sekte angeschlossen. Die Gemeinde strebte nach dem direkten geistigen Kontakt zwischen Mensch und Gott und sucht ihn in einer ekstatischen Gottesverehrung zu erreichen – unter anderem gehörten dazu auch jene wilden Körperdrehungen, die später den Kapitän der *Mariah* so schockieren sollten und der Sekte den Spottnamen *Shaking Quakers* („Zuckende Quäker") oder kurz *Shakers* eintrugen.

Je bekannter die Shaker wurden, desto empörter

Besucher aus dem nahegelegenen Poland Spring Hotel sitzen 1885 im rückwärtigen Teil des Saales hinter den Gläubigen und beobachten eine Shaker-Versammlung in Sabbathday Lake, Maine. Die ehelosen Shaker hießen Außenstehende bei ihren *Treffen* willkommen, um neue Mitglieder zu werben. Bei dieser Gelegenheit machte der Hotelphotograph dieses einzige bekannte Photo von einer Shaker-Versammlung.

nahm man an ihrem Gebaren Anstoß. Mit ihrem Singen, Tanzen und Schreien verletzten sie die Sonntagsruhe und wurden deswegen nicht selten aus ihren Messen heraus verhaftet und ins Gefängnis geworfen. Inzwischen wuchs Ann Lees Einfluß auf die Gruppe hauptsächlich wegen ihrer starken Persönlichkeit und der dramatischen Eindringlichkeit der Visionen, von denen sie berichtete.

Als Ann Lee 1770 im Gefängnis von Manchester saß, hatte sie eine Vision, gegen die alle ihre früheren verblaßten: Christus erschien ihr und zeigte ihr Adam und Eva beim Geschlechtsakt. Er gab Ann zu verstehen, daß die sexuelle Vereinigung durchaus nicht der natürlichen Fortpflanzung gedient habe, sondern zügellos und daher sündhaft gewesen sei und zur Vertreibung aus dem Paradies geführt habe. Von da an predigte Ann Lee, daß nur jene, die der Fleischeslust entsagten, auf Rettung hoffen könnten. Tief beeindruckt von dieser Erkenntnis, wählten die Sektenmitglieder Ann Lee zur ihrer Anführerin und nannten sie „Mutter Ann" oder „Ann, das Wort". Schließlich kam es so weit, daß Ann Lee in der Rolle der weiblichen Verkörperung des Geistes Christi auftrat – und wenig später hatte sie besagte Vision vom flammenden Baum, die sie zur Reise nach Amerika bewog.

Nachdem Ann Lee und ihre kleine Gefolgschaft im Sommer 1774 von Bord der *Mariah* gegangen waren, blieb Ann in der Stadt; die anderen zogen den Hudson River hinauf und suchten einen geeigneten Ort, wo sie sich niederlassen und seßhaft werden konnten. Mutter Ann arbeitete als Wäscherin; ihr Mann dagegen verschwand bald darauf für immer im Dschungel der Stadt, um der wilden Frömmigkeit seiner Frau zu entgehen und nicht länger unter ihrem einseitigen Keuschheitsgelübde leiden zu müssen. 1776 schloß Ann sich wieder ihrer Schar in Niskeyuna bei Albany im Staate New York an und begann ihr Vorhaben zu verwirklichen, dessentwegen sie in die Neue Welt gekommen war.

Ihre Lehren wurden allerdings unterschiedlich aufgenommen. In der baptistischen Landbevölkerung, die unzufrieden war mit ihrer, wie

Geben

Kriegsgesang

sie meinte, in Formalismen erstarrten Kirche, fanden Ann Lees Ermahnungen zu stärkerer geistiger Hingabe großen Widerhall. Für die Calvinisten, deren strenges Dogma der Vorherbestimmung jegliche persönliche religiöse Einflußnahme unterband, schien das Streben der Shaker, selbst auf die Erlösung hinzuarbeiten, jeden einzelnen dem Himmel näherzubringen. Alle Amerikaner an der Grenze New Englands wurden auf Mutter Ann aufmerksam. Aber es gab auch Probleme. Die Riten der Shaker waren zweifelsohne eigenwillig, und Ehelosigkeit, Abstinenz und Verzicht auf persönliches Eigentum fielen den Menschen im amerikanischen Grenzgebiet nicht leicht. Auch konnten sich einige nicht mit der Vorstellung abfinden, Gott sei männlich wie auch weiblich und Mutter Ann die weibliche Inkarnation Christi. Außerdem erlaubten es ihnen die religiösen Überzeugungen der Shaker weder, für Amerika in seinem Krieg gegen England Partei zu ergreifen, noch – später – den neu entstandenen Vereinigten Staaten Treue zu schwören.

Diese Bestimmungen erregten größeren Zorn, als die Sekte in Manchester hervorgerufen hatte. Auf einer ihrer Missionsreisen in den Jahren 1781 bis 1783 bewarf man Ann Lee und ihre Anhänger wütend mit Steinen, trat sie mit Füßen und knüppelte auf sie ein. Ein Jahr später starb die von den körperlichen Mißhandlungen geschwächte Ann Lee im Alter von 48 Jahren.

Obwohl es Ann Lee nicht gelungen war, auch nur eine einzige Shaker-Gemeinde zu begründen, ging ihre Saat unter der Führung der beiden

Als immer mehr Außenstehende die Versammlungen der Shaker besuchten, entwickelte man aus dem ehemals für die Gläubigen so charakteristischen wilden und improvisierten „Gestampfe" ein geordneteres Ritual. Die erste eindeutige Tanzfigur, der „Square Order Shuffle", führte 1785 der puritanische Shaker-Führer Vater Joseph Meacham ein, der in einer Vision Engel vor dem Thron Gottes hatte tanzen sehen. Später wurden weitere Tanzschritte entwickelt – hier zeigt eine Shaker-Schwester einige dieser Figuren –, um demütiger zu werden, Versuchungen zu widerstehen und die Gaben der geistigen Liebe zu offenbaren.

Liebe empfangen

Eilmarsch

Demut

Alonzo Hollister (oben), ein Chemiker der Shaker, benutzt Anfang des 20. Jahrhunderts einen großen tiegelförmigen Vakuumverdampfer für die Zubereitung einer Kräutermedizin. Die Allheilmittel waren in vielen Teilen der Welt gefragt, beispielsweise auch in Frankreich, wo der Name der Shaker auf dem Etikett (links) die Verkaufsziffern für den medizinischen Kräutertee in die Höhe schnellen ließ.

FRAUENSCHUH
Der Frauenschuh, ein Orchideengewächs, galt als „Nervenwurzel" und wurde im August oder September als Heilmittel gegen Kopfschmerzen und andere leichte nervöse Störungen gesammelt.

Ein Shaker-Katalog der Kräutermedizin

Die überaus fleißigen und erfinderischen Shaker waren ständig bestrebt, ihr tägliches Leben mit Hilfe neuer Geräte und Techniken zu erleichtern. Man schreibt ihnen zum Beispiel die Erfindung des Reisigbesens und der Kreissäge zu, und angeblich waren sie die ersten, die Samen für Gartenpflanzen in Papiertütchen verkauften.

Auch die Kräutermedizin entwickelte sich für sie zu einem allseits blühenden Geschäft. Die Shaker vertrauten zwar in erster Linie auf die spirituelle Heilung von Krankheiten, aber sie hielten diese übernatürliche Gabe für viel zu wertvoll, um sie an harmlosere herkömmliche Leiden zu verschwenden. So verwendeten sie in diesen Fällen – was ihrer Religion nicht widersprach – Kräuter jedweder Art als wirkungsvolle Heilmittel.

Durch ihre Herkunft wußten die Shaker bereits einiges über die Kräuter Europas. Nun widmeten sie sich darüber hinaus dem sorgfältigen Studium der in Amerika heimischen Pflanzen und Wurzeln, die ihnen von alten Siedlern und den indianischen Ureinwohnern gezeigt wurden. Auch so manches mißglückte Experiment mit giftigen Pflanzen hinderte sie nicht daran, ihr Wissen über Wachstum, Standorte, Sammelzeiten und Verarbeitungstechniken der verschiedenen Zutaten für ihre Hausmittel zu vergrößern.

Um 1830 verkauften die Shaker Kräuter und Kräuterextrakte an eine ganze Anzahl Händler, Drogisten und Ärzte – sogar in Australien. Eines der bekanntesten Allheilmittel der Shaker war ihr Sarsaparille-Sirup. Er wurde als Konzentrat verkauft und versprach laut einer Werbung aus dem Jahre 1847 Linderung bei „Durchfall", „Hautausschlägen" und „Kopfschmerzen aller Art" sowie einer Unzahl weiterer Unpäßlichkeiten.

Die Händler benutzten die erwiesene Langlebigkeit der Shaker als Argument für die Wirksamkeit der Arzneien. Obwohl die lange Lebenszeit der Sektenmitglieder wohl mehr ihrem engagiert maßvollen, ausgeglichenen und streßarmen Lebensstil zuzuschreiben war, hatten viele ihrer Kräuter durchaus eine echte Heilwirkung. Verabreichte man sie allerdings in einer falschen Dosierung, konnten sie sich als gefährlich erweisen. Keines der hier gezeigten Kräuter, zum Beispiel, sollte man ohne ärztlichen Ratschlag zu sich nehmen.

VENUSHAAR
Das Frauen- oder Venushaar, ein besonders schöner Farn mit violett glänzendem Stiel, wächst auf feuchten, steinigen Waldböden. Die Shaker heilten damit Husten, Asthma, Grippe und andere Leiden.

HIRTENTÄSCHEL

Das Hirtentäschel – auch als Vogelkraut oder Gänsekresse bekannt –, ein auf Feldern und Wiesen sowie an Straßenrändern wachsendes Kraut, galt als hilfreich gegen Skorbut und bei der Stillung von Blutungen.

WACHSMYRTE

Die Wachsmyrte half bei der Behandlung von Durchfall und Ruhr, in pulverisierter Form schnupfte man sie auch als Heilmittel gegen nasale Verstopfungen. Man findet sie in trockenen Wäldern oder auf dem freien Feld.

HUFLATTICH

Mit Huflattich behandelte man Keuchhusten und Lungenkrankheiten – daher auch sein Name Lungenkraut. Man schnupfte ihn zudem als Mittel gegen Kopfschmerzen und wandte ihn äußerlich in Umschlägen an.

GRÜNE NIESWURZ

Mit der Grünen Nieswurz, im Volksmund auch Bärwurz genannt, bekämpfte man Lungenentzündungen, Typhus und Juckreiz; auch wurde sie als Insektengift eingesetzt, da sie eine digitalisähnliche Substanz enthält.

SCHÖLLKRAUT

Das Schöllkraut – ein Mohngewächs, das einen orangegelben Milchsaft enthält – wächst an den Rändern trockener Wälder. Es wurde als leichtes Abführmittel und als Stärkungsmittel für Leber und Galle verabreicht.

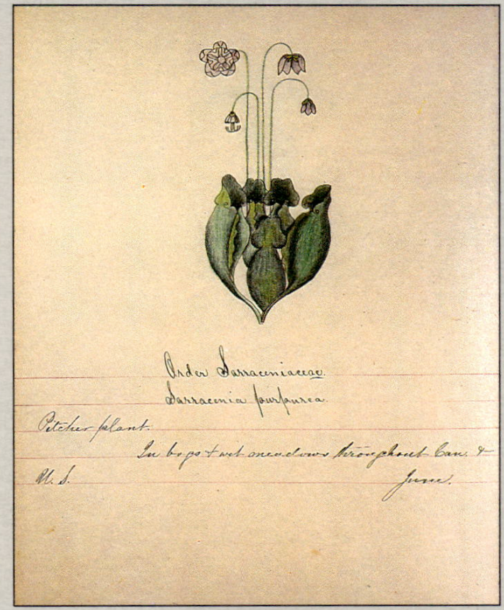

KANNENPFLANZE

Man findet die Kannenpflanze – ein insektenfressendes Urwaldgewächs mit unscheinbaren Blüten – in den Mooren und feuchten Wiesen Amerikas und Kanadas; sie war Bestandteil von Arzneien gegen Magenkrankheiten.

Eine schwarze Visionärin

Im Jahre 1838 berichteten einige junge Shaker-Frauen, daß sie bei ihrem Besuch in der „geistigen Welt" weiße Sklavenhalter gesehen hätten, die ihren ehemaligen Sklaven dienten. Als die Shaker dies hörten, nickten sie verstehend: Gott war gerecht. Anders als viele Amerikaner jener Zeit schlossen sie die Schwarzen nicht von ihrer Gemeinschaft aus. Wohl die bemerkenswerteste Schwarze, die diese Gleichberechtigung genießen durfte, war eine charismatische Frau aus Philadelphia namens Rebecca Jackson.

Jackson war eine 35jährige Näherin, die noch nie etwas von den Shakern gehört hatte, als – ihrer Aussage nach – ein Geist ihr Lesen und Schreiben beibrachte. So konnte sie später ihre eigene Geschichte in einer zwar von Schreibfehlern wimmelnden, aber packenden Autobiographie erzählen. Gott habe sie 1830 während eines heftigen Gewitters aufgefordert zu predigen, und ab 1833 sei sie von einer gottgesandten Geistfrau geleitet worden, die ihr zeigte, wie sie sich anzuziehen, zu benehmen und „durch die Welt zu gehen" habe. 1836 erkannte sie bei ihrem ersten Besuch in einer Shaker-Gemeinde anhand der Kleidung und am Auftreten der Mitglieder voller Erstaunen, daß der Geist, der sie seit drei Jahren führte, eine Shakerin war. „Ich hatte noch nie zuvor jemanden gesehen, der wie sie aussah", schrieb Jackson. „Ich liebte diese Leute."

Jacksons lebhafte Visionen brachten sie oft mit ihrer Umwelt in Konflikt. Ihr Bruder, ein Führer der afrikanischen Methodisten, hielt sie für geistesgestört. Ihr Ehemann Samuel versuchte, sie umzubringen, als sie sich ihm wegen ihres Keuschheitsgelübdes verweigerte. Jacksons spirituelles Leben war selbst den Shakern, die routinemäßig in die geistige Welt reisten, zu intensiv. Um 1850 gründete sie daher eine überwiegend aus schwarzen Shaker-Schwestern bestehende Gemeinde in Philadelphia, deren Messen durch ekstatische Visionen auffielen. Eine ihrer Anhängerinnen war Rebecca Perot *(rechts)*, die – als ihre Mentorin 1871 starb – unter dem Namen Jackson die Führung der Gemeinde übernahm.

Gemeindeältesten Joseph Meacham und Lucy Wright auf, die sich vorgenommen hatten, Mutter Anns Vision Wirklichkeit werden zu lassen. Immer mehr Klosterschulen wurden eingerichtet, und innerhalb von zehn Jahren nach Anns Tod waren elf blühende Shaker-Gemeinden in den Staaten New York und New England entstanden. Eine solche Gemeinde bestand in der Regel aus mehreren „Familien" mit jeweils bis zu hundert Mitgliedern. Das dörfliche Leben unterlag einem strengen System aus autoritärer Kontrolle und sorgfältig organisierter Arbeitsteilung. Jede Minute des Tages und der Nacht war nach einem von der Gemeinde vorher aufgestellten Zeitplan zu verbringen. Ablenkungen – von auffälligen Farben bis zu Musikinstrumenten – hieß man nicht gut, und die Familienmitglieder wurden angehalten, den Kontakt mit der Welt außerhalb der Gemeinde zu meiden. Allerdings übernahm jeder in gewissen Abständen die Arbeit eines anderen, damit keine Monotonie aufkam; mit Ausnahme der Hausarbeit, die von den Frauen erledigt wurde, und der Arbeit mit schweren Maschinen, für die nur Männer zum Einsatz kamen, wurden fast alle anderen Tätigkeiten von beiden Geschlechtern verrichtet. Das Gemeinwohl hatte absolute Priorität; Sparsamkeit, Fachkenntnis und schwerste körperliche Arbeit wurden hoch geschätzt. Trotz ihrer freiwilligen Isoliertheit trieben die Shaker einen gut florierenden Handel, erst recht, als ihre Produkte – vor allem ihre Textilien, Nadelkissen, Eimer und Körbe sowie hochwertige Nahrungsmittel – auch „draußen" bekannt geworden waren. Die Shaker waren sehr auf Qualität

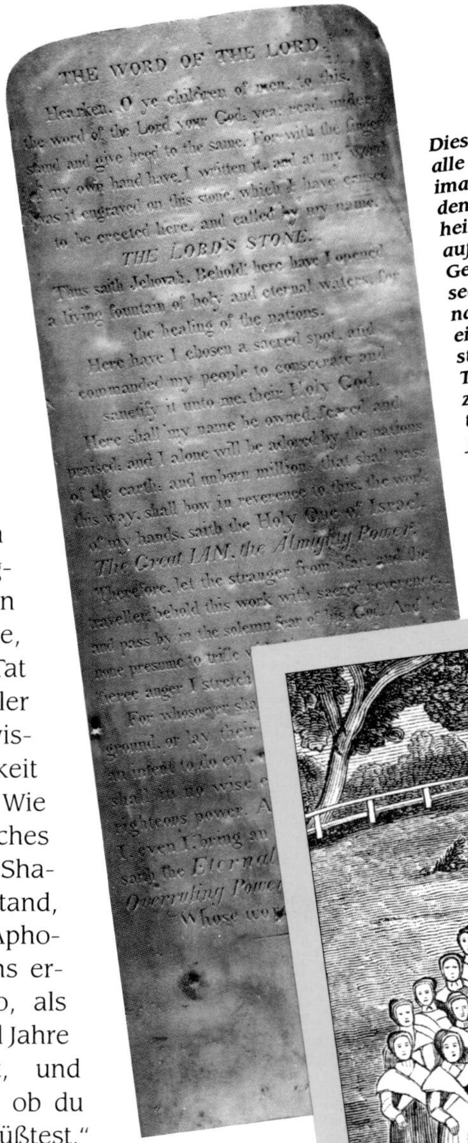

Dieser Holzschnitt zeigt eines der alle zwei Jahre veranstalteten imaginären Feste, die ihr Glaube den Shakern vorschrieb. Die heilige Versammlung fand jeweils auf dem höchsten Hügel der Gemeinden statt, auf dem eine sechseckige Fläche, der sogenannte „Brunnen", gereinigt und eingezäunt worden war. Bei den strengen Ritualen und wilden Tänzen durften keine Ungläubigen zugegen sein. Marmorne Hinweistafeln wiesen Fremde an, sich fernzuhalten. Der „Brunnenstein" von Groveland (links), der 1843 von Bruder Isaac Newton Youngs, einem Uhrmacher aus New Lebanon, New York, gemeißelt wurde, ist der einzige seiner Art, der heute noch erhalten ist.

bedacht, und nach der Meinung eines außenstehenden Kenners, des englischen Sozialisten George J. Holyoake, waren sie in der Tat „die einzigen Händler in Amerika, die wissen, wie Ehrbarkeit sich auszahlt". Wie hoch handwerkliches Können bei den Shakern in Ansehen stand, läßt sich aus zwei Aphorismen Mutter Anns ersehen: „Arbeite so, als ob du noch tausend Jahre zu leben hättest, und gleichzeitig so, als ob du morgen sterben müßtest." Der zweite faßt ihre Lehren in einem einfachen Wort zusammen: „Bete und arbeite." Zweifellos stand die Gottesarbeit für die Shaker an allererster Stelle. Auch gab es keinen Zweifel, worin der Weg zu Gott lag: im Spiritualismus.

Die Rituale fanden während der regelmäßigen Zusammenkünfte im Versammlungshaus statt, das im Zentrum eines jeden Dorfes der Shaker stand. Einer der Besucher, der jahrelang die Sitten und Gebräuche der Shaker beobachtet hatte, beschrieb ein solches Treffen an einem „Tag des Tanzes". Zu Beginn des Abends stellten sich die Männer und Frauen der Shaker einander gegenüber auf im Abstand von eineinhalb Metern. Das „Familienoberhaupt" der Gemeinde stand zwischen den beiden Reihen und hielt eine fünfminütige Predigt, die mit den Worten schloß: „Geht, ihr Männer, Knaben und Mädchen, und verehret Gott mit aller Kraft im Tanz". Daraufhin zogen die Männer ihre Jacken aus und tanzten wie die Frauen in schnellem Marschtempo durch den Raum, während vier Brüder und vier Schwestern in der Mitte stehenblieben und sangen. Bald tanzten die Männer wie wild auf der einen Seite des Raumes und die Frauen auf der anderen.

Immer ekstatischer wurden ihre Bewegungen, beinahe als ob die Tanzenden alle Beherrschung verloren hätten, aber keiner von ihnen sprach zum anderen Geschlecht oder berührte es. Sobald sie müde zu werden schienen, gab der Familienälteste ein Zeichen. Die Tanzenden bildeten einen großen Kreis, standen still und warteten schweigend. Plötzlich wirbelten wortlos zwei Frauen in die Mitte des Raumes und drehten sich wie Spielzeugkreisel um sich selbst.

Keiner der Umstehenden regte sich oder verzog eine Miene. Der Auftritt dauerte 15 Minuten; dann hielten die beiden Frauen ebenso unvermittelt inne und kehrten auf ihre Plätze zurück. Eine der beiden murmelte etwas zur der Ältesten, die daraufhin verkündete, daß Mutter Ann mit den beiden tanzenden Frauen gesprochen habe: „Mutter Ann hat zwei Engel gesandt, um uns zu sagen, daß sich seit zwei Tagen ein Stamm von Indianern in der Gegend aufhält, die von uns aufgenommen werden wollen. Sie warten draußen und schauen zu den Fenstern herein." Der Besucher war sehr verwirrt, da er niemanden außen an den Fenstern bemerkte, bis man ihm erklärte, daß die „Indianer“ schon vor der Entdeckung Amerikas durch Kolumbus gestorben seien und es sich um ihre Seelen handele, die Einlaß begehrten. Kurz nach diesem Besuch aus dem Jenseits endete die Zusammenkunft. Der Besucher war auch an dem Abend anwesend, an dem die Indianer von den Shakern hereingebeten wurden und „die Seelen der Indianersquaws von acht oder neun Schwestern Besitz ergriffen und wohl auch sechs Brüder zu Indianern wurden. Daraufhin setzte ein richtiggehendes Palaver mit einem solchen Geplapper, Geschrei und groteskem Gebaren ein, daß es eines Dickens' bedurft hätte, dies zu beschreiben“.

Die Zusammenkünfte der Shaker wandelten sich im Laufe der Jahre, wobei die Tänze formalisiert und immer detaillierter ausgearbeitet wurden; des Element der Ekstase ging dabei jedoch niemals verloren. In den 40er Jahren des 19. Jahrhunderts erlebte der Spiritualismus in den Gemeinden einen neuen Aufschwung; es wurde angeordnet, daß jede Gemeinde zweimal im Jahr ein heiliges Fest auf einem nahegelegenen Hügel oder Berg abhalten solle, um ihre Verpflichtungen gegenüber der spirituellen Welt zu bekräftigen. Vor dem großen Tag fastete man, und am nächsten Morgen zogen die Angehörigen der Gemeinde in einer fröhlichen Parade auf den heiligen Berg. Aus einer Schilderung geht hervor, wie sich die Shaker zu diesem Anlaß mit prachtvoller spiritueller Kleidung schmückten. Jeder Bruder erhielt – aus einer imaginären Truhe – „einen in zwölf Farben schillernden Mantel, eine himmelblaue Weste mit goldenen Knöpfen, eine weiße Hose mit sternförmigen Pailletten und eine silbrige Pelzkappe“. Den Frauen übergab man ebenfalls spirituelle Gewänder. Die Shaker knieten paarweise vor den Gemeindeältesten nieder, während Engel ihnen die prunkvollen imaginären Gewänder anlegten.

Nachdem man intensiv mit den Seelen gesprochen hatte – an einem solcher Feste sollen nahezu 40 000 körperlose Seelen anwesend gewesen sein –, nahm man ein opulentes spirituelles Mahl ein. Dem Bericht nach quoll eine riesige imaginäre Tafel über von unsichtbaren Äpfeln, Pfirsichen, Ananas, Kirschen, Aprikosen, Trauben, Erdbeeren, Blaubeeren, Granatäpfeln, Orangen, Pasteten, Kuchen, Milch und Honig, Weißwein und Manna. Man saß auf echten Bänken und labte sich an den Köstlichkeiten des Banketts, und der spirituelle Wein floß in Strömen – so reichlich, daß einige Festgäste sich ganz eindeutig wie Betrunkene verhielten. Am Ende des Gelages gaben die Angehörigen der Gemeinde ihre himmlischen Gewänder zurück. Angeblich soll bei einer solchen Gelegenheit ein Ältester bei der Zählung der spirituellen Kleidungsstücke vor dem Einpacken festgestellt haben, daß eines von ihnen fehlte. Seine Nachforschungen ergaben, daß eine Schwester zu ihrer Hausarbeit zurückgekehrt war und vergessen hatte, daß sie noch ihr unsichtbares Kleid trug.

Diese selbstvergessenen Schwelgereien waren der Ausgleich für das nüchterne Alltagsleben der Shaker. Mutter Anns Ansichten über die Ehelosigkeit waren unzweideutig. Manchmal umarmten sich Männer und Frauen in Messen oder tauschten Küsse als „Geschenke“ aus, aber abgesehen von solchen Gelegenheiten in der Öffentlichkeit konnte ein Erwachsener sein ganzes Leben verbringen, ohne je eine Person des anderen Geschlechts zu berühren. Frauen und Männer aßen an getrennten Tischen. Die Häuser hatten jeweils zwei Türen und Treppenhäuser und besonders breite Flure, so daß die Brüder und Schwestern einander passieren konnten, ohne sich zu nahe zu kommen. Einige Gläubige ertrugen ein derart strenges Reglement nicht und flüchteten in die „böse“ Außenwelt. Die meisten aber fanden in ihrer erzwungenen Ehelosigkeit zu innerer Ruhe – dabei halfen ihnen auch ihre anstrengenden und hemmungslosen Tänze.

Zwangsläufig bekamen die Shaker selbst keinen Nachwuchs, aber sie nahmen Hunderte von Kindern aus den umliegenden Gemeinden bei sich auf. Einige gehörten zu Familien, die sich der Bewegung angeschlossen hatten, andere waren Vollwaisen. Man kann die Dörfer der Shaker durchaus als die ersten Waisenheime Amerikas bezeichnen, und ihre Schulen ebenso wie ihre

Auf diesem Holzschnitt ist eine Shaker-Schwester dargestellt, die in Trance gefallen ist, nachdem sie sich wie ein Kreisel um sich selbst gedreht hatte, um mit der spirituellen Welt zu kommunizieren. Die Fähigkeit, auf solche Weise geistige Botschaften zu erhalten, nannte man die „Gabe des Wirbelns“.

Die anmutig gebogenen Zweige dieses von Hannah Cohoon gemalten „Lichtbaums" versinnbildlichen Mutter Anns zukunftsweisende Vision vom flammenden Baum. Cohoon, eine der wenigen Shaker, die ihre Werke signierten, schloß sich der Gemeinde 1817 an und blieb Mitglied bis zu ihrem Tode 47 Jahre später.

Eine Bildergalerie der Visionen

Im 19. Jahrhundert begannen einige Mitglieder der Shaker-Sekte, ihren religiösen Gefühlen in Form von sogenannten „Geschenkzeichnungen" künstlerisch Ausdruck zu verleihen. Daß diese eigenartigen Kunstwerke, die im allgemeinen die Natur oder eine komplizierte abstrakte Symbolik zum Inhalt hatten, überhaupt entstehen durften, ist besonders rätselhaft angesichts des bei den Shakern herrschenden Verbots jeglicher Art von Schmuck und Zerstreuung.

Dieser Widerspruch mag sich daraus erklären, daß die Shaker in diesen Geschenkzeichnungen keine Kunstobjekte sahen, sondern – ebenso wie in den anderen „Geschenken" in Form von Liedern, Tänzen und inspirierten Predigten – Zeichen ihrer Einheit mit Gott. Die jeweiligen Texte und Zeichnungen waren in den Augen der Shaker nicht von Menschenhand geschaffen, sondern das Produkt des sie führenden und kontrollierenden Geistes.

Es gibt jedoch Hinweise auf bewußte Schöpfungen, bei denen sich der Künstler eines Lineals, eines Zirkels und sogar provisorischer Skizzen bediente. Das läßt darauf schließen, daß nicht alle „Visionen" sofort und auch nicht immer von demjenigen zu Papier gebracht wurden, der sie erlebt hatte.

Mögen die Zeichnungen nun Produkte göttlicher Eingebungen oder einfach ein kurzes Aufblitzen künstlerischer Talente gewesen sein, eines steht jedoch fest: Die Shaker selbst schätzten diese Werke nicht besonders hoch ein. Von den rund 1200 angeblich entstandenen Zeichnungen sind derzeit nur noch 192 Blätter bekannt – anscheinend wurden die übrigen im Laufe der Zeit weggeworfen.

Der Baum, ein bevorzugtes Motiv in der Kunst der Shaker, ist auch eine treffende Metapher für den eindrucksvollen Gemeinschaftssinn der Sektenmitglieder. Die Vision, die Hannah Cohoon zu diesem Tusche-Aquarell, „Eine Laube aus Maulbeerbäumen“ (oben), inspirierte, kam ihr 1854 während einer Versammlung. Sie berichtete, daß die Darstellung „auf einem großen weißen Blatt gemalt und über die Köpfe der Brüder gehalten wurde. Ich sah das Bild sehr genau“. Später zeigte ihr der Geist die gemalten Blätter der Laube ganz aus der Nähe, „damit ich erkennen konnte, wie sie genauer zu zeichnen waren“.

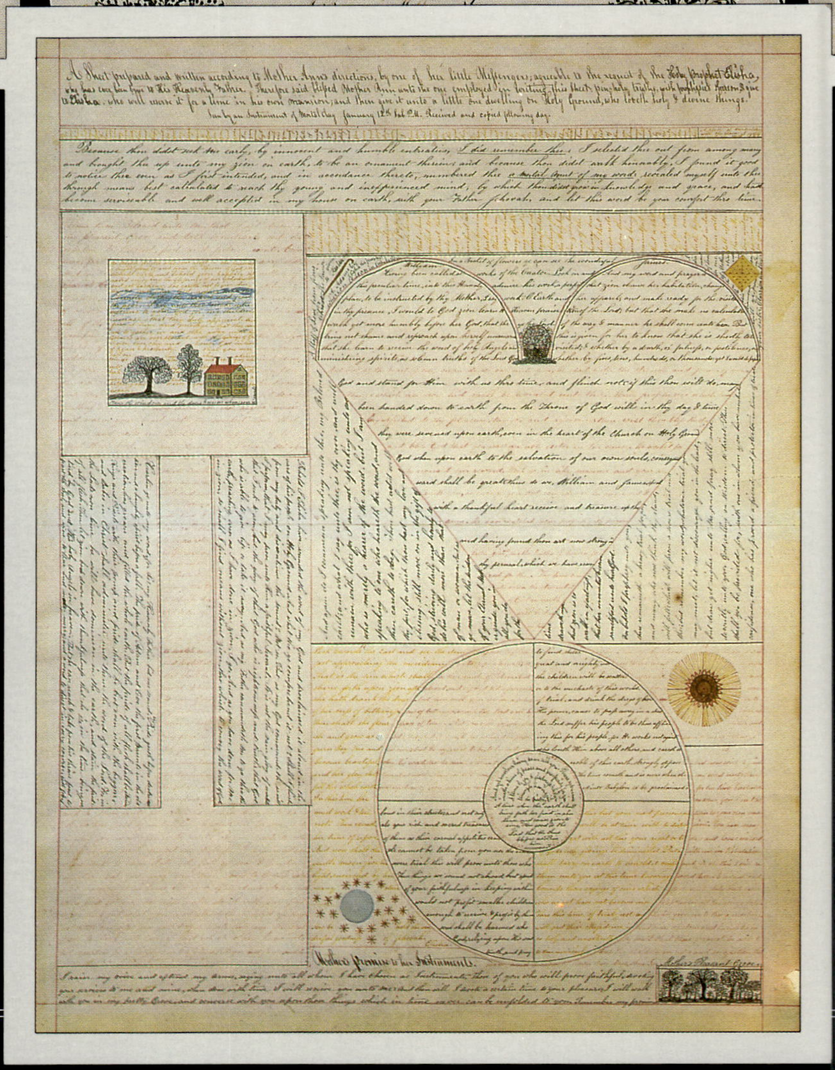

Die Wörter in dieser Geschenkzeichnung aus dem Jahre 1845 mit dem Titel „Eine Seite, vorbereitet und beschrieben nach den Anweisungen von Mutter Ann“ sind nicht wirr wie die spirituellen Botschaften, die sie vermutlich enthalten, sondern füllen die ganze Seite in akkuraten Zeilen und in einer exakten geometrischen Anordnung. Die Künstlerin, Schwester Hester Ann Adams, war eine Nachfahrin des amerikanischen Präsidenten John Adams. Wahrscheinlich hat sie nur dieses eine Bild geschaffen, das als spiritueller Schatz von den Shakern in Sabbathday Lake, Maine, aufbewahrt wurde.

Dieses unsignierte Tusche-Aquarell, „Ein Emblem der himmlischen Sphäre", das Schwester Polly Collins aus Hancock in Massachusetts zugeschrieben wird, ehrt 48 Heilige des Shaker-Glaubens. Mutter Ann Lee, die Gründerin der Gemeinde, ist oben links abgebildet. Rechts oben auf der Säule steht Christoph Kolumbus; seine Position veranschaulicht, welche Bedeutung die Entdeckung der Neuen Welt für die Vision der Shaker hatte. Ebenfalls dargestellt sind mehrere Motive des Lebensbaums der Shaker. Der Text beschreibt die Freuden des „glücklichen Landes dort oben".

Die „City of Pease" (links) ist eine der raren Geschenkzeichnungen eines männlichen Shakers. Sie wurde 1844 von Elder Joseph Wicker geschaffen, einem bedeutenden „Werkzeug" für geistige Offenbarungen in der Hancock-Gemeinde. Das Bild ist klarer komponiert und weniger farbig als die Bilder der Shaker-Schwestern. Zum Beispiel tragen die Glieder der goldenen Kette über dem Lebensbaum die Bezeichnungen verschiedener abstrakter Tugenden wie Liebe, Hoffnung und Demut. Den Hintergrund füllen Worte aus einer unbekannten mystischen Sprache in geometrischen Formen.

Jugendfürsorge stellten sicher, daß die Kinder genauso gut betreut wurden wie diejenigen außerhalb der Gemeinde.

Die Shaker warben bei den Erwachsenen in der übrigen Bevölkerung rege für ihre Gemeinschaft. Der Niedergang der Sekte in diesem Jahrhundert ist daher weniger darauf zurückzuführen, daß ihre Geburtenrate gleich Null war, als auf die Tatsache, daß die Shaker immer weniger Menschen für ein Leben zwischen den beiden Welten, der wirklichen und der spirituellen, begeistern konnten.

Sie haben der Nachwelt ein wertvolles Erbe hinterlassen – architektonisch bemerkenswerte Gebäude, kunstvoll-schlichtes Mobiliar und Gegenstände edler Handwerkskunst. Mutter Anns Anweisung zu sorgfältiger handwerklicher Arbeit zeigt sich in allem, was die Shaker jemals hergestellt oder gebaut haben. Zum Beispiel gehören ihre runden Scheunen zu den rationellsten Einrichtungen für die Unterbringung von Vieh, das Lagern von Heu und den Abtransport von Mist. Die Farben der Hauswände waren mit Bedacht gewählt: Scheunen und Dienstleistungsgebäude waren in Dunkelrot oder Hellbraun gestrichen, während man für Werkstätten und Wohngebäude hellere Creme- oder Gelbtöne bevorzugte. Die Außenwände des Versammlungshauses waren immer in Weiß gehalten, und die Wände und Decken in seinem Inneren bläulich-weiß verputzt und in dunklem, blaugrünem Fachwerk eingefaßt. Ihre kleinen Möbelstücke pflegten die Shaker an mehreren Haken an der Decke aufzuhängen, um ihre Räume peinlich sauber halten zu können. „Im Himmel gibt es keinen Schmutz", hatte Mutter Ann gesagt. Das Mobiliar wird heute von Kennern fast schon zu hoch bezahlt. In den 80er Jahren wurde ein Shaker-Stuhl auf einer Auktion mit 80 000 Dollar ersteigert – ein erstaunlicher Materialwert für ein Möbelstück, das ursprünglich Ausdruck geistiger Reinheit sein sollte.

Heute leben nur noch wenige Shaker, einige am Sabbathday Lake in Maine und andere bei Canterbury in New Hampshire. Die meisten sind alt, und sie halten das materialistische Interesse an ihren Erzeugnissen für eine Korruption des Geistes. Doch wie düster auch ihre Aussichten auf ein Utopia geworden sein mögen, keiner von ihnen hat seine Entscheidung, Mutter Ann zu folgen, je bereut.

Gegen Ende des 18. Jahrhunderts trat eine andere Sektenführerin auf spektakuläre Weise in die Öffentlichkeit und war für kurze Zeit so berühmt, wie Ann Lee es werden sollte. Jemima Wilkinsons Ruf verbreitete sich über ganz New England, und ihre Geschichte ist bezeichnend für den unterschwelligen Fanatismus der Chiliasten.

Wilkinson bezeichnete sich selbst als *Public Universal Friend* (etwa „Freundin des Gemeinwohls") und gab vor, einst im Fieberkoma gestorben zu sein. Nach ihrem Tod sei ihre Seele in den Himmel eingegangen, doch Gott habe ihrem Körper dafür neue Lebenskraft eingehaucht, den „Geist des Lebens". Er sollte durch Jemima Wilkinson die sündige Welt darauf hinweisen, daß das Tausendjährige Reich bevorstehe. Wilkinson war eine Meisterin raffinierter dramatischer Auftritte. In wallende Gewänder gehüllt, ritt sie auf einem Schimmel in die kleinen Dörfer Rhode Islands und Connecticuts ein, deren Einwohner sie bekehren wollte – eine hochgewachsene, schöne Frau, Anfang Zwanzig, mit glänzendem pechschwarzem Haar und durchdringenden schwarzen Augen. Ihre Anhänger waren in Roben gekleidet und folgten ihr in Zweierreihen in gespenstischer Stille.

Jemima Wilkinson predigte nur zu den gebildetsten und reichsten Einwohnern der von ihr auserwählten Gemeinden, und sie übte dabei häufig einen elektrisierenden Einfluß aus. Ein Richter namens Potter war von ihr so verzaubert, daß er eigens für sie einen neuen Flügel an sein Haus anbaute und ihr schließlich fast sein ganzes Vermögen übertrug. Bemerkenswerterweise verhielt sich der Richter auch dann noch loyal gegenüber Jemima Wilkinson, als sie ein Keuschheitsgelübde abgelegt hatte. Als jedoch ihre Jünger verkündeten, sie sei tatsächlich Jesus Christus, verlor sie ihre Glaubwürdigkeit, und es fand sich niemand mehr, der von ihr bekehrt werden wollte. Sie ließ sich auf einem großen Besitz nieder, den sie in der Nähe des Seneca Lake im Staate New York erworben hatte, und gründete dort im Jahre 1790 die „Gemeinde von Jerusalem".

Wilkinsons Anhänger fuhren in den ersten Jahren des neuen Jerusalem Rekordernten an Weizen ein, bauten eine Mühle und ein Sägewerk und gründeten eine Schule. Um 1800 lebten rund 250 Menschen unter dem Regime der „Freundin". Im Laufe der Zeit lastete deren lenkende Hand allerdings zunehmend schwerer auf der Gemeinde. Jemima Wilkinson forderte teure Geschenke mit der simplen Begründung, daß „die Freundin diese Dinge braucht". Sie bestrafte Zweifler, indem sie ihnen befahl, drei Monate lang ununterbrochen eine schwarze Kapuze zu tragen oder kleine Glöckchen an ihren Mänteln zu befestigen. Aller Illusionen beraubt, reichte Richter Potter eine Klage vor Gericht ein, um wieder zu seinem Geld zu kommen; sie wurde abgewiesen, und Potter überließ daraufhin die Freundin ihrem Schicksal. Alt und krank, verfiel sie in Depressionen angesichts der Massen von Touristen, die nur kamen, um sie anzustarren. Als sie im Jahre 1819 starb, löste sich die Gemeinde fast umgehend auf, als wäre ihren Angehörigen eine Begnadigung zuteil geworden. Immerhin hatte sie rund 30 Jahre bestanden und damit länger als die meisten der mehr als 60 Gemeinden in Amerika, die in der zweiten Hälfte des 19. Jahrhunderts gegründet worden waren.

Andererseits bestehen zwei jener Gemeinden auch heute noch, allerdings weist nichts mehr darauf hin, daß sie einst von leidenschaftlichen Predigern gegründet worden sind. Beide haben sich zu gewinnträchtigen Kapitalunternehmen entwickelt, wobei sie sich zur Zeit ihrer Gründung kaum unähnlicher hätten sein können. Die *Amana Society* in Iowa kann wie viele andere Gemeinden ihre Wurzeln bis in den fruchtbaren Boden des deutschen Pietismus zurückverfolgen, aber heute wird ihr Name vorwiegend mit einem bekannten Hersteller von Haushaltsgeräten in Verbindung gebracht. Die andere Gemeinde, die der Perfektionisten, wurde in Oneida im Staate New York gegründet und ist rein amerikanischen Ursprungs; ihre einzigartigen Glaubenssätze enthielten unter anderem das Dogma der freien Liebe. Auch sie ist zu einem florierenden Unternehmen geworden, das heute zu den größten Produzenten von rostfreiem Stahl und silbernem Tafelgeschirr zählt.

Die Gründer der *Amana Society* entstammten der deutschen Sekte der Inspirationisten, nach deren Glaube Gott kontinuierlich – was bis in das 16. Jahrhundert zurückzuverfolgen sei – Menschen als Werkzeuge benutzte, um seine Richtlinien zu offenbaren. Um 1840 einigten sie sich darauf, daß eines dieser Werkzeuge Gottes ein ehemaliger Zimmermann namens Christian Metz sein müßte. Metz war zwar nur knapp 1,65 Meter groß, aber mit einer kräftigen Stimme gesegnet; bei Predigten in seiner Heimatgegend um Neuwied in Preußen soll er im Umkreis von einem Kilometer zu hören gewesen sein. Als er dröhnend verkündete, daß Gott ihm kundgetan habe, die Erlösung sei im Westen zu finden, standen seine Nachbarn bereit, um ihm zu folgen.

Sein Weg führte ihn schließlich nach Iowa, wo er sich mit rund 800 Gefolgsleuten niederließ. Sie nannten ihr neues Utopia Amana nach einem Vers im Hohelied Salomos: „Komm mit mir, meine Braut, vom Libanon, komm mit mir vom Libanon, tritt her von der Höhe Amana ..." Wie schon andere Gruppen vor ihnen erkannten die Anhänger von Metz, daß sie die Wildnis am besten bezwingen konnten, indem sie ihre Kräfte wie auch ihr Kapital vereinten. Mit Feuereifer bauten sie in wenigen Jahren ein von Ackerbau und Handwerk lebendes Gemeinwesen auf, für das eine weniger strebsame Gemeinde Jahrzehnte gebraucht hätte. Die Menschen von Amana hatten jedoch mit den gleichen Problemen zu kämpfen wie schon andere Gemeinden vor ihnen: Sie trugen einheitliche Kleidung, um Standesunterschiede nicht kenntlich werden zu lassen, und die Frauen wurden angehalten, ihr weibliches Aussehen zu verbergen, um keine sexuellen Wünsche zu provozieren. Die Ehe war gestattet, obgleich man Ehelosigkeit höher schätzte. Allen Gemeindemitgliedern war Abstinenz auferlegt, aber sie durften in Maßen Bier trinken und rauchen, was diesem Verbot die Schärfe nahm.

Christian Metz starb 1867, aber die Gemeinde blühte weiter und war in den 70er Jahren des 18. Jahrhunderts die größte und reichste aller amerikanischen utopischen Siedlungen. Allmählich jedoch legte sich das spirituelle Feuer; schließlich schloß sich Amana mit anderen konservativen, religiösen und wirtschaftlich erfolgreichen Gemeinden des frühen 20. Jahrhunderts zusammen. Im Jahre 1932 trennte die *Amana Society* den religiösen vom geschäftlichen Bereich. Das Geschäftsvermögen floß in die neue Kapitalgesellschaft, die Mitglieder erhielten Aktien jeweils gemäß den Jahren ihrer Zugehörigkeit, und der wirtschaftliche Gemeinbesitz wurde zugunsten eines Lohnsystems aufgegeben.

Die Gemeinde, die 1847 in Oneida gegründet wurde, war dagegen ein durch und durch amerikanisches Experiment in Sachen Utopia, das aber einen wichtigen Aspekt anders handhabte als fast alle übrigen Unternehmungen dieser Art: Es trat für ein sexuelles Verhalten ein, das die konventionelle Gesellschaft des 19. Jahrhunderts zutiefst schockierte. Dennoch funktionierte das eigenwillige Oneida-Experiment fast 35 Jahre lang bemerkenswert gut, bis es sich unter dem ständig wachsenden Druck empörter

John Humphrey Noyes sitzt hier inmitten einer Gruppe von überwiegend weiblichen Perfektionisten neben einem Sommerhaus in Oneida im Staate New York. Das kurzgeschnittene Haar der Frauen und ihre weiten Hosen unter den knielangen Hemden – sichtbare Zeichen ihrer Gleichberechtigung in der Gemeinde – galten Ende der 60er Jahre des 19. Jahrhunderts, aus denen dieses Photo wohl stammt, als avantgardistisch, wenn nicht gar als skandalös. Das Herrenhaus der Oneida-Gemeinde (unten) war so geräumig, daß praktisch alle Mitglieder – rund 300 an der Zahl – darin leben konnten. Das kleine Porträt unten links von 1851 zeigt Noyes im Alter von 40 Jahren – zehn Jahre, nachdem er die Bewegung gegründet hatte.

Moralisten die in Amerika herrschenden Moralvorstellungen zu eigen machen mußte. John Humphrey Noyes, der Anführer der Gruppe, war der Sohn eines Kongreßabgeordneten und ein entfernter Verwandter des amerikanischen Präsidenten Rutherford B. Hayes. Er war hochgebildet und von visionären Einsichten geprägt. Eines Tages im Jahre 1833 fiel ihm plötzlich in der Bibel eine Satz auf, den Jesus zu Petrus über seinen Jünger Johannes gesprochen hatte: „Wenn ich will, daß er bleibt, bis ich komme, was bedeutet das für dich?“ Christus wollte damit sagen, daß Johannes am Leben bleiben könne, bis der Heiland nach seiner Auferstehung zurückkehrte. Aus diesen Versen geht weiterhin hervor, daß Jesu Worte das Gerücht unter seinen Jüngern aufkommen ließen, Johannes habe Unsterblichkeit erlangt.

Noyes aber sah in einem Funken geistiger Erleuchtung Jesu Ausspruch in einem neuen Licht: Christus habe nicht sagen wollen, daß Johannes ewig leben würde – er meinte vielmehr, daß die Wiederauferstehung viel eher komme, als jeder damals geglaubt hatte. Es sei nämlich so, behauptete Noyes, daß Christus schon im Jahre 70, eine Generation nach seiner Kreuzigung, zurückgekehrt sein mußte (warum sich Noyes auf dieses Jahr festlegte, ist unklar); zu jener Zeit hätte Johannes durchaus noch am Leben sein können.

Noyes gelangte durch diese Erkenntnis zu der Überzeugung, daß die Menschen bereits auf Erden in Sünder und Unschuldige unterschieden würden. Er ging prüfend in sich, befand, daß er keine Sünde begangen hatte, und sah seine Aufgabe klar vor sich: Er wollte einen Himmel auf Erden schaffen, in dem Männer und Frauen ohne Sünde leben konnten und dennoch nicht auf die gottgegebenen Freuden des Fleisches verzichten mußten.

Für den jungen, kräftigen Noyes war es selbstverständlich, daß zu diesen Freuden auch das Geschlechtsleben gehörte. So unterwarf er die sexuellen Beziehungen nicht Verbotsregeln, um die Reinheit der Menschen zu bewahren, sondern versuchte vielmehr, sie so zu gestalten, wie sie nach seiner Meinung auch für Engel galten – nämlich frei und offen. Noyes vertrat den Standpunkt, daß man die Sexualität mit „Bildern vom Garten Eden und Gedanken an Reinheit und keuscher Zuneigung“ in Verbindung bringen sollte, und beharrte darauf, daß „wer sich seiner Geschlechtsorgane schämt, sich auch der Arbeit Gottes schämt“. Darüber hinaus verurteilte er die Monogamie mit

Grahams Ideal-Diät

„Der Mensch ist von Natur aus ein frucht- und pflanzenfressendes Tier“, verkündete Sylvester Graham, ein Arzt und Reformer im 19. Jahrhundert. Er war überzeugt, daß jeder Mensch durch die richtige Diät eine Art von persönlichem Utopia im Hinblick auf seine geistige und körperliche Gesundheit erreichen konnte. Fleisch, Alkohol, Tee, Gewürze und erhitzte Nahrungsmittel überreizten seiner Meinung nach den Magen, das „große zentrale Organ“ des Körpers. Die Folge seien schnelle Erregbarkeit und eine unnatürliche Übersteigerung des Sexualtriebs, was wiederum die Ursache für Nervenzusammenbrüche, Geisteskrankheiten und sogar frühen Tod sein könne.

Graham, ein ehemaliger Geistlicher der Presbyterianer, predigte, daß eine unzureichende Diät die Selbstkontrolle zerstöre, was unweigerlich zu Krankheiten führe. Um diese Übel fernzuhalten, verordnete er kalte Bäder, Freiübungen und eine spartanische vegetarische Kost aus Weizenbrot und viel Wasser. In Vorträgen, die er in den 30er Jahren des 18. Jahrhunderts hielt, wies er unermüdlich auf die Vorzüge seiner Diät gegenüber dem damals üblichen fetten Essen hin. Die meisten seiner Zuhörer zeigten sich begeistert, und bald gab es überall Graham-Hotels und -Pensionen, um die eifrigen Kunden gemäß den Vorschriften seiner Diät zu verköstigen.

Grahams Lehre wurde bald auch von einer Reihe utopischer Gruppen angenommen. Die Shaker fühlten sich von der Behauptung angezogen, daß eine „blutlose“ Diät die sexuelle Enthaltsamkeit erleichtere. Obgleich der Verzehr von Fleisch nie verboten wurde, tauchten auf den Speiseplänen der Shaker immer öfter vegetarische Gerichte auf. Die der freien Liebe huldigenden Perfektionisten kamen hingegen zu der Überzeugung, daß eine reinere Nahrung auch zu einer reineren Rasse führen müsse. Die Transzendentalisten dachten wie Graham, daß im schnellen industriellen Wachstum und im Stadtleben die Ursache für die ungesunde Ernährung liege.

Letztendlich zerstörte vor allem die orthodoxe Medizin die provozierende Vorstellung, das vollkommene Leben sei weitgehend eine Angelegenheit des Magen-Darm-Trakts. Grahams eigene Gesundheit konnte seine Thesen auch nicht stützen. Er starb im Alter von 57 Jahren nach einem Nervenzusammenbruch – aber erst, nachdem er ein Vollweizenbrot erfunden hatte, das seiner Meinung nach als Nahrungsmittel nahezu vollkommen war und zu seinem Vermächtnis wurde: das Grahambrot.

Thomas Lake Harris war zwar schon 63 Jahre alt, als dieses Photo entstand, aber in seinen Augen leuchtet immer noch der unbeugsame Wille, der ihn zum unangefochtenen Führer von Fountain Grove machte. 1891 heiratete der zweimal Verwitwete seine langjährige Freundin Jane Lee Waring (unten), um dem Vorwurf der Promiskuität zu entgehen.

dem Hinweis, daß eine der ersten Regeln des himmlischen Lebens laute, es gebe keine Ehe. Er nahm Bezug auf die Heilige Schrift, als er anordnete, daß unter den Perfektionisten, wie seine Anhänger sich nennen sollten, „jedes Gedeck für jeden Gast frei ist". Noyes sah aber auch die Schattenseiten der Sexualität. In den ersten sechs Jahren seiner Ehe hatte seine Frau Harriet fünf Kinder zur Welt gebracht, von denen vier tot geboren wurden. Er war entschlossen, den Frauen solches Leid zu ersparen und eine Möglichkeit zu finden, um Schwangerschaft und Geburt zu verhindern.

Zu diesem Zweck propagierte er eine höchst aufreibende Methode: den *coitus reservatus*, der dem Mann während der körperlichen Vereinigung äußerste Selbstkontrolle abverlangte. Ein Meister zu werden in der Kunst, beim Geschlechtsakt nicht zum Orgasmus zu kommen, war eine hohe moralische Herausforderung für den männlichen Perfektionisten. Sie war auch eine ganz wesentliche Voraussetzung in Noyes' System der Ehe, in dem Männer und Frauen im Rahmen eines komplizierten Gefüges aus Vermittlung und Verweigerungsrecht beliebig miteinander sexuell verkehren konnten. Damit hoffte Noyes seinen Anhängern die freie Liebe geben und dennoch gleichzeitig die durch eine hohe Geburtenrate verursachten Belastungen gering halten zu können.

Skeptiker taten Noyes als charismatischen Betrüger ab, als Initiator und Nutznießer sexueller Libertinage. Doch dieser Vorwurf kann den Erfolg seines sozialen Experiments nicht schmälern. Erstaunlicherweise scheint sein Rezept gewirkt zu haben, denn in den ersten beiden Jahrzehnten des Bestehens der Gemeinde, von 1848 bis 1868, kamen bei weit über 200 erwachsenen Personen jährlich nur jeweils ein oder zwei Kinder zur Welt.

Außerdem waren die Perfektionisten unbestritten glücklich und produktiv. Religiöse Gefühle beflügelten sie bei all ihren Tätigkeiten. In dem großen Herrenhaus und den umliegenden Gebäuden, aus denen die Gemeinde Oneida im Staate New York bestand, lebten rund 300 Anhänger

Aus den Weintrauben von Fountain Grove wurden jährlich rund

Sexueller Mystizismus unter der Sonne Kaliforniens

Spaßvögel behaupten, daß Gott Amerika gelegentlich kippe und schüttele, so daß alle Nüsse nach Kalifornien rollten. Dieser Bundesstaat – der westlichste Teil des Kontinents – hat gleichermaßen Mystiker und Sucher wie soziale und spirituelle Experimentatoren fasziniert. Zu den ersten in dieser langen Tradition gehörte die von Thomas Lake Harris gegründete „Brotherhood of the New Life" („Bruderschaft des Neuen Lebens").

Man hatte Harris zwar einstmals als „Amerikas berühmtesten Mystiker" bezeichnet, aber er war besser bekannt für seine vermeintlichen sexuellen Entgleisungen als für seine – allerdings äußerst verblüffenden – mystischen Ideen, die ihm auf seinen Reisen zu weit entfernten Sternen und Planeten gekommen sein sollen. Auf anderen Welten wohnten, so seine Worte, Wesen ohne Sünde, während die Menschen den Makel des Bösen trügen, das von Oriana stamme, einem ehemaligen, jetzt zerstörten Planeten des Sonnensystems. Der Mond, ein Rest jenes explodierten Planeten, schicke Orianas böse Geister auf die Erde. Die Aufgabe der Bruderschaft bestehe darin, eine reine Gesellschaft zu schaffen, in der Menschen und himmlische Wesen unter Führung der „Schlüsselfigur" Harris vereint seien.

Die Gemeinde hatte sich 14 Jahre lang im Westen des Staates New York prächtig entwickelt, als Harris 1875 das rund 160 Hektar umfassende Fountain Grove in der Nähe von Santa Rosa erwarb und mit seinen Anhängern dorthin umzog. In Schwerstarbeit züchteten Männer und Frauen Trauben und vergoren sie zu Wein, druckten Harris' schier endlose Abhandlungen auf einer dampfgetriebenen Druckerpresse und stellten praktisch alles, was die Gemeinde benötigte, selbst her – da mit anderswo gefertigten Gegenständen üble Schwingungen nach Fountain Grove gelangt wären.

Aber die Gemeindemitglieder hatten auch ihre Freuden, wenngleich ziemlich eigenartige. Normaler Geschlechtsverkehr war allgemein verboten – auch zwischen Eheleuten. Harris predigte, daß jeder mit einem himmlischen Partner verheiratet sei und irdischer Sex diese überirdische Verbindung störe. Statt dessen sollten sie dem „Hochzeitsspiel" mit Engeln frönen und mit winzigen Feen, die in ihren Körpern wohnten, sprechen und spielen. Offensichtlich erzeugten diese Tätigkeiten erfreuliche Gefühle, von denen eine Frau sagte, sie seien „wie Geschlechtsverkehr, aber unendlich viel schöner". Trotz seiner drei irdischen Ehen war Harris' wahre Braut *Queen Lily of the Conjugal Angels*, die ihm, wie er behauptete, im Himmel zwei Kinder geboren habe. Seine Kritiker warfen ihm jedoch vor, daß nicht alle sexuellen Aktivitäten in Fountain Grove himmlischer Natur seien, besonders nicht die des Propheten selbst. Sie meinten, Harris habe gelegentlich befunden, seine himmlische Partnerin sei in den Körper einer Frau geschlüpft, mit der er dann sexuell verkehren durfte, ohne Queen Lily untreu zu werden. Eine Zeitschrift behauptete – allerdings ohne Beweis –, daß der Prophet an einem einzigen Tag fünf verschiedene Frauen geliebt habe.

Neue Anschuldigungen mochten ausschlaggebend dafür gewesen sein, daß Harris 1891 nach New York zurückkehrte. Seine Gemeinde fiel auseinander, und Fountain Grove wurde 1934 schließlich verkauft. 1906 starb Harris – manche behaupten allerdings, er habe nur eine neue himmlische Gestalt angenommen.

265 000 Liter Pinot noir, Cabernet und Zinfandel gewonnen. Im Gutshaus mit dem Lilienteich (kleines Bild) fanden Veranstaltungen statt.

bemerkenswert harmonisch zusammen, desgleichen die Mitglieder der Tochtergemeinden in anderen Gebieten des amerikanischen Nordostens. Ein genialer Pragmatismus, moderne Gerätschaften und die jeweils neuesten technischen Errungenschaften – zum Beispiel wurde eine zentrale Dampfheizung angeschafft, sobald solche Heizungen erhältlich waren – erleichterten das tägliche Leben. Kaum jemand verließ die Gemeinde, und ihre Wirtschaft florierte.

Ein neues Mitglied trug ganz wesentlich zu diesem wirtschaftlichen Aufschwung bei. Im Jahre 1848 hieß man Sewell Newhouse in der Gemeinde willkommen, einen Fallensteller, dessen Ruf im Norden des Landes dem eines Davy Crockett im Westen in nichts nachstand. Newhouse fertigte die anerkannt besten Stahlfallen der Nation mit Hilfe einer geheimen Methode zur Härtung ihrer Spannfeder. Noyes überredete Newhouse, sein Geheimnis zu lüften und der Gruppe zu erlauben, die Fallen herzustellen und auch zu verkaufen. Zu Beginn der 60er Jahre wurden in den Fabriken von Oneida bis zu 300 000 Newhouse-Fallen produziert und mit enormem Gewinn in alle Welt exportiert. Bald darauf verlegte sich die Gemeinde außerdem auf die Herstellung von Silbergeschirr und erzielte damit einen ähnlich durchschlagenden Erfolg. Da Noyes besessen davon war, den Menschen zu perfektionieren, ließ er ein ungewöhnliches wissenschaftliches Programm anlaufen; seit Platons *Staat* war vermutlich keine revolutionäre utopische Idee so eindeutig formuliert, geschweige denn in die Tat umgesetzt worden: Noyes gestattete ausgesuchten Paaren unter den Perfektionisten aufgrund ihrer physischen und geistigen Qualitäten den Geschlechtsverkehr ohne Beschränkungen. Er selbst gehörte auch zu den Auserwählten und zeugte mindestens zehn der in den darauffolgenden zehn Jahren geborenen Kinder. Sein Stirpikultur-Programm (abgeleitet vom lateinischen *stirps*, was „Stamm" bedeutet) brachte zwar keine schlüssigen wissenschaftlichen Ergebnisse, aber Aufzeichnungen zufolge gab es in Oneida weniger Fälle von plötzlichem Kindstod als in der übrigen Gesellschaft.

Von Anfang an stieß die radikale Sexualpraxis der Perfektionisten auf vehemente Kritik. In den 70er Jahren ging das Gerücht um, Noyes sollte wegen Notzucht vor Gericht gestellt werden, da er in seinen sogenannten Deflorationsriten mit jungen Mädchen der Gemeinde sexuell verkehrte. Trotz seiner erklärten Vorliebe für geistige Dinge war Noyes ein ungemein praktisch denkender Mann – er verließ Oneida im Jahre 1876 heimlich in der Nacht und setzte sich nach Kanada ab. Dennoch beriet er seine Gemeinde weiterhin aus dem Exil und schlug 1879 vor, die Perfektionisten sollten angesichts der erbitterten moralischen Entrüstung der übrigen Gesellschaft die freie Liebe aufgeben. Sie folgten seiner Empfehlung und nahmen damit allen ihren Gegnern den Wind aus den Segeln.

Doch ohne die ständige Präsenz des charismatischen Noyes schwand ihre geistige Grundlage allmählich, und 1881 löste sich die Gemeinde offiziell auf. Ihre gewerblichen Betriebe waren bereits in der Oneida, Ltd., zusammengefaßt worden, und die Anteile des Unternehmens wurden unter den Perfektionisten aufgeteilt; manche ihrer Nachkommen besitzen auch heute noch Aktien der Firma. Als Noyes 1886 im Alter von 74 Jahren in Kanada starb, überführte man seine sterblichen Überreste nach Oneida und setzte ihm einen Grabstein, der sich in Größe und Form nicht von denen der anderen Grabstätten unterschied.

Henry David Thoreaus kühler Blick auf der Daguerreotypie (ganz links) zeigt wenig von der flammenden Begeisterung für Naturbeobachtungen und -forschungen, die für die Philosophie der Transzendentalisten charakteristisch war. – Seine Mitstreiterin, die Schriftstellerin und Feministin Margaret Fuller (links), verdankte ihre Gelehrsamkeit und hohe Bildung dem Unterricht ihres Vaters, eines Kongreßabgeordneten, der bestimmte, daß sie das gleiche Wissen wie ein Junge erwarb. Im Alter von 40 Jahren kam sie zusammen mit ihrem Mann und ihrem gerade geborenen Kind bei einem Schiffbruch vor der Küste von Fire Island ums Leben.

Noyes' Experimente mit sexuellen und familiären Beziehungen waren zwar unbestritten exzentrisch, aber mindestens eine der ihnen zugrundeliegenden Thesen wurde auch von anderen Intellektuellen im Amerika jener Zeit diskutiert: die Idee, daß die Menschen unter göttlicher Anleitung nach Perfektion auf Erden streben sollten. Die Frage war lediglich, auf welche Weise ihnen diese Anleitung zuteil werden könne. Die Hauptkirchen vermochten vielen Amerikanern darauf keine befriedigende Antwort zu geben. Die Mitglieder zahlreicher europäischer Sekten waren in die Neue Welt gekommen, weil sie die etablierte Kirche ablehnten. Einige Prediger hatten sich selbst zu Gottes Propheten gesalbt und waren davon inspiriert, andere zum göttlichen Licht zu führen. Aber wozu, fragten sich die Philosophen des 19. Jahrhunderts, brauchte man überhaupt Propheten? Warum konnte nicht ein jeder die Wahrheit Gottes direkt erfahren – ohne den „Umweg" über einen „Vermittler"? Dies war ein Gedanke, der von den demokratisch-politischen Strömungen Amerikas sofort aufgegriffen wurde.

Eine Gruppe von Intellektuellen in Boston und dem benachbarten Concord begann eine Glaubenslehre zu entwickeln, die diese Idealvorstellung verkörperte. Zu ihnen gehörten Persönlichkeiten, die noch über hundert Jahre später gebildeten Menschen ein Begriff sind: Ralph Waldo Emerson, Henry David Thoreau, Amos Bronson Alcott, Nathaniel Hawthorne und Elizabeth Palmer Peabody. Ihre neue Philosophie wurde als Transzendentalismus bekannt. Er kreiste um die Idee, daß „der Mensch ein Rudiment und Embryo Gottes ist". Die Transzendentalisten meinten, daß der Mensch durch strenge geistige Selbstdisziplin und eingehende Beobachtung der Natur, in der Gott wohnte, eins mit ihm werden könne. Bei der Formulierung dieser Leitsätze kamen Denker wie Emerson – der allen Dingen ein reales geistiges Leben und Intelligenz zuschrieb – den Lehren der Shaker überraschend nahe.

Die Transzendentalisten waren in sozialer wie in intellektueller Hinsicht jedoch weit von den einfachen Shakern entfernt, und ihre Theorien führten zu völlig anderen Ergebnissen. Die Lehrerin Elizabeth Palmer Peabody behauptete, daß die schulische Praxis in jener Zeit, die sich auf stures Lernen und strenge Disziplin beschränkte, sich negativ auf die Entwicklung der Kinder auswirke. Als die von ihr und Alcott geleitete Schule – wegen des öffentlichen Aufschreis aus Protest gegen diese radikale Erziehungstheorie – geschlossen wurde, eröffnete sie eine Buchhandlung in Boston, die bald zu einem regelmäßigen Treffpunkt für die zentralen Köpfe der Bewegung wurde.

Sie tauschten dort ihre Gedanken aus und lasen ausländische Zeitungen, und Männer und Frauen diskutierten miteinander in der freien und offenen Art, die in der übrigen Gesellschaft so verpönt war. Aus all diesen Gesprächen erwuchs die Überzeugung, daß sie sich mehr landwirtschaftlich betätigen müßten, um das, was sie predigten, in die Praxis umzusetzen. Leider stellte sich heraus, daß Transzendentalisten auf ihrer Farm weniger glücklich waren als in Elizabeth Palmer Peabodys Buchladen.

Die bekannteste Gemeinde der Transzendentalisten war auch die kurzlebigste: die Brook-Farm. Sie war im Jahre 1841 von George Ripley, einem jungen Prediger, der sich während seines Studiums an der Harvard University vom konservativen Glauben abgewandt hatte, gegründet worden als Gemeinde, in der „das Denken die Arbeit lenken und die

Dieses Porträt von Ralph Waldo Emerson (rechts) muß dem hervorragenden Transzendentalisten zweifellos mißfallen haben, denn er war selten mit Photographien von sich zufrieden. Die Daguerreotypie bezeichnete er als „den echten republikanischen Malstil; du kannst dich selbst malen, und der Künstler schaut zu". – Der Buchladen, den Elizabeth Palmer Peabody (ganz rechts) Anfang der 40er Jahre des 19. Jahrhunderts in Boston eröffnete, war gleichzeitig eine Art Transzendentalisten-Klub. Drei Erstlingswerke ihres Schwagers Nathaniel Hawthorne wurden auf ihrer Druckerpresse gedruckt. Ihr verdankt Amerika auch den ersten Kindergarten.

Trotz des fruchtbaren Bodens in Massachusetts konnten die Transzendentalisten ihre Brook Farm – hier auf einem Ölgemälde von Josiah Wolcott dargestellt – nicht auf Dauer unterhalten. Nach nur drei Jahren scheiterte das Projekt an der Abneigung der Transzendentalisten gegen körperliche Arbeit.

Arbeit zur Erweiterung des Denkens beitragen sollte". Die Erfahrungen Nathaniel Hawthornes, der später die Farm in seinem Roman *Das Blithedale-Abenteuer* porträtierte, zeigten den grundlegenden Fehler des Projekts auf. Die traurige Wahrheit war nämlich, daß große Denker nicht auch gute Farmer sein müssen. Der junge Hawthorne, ein armer Schriftsteller, dessen Bekanntheitsgrad jedoch immer mehr zunahm, schloß sich der Gemeinde in ihrer ersten Saison vor allem in der Hoffnung an, daß er seine Verlobte heiraten und dort mit ihr leben könne.

Zwei Tage nach seiner Ankunft schrieb Hawthorne in sein Tagebuch: „Herr Ripley drückte mir nach dem Frühstück ein Gerät mit vier Zinken in die Hand, das, wie er mir erläuterte, Mistgabel genannt wird, und nachdem er und Herr Farley sich mit den gleichen Waffen gerüstet hatten, setzten wir drei zu einem schneidigen Angriff auf einen Misthaufen an." Zwei Tage später notierte Hawthorne voll Überraschung und Freude: „Ich habe eine Kuh gemolken." Aber es schlichen sich auch düstere Gedanken ein: „Ich habe keine Zeitungen gelesen und kann mich kaum noch erinnern, wie unser Präsident heißt."

Nach einem Monat hatte sich Hawthornes Laune merklich verschlechtert. Er lebte nur ungern von seiner Verlobten getrennt, und der Misthaufen erinnerte ihn an Dantes Inferno. „Diese gräßliche Goldmine!" schrieb er an seine Verlobte. „Von allen abscheulichen Orten ist dies der schlimmste. Ich bin fest davon überzeugt, Liebste, daß die Seele eines Menschen statt unter einem Dunghaufen oder in einer Ackerfurche ebensogut unter einem Haufen Geld begraben werden und verkommen kann." Hawthorne verließ die Farm nach der ersten Saison, kehrte aber aus Loyalität später als Gast zurück. George Ripley sah ein, daß er einen Organisationsplan für die Farm benötigte und interessierte sich daher immer mehr für die Ideen des französischen Sozialisten Charles Fourier, der sich für ein weltweites Netz aus utopischen Gemeinden, den sogenannten „Phalangen", einsetzte. Aber statt die Brook-Farm mit neuer Energie zu erfüllen, schienen Fouriers Prinzipien die Gemeindemitglieder vollkommen zu erschöpfen, denn sie verbrachten die meiste Zeit damit, sich mit den äußerst detaillierten Regeln und der umständlichen, komplexen Zusammensetzung diverser Verwaltungskomitees näher vertraut zu machen.

Die Brook-Farm erlebte, wie so viele andere Farmen auch, schlechte Zeiten – Krankheiten, Wetterunbilden und einen vernichtenden Brand. Aber ihre Bewohner konnten zu jeder Zeit in ihr früheres Leben zurückkehren. 1847 gaben sie auf. Nur George Ripley blieb zurück – als verbitterter und tief enttäuschter Mann.

Im gleichen Jahr beendete Henry David Thoreau sein eigenes einsames utopisches Experiment in Walden Pond. Als er 1854 seine Erkenntnisse in *Walden* veröffentlichte, gab er dem ersten Kapitel die Überschrift „Wirtschaft". Dies war ein Wendepunkt in der Utopie-Geschichte Amerikas. Die Transzendentalisten, deren Hingabe an Gott aufgrund ihres Pantheismus ohnehin gemäßigt war, gaben plötzlich jedes Interesse an der Religion auf und widmeten sich der Reform der Wirtschaft und der weltlichen Gesellschaft.

Der Wechsel von der religiösen zur wirtschaftlichen Basis warf einen Schatten auf die utopische Bewegung. Die Anforderungen des Lebens in der Gemeinschaft – und wohl auch die Anforderungen der Landwirtschaft – setzten ganz offensichtlich einen inneren Antrieb voraus, den leidenschaftsloser Intellektualismus einfach nicht besaß; um die Entschlossenheit der Transzendentalisten war es nicht sehr gut bestellt.

Auf Fruitlands, einer von Amos Bronson Alcott 1843 gegründeten Farmgemeinde bei Concord, beschlossen die Bewohner, daß es ungerecht

Bronson Alcott, der Vater der Schriftstellerin Louisa May Alcott, zeigt sich hier in der für ihn typischen gelassenen Haltung vor Orchard House, dem Heim der Familie in Concord, Massachusetts. Er war ein vornehmer und gebildeter Transzendentalist, Philosoph und Lehrer, der seine Schüler durch Gespräche motivieren wollte. Seine Methoden fanden jedoch kaum Zuspruch, und er mußte seine Lehrtätigkeit 1839 aufgeben, nachdem die letzte seiner Schulen geschlossen worden war. Thoreau nannte Alcott, der sich gegen die Sklaverei aussprach und für die Rechte der Frau eintrat, den vernünftigsten Mann, dem er je begegnet sei.

sei, Pferde oder Ochsen vor den Pflug zu spannen; auch hielten sie es für falsch, Kühe zu melken oder Schafe zu scheren. Einige von ihnen schlugen sogar vor, nur „aufstrebende", also zum Himmel wachsende Gemüse anzubauen und keine, die im Boden reifen wie zum Beispiel Kartoffeln. Alcott kam sogar auf die Idee, daß es tugendhaft sei, sich Geld von Freunden zu borgen und es nicht zurückzuzahlen, denn so werde deren höheres inneres Wesen gefordert.

Doch während die Transzendentalisten vergeblich an ihrer utopischen Gemeinschaft arbeiteten, sprach Thoreau allen aus der Seele mit seiner beredten Beschreibung des höchsten und intimen Utopia, das in jedem einzelnen verborgen liege. Nur durch die Konfrontation mit ihren Ängsten und ihrer absoluten inneren Einsamkeit könnten die Menschen „den festen Boden unter die Füße bekommen, den wir Realität nennen können, und sagen, so ist es und nicht anders". Nur dann, meinte er, sei der Mensch imstande, jeden Augenblick so zu leben, als ob er die Ewigkeit sei, und zu erkennen, daß Utopia gerade dort sei, wo man lebt, und daß „der Himmel hier oder nirgends ist".

Als Maßstab für Amerikas aufstrebende Utopisten des 18. und 19. Jahrhunderts kann nicht gelten, wie man ihre Bemühungen heute bewertet, sondern wie sie sich damals selbst beurteilt haben. Und für Tausende war Utopia wirklich greifbar. Indem sie gläubig und im Sinne ihrer visionären Führer den Willen Gottes erfüllten, meinten sie ihren Seelen einen Vorsprung auf dem Weg zum Himmel geben zu können, noch während ihr Geist in den Fesseln des irdischen Fleisches lag. Die geheimnisvolle Macht ihres Glaubens ließ ihnen absolut real erscheinen, was anderen nur wie ätherische Hirngespinste vorkommen mußte. Und nichts beschreibt die tiefe, unsagbare Freude, die den hoffnungsvollen Utopisten zuteil wurde, und das Erbe, das sie hinterlassen haben, besser als das folgende Fragment einer Strophe aus einem Lied der visionären Shaker: „Ich sah ein Land, wo die Sonne stets scheint, / Und sprach mit Engeln in mystischen Träumen; / Mag manche Vision auch im Entstehen schon schwinden, / Ihrer Herrlichkeit Abglanz bleibt auf Erden zurück."

Bekannt für sein herzliches und sympathisches Wesen, mußte Elbert Hubbard (oben) erleben, wie die Scheidung von seiner Frau Bertha 1904 in der Öffentlichkeit breitgetreten wurde; danach konnte er endlich seine langjährige Geliebte Alice Moore (links) heiraten, die ihm bereits eine Tochter geschenkt hatte. Seine Frau, eine Feministin und Lehrerin, starb mit Elbert am 7. Mai 1915 an Bord der „Lusitania". Ein Überlebender erinnerte sich, wie Hubbard auf dem Deck des todgeweihten Schiffes den ablegenden Rettungsbooten nachwinkte.

Ein Utopia aus Handel und Handwerk

Es ist eine Ironie und vielleicht auch ein Charakteristikum der amerikanischen Nation, daß derjenige, der sich am meisten für die Einführung der in England entstandenen *Arts and Crafts*-Bewegung mit ihrer Wertschätzung für das ehrliche Handwerk der Landbevölkerung einsetzte, ein aalglatter Geschäftsmann war, der ein Vermögen damit verdiente, Seife mit Hilfe von Werbegeschenken an den Mann zu bringen.

Der Erfinder dieser Verkaufsstrategie war Elbert Green Hubbard: Er verführte die Verbraucher zum Kauf von Larkins Hafermehl-Cremeseife, indem er ihnen Halstücher, Kaffeelöffel, Babyrasseln, Lampen und sogar Schreibtische als Gratiszugabe anbot. Diese Methode war so erfolgreich, daß Hubbard seine Anteile an der Seifenfabrik für stattliche 75 000 Dollar verkaufen konnte, als er 1893 beschloß, sich an geistig anspruchsvolleren Vorhaben zu versuchen. Bei einem Besuch in England 1894 lernte er den Künstler William Morris kennen und war wie berauscht von dem Utopismus, dem sich Morris, John Ruskin und andere verschrieben hatten, die ihre Ideale in der schwärmerisch verklärten, vorindustriellen Vergangenheit sahen. Inspiriert durch Morris' *Kelmscott Press*, kehrte Hubbard nach East Aurora im Staate New York zurück und gründete den nach einer englischen Druckerfamilie aus dem 16. Jahrhundert benannten *Roycroft Printing Shop*. Nach dem Motto „Nicht billig, aber gut" begann er auf einer manuell betriebenen Druckerpresse geschmackvolle Bücher aus handgefertigtem Papier und mit Buchmalereien „nach Art der venezianischen Mönche" herzustellen. Er verkaufte die Bücher so gut wie vormals Seife. Einen Band portugiesischer Sonette schickte er an die englische Königin Viktoria und erhielt von der Monarchin einen überschwenglichen Dankesbrief, der kein Geheimnis blieb.

Wenig später erweiterte Roycroft seine Gebäude um ein Gasthaus, Wohnhäuser aus Stein und Holz sowie klosterähnliche Arbeitshallen mit Balkendecken. Schließlich arbeiteten mehr als 500 Handwerker und Künstler an neuen Produktreihen: Möbeln, Buntglas, Schmiedeeisen, Kupfertabletts und ledernen Buchstützen. Seine monatlich erscheinende Zeitschrift, die Hubbard mit dem von ihm so geschätzten Understatement *The Philistine* nannte, fand 225 000 Abonnenten.

Hubbard wollte nicht nur sorgfältig gearbeitete Produkte herstellen, es war auch sein erklärtes Ziel, zufriedenstellende Arbeitsmöglichkeiten für die Landbevölkerung zu schaffen, damit sie nicht in die Städte abwandern mußte, um dort ein unglückliches Dasein zu fristen. „Es kommt nicht so sehr darauf an, wieviel Lohn jemand bekommt", meinte er, „sondern welches Leben er führen kann." Seine Kritiker warfen ihm vor, daß er mehr Sympathien für die Arbeitgeber hegte als für die Arbeiter. Einer nannte ihn einen „großen Fürsprecher der Kapitalgesellschaften". Dieser Vorwurf war sicherlich berechtigt: Großproduzenten von Fleischwaren kauften und verteilten eine Million Exemplare eines von ihm verfaßten Artikels, in dem er Upton Sinclairs *The Jungle*, eine enthüllende Beschreibung ihres Gewerbes, der Lächerlichkeit preisgab; große Firmen gaben Millionen von Nachdrucken seines berühmten Essays *A Message to Garcia*, das Hubbard zum Lob jener geschrieben hatte, die den Anweisungen ihrer Chefs bedingungslos gehorchten, an ihre Belegschaften aus.

Hubbard, der 1915 beim Untergang der *Lusitania* umkam, hat einmal zugegeben, daß Roycroft „als Spaß begann", aber „sich bald zu einem kommerziellen Betrieb entwickelte". Es mußte aber doch ein utopischer Traum unter dem Deckmantel des Geschäfts überlebt haben, denn Anhänger des Roycroftschen Ideals ließen Jahrzehnte nach der 1938 durch die Weltwirtschaftskrise verursachten Firmenpleite diese Idee in einem Zentrum für Kunst und Handwerk wieder aufleben.

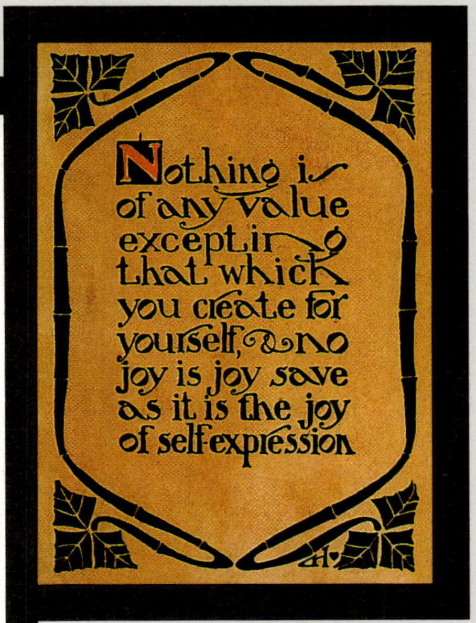

„The Fra" (ganz links) erschien erstmals 1908 und war zwar besser aufgemacht als Hubbards vorheriges Magazin „The Philistine", erreichte aber nicht annähernd so viele Leser. Beide Zeitschriften wie auch die zahllosen von Hubbard verfaßten und publizierten Epigramme (links) zierten Motive des Künstlers Dard Hunter, der den unverwechselbaren Roycroft-Stil kreierte und maßgeblich zum Erfolg beitrug.

Traumstadt am Meer

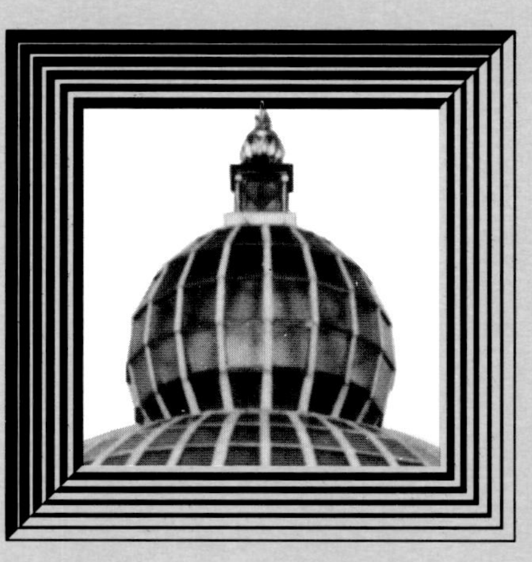

Als Kind glaubte ich, eine Stadt gestalten, Menschen aus aller Herren Länder zusammenbringen und die Jugend lehren zu können, wie man leben soll, wie man aufrecht, stark und edel und zu einem großen Kämpfer für die Menschlichkeit wird", schrieb die Utopistin Katherine Tingley.

In der Zeit von 1897 bis 1942 versuchten Katherine Tingley und ihre Anhänger, diesen Traum zu verwirklichen. Auf einer Landzunge – mit Blick über die Bucht von San Diego – gründeten sie die *Point Loma Universal Brotherhood and Theosophical Society* („Universelle Bruderschaft und Theosophische Gesellschaft von Point Loma"), die vielleicht ambitionierteste utopische Gemeinschaft der modernen Zeit. Zu seiner Blütezeit um 1910 beherbergte Point Loma rund 500 Mitglieder – vom Säugling bis zum einflußreichen Industriemanager.

Die Bewohner von Point Loma waren Anhänger der Theosophie, was „göttliche Weisheit" bedeutet. Die Theosophie war ein altes Denksystem, nach dem das Wissen um Gott und das Universum durch mystische Einsicht erlangt wird. Die moderne theosophische Bewegung entstand in den Vereinigten Staaten 1875 unter der Führung der aus der Ukraine stammenden Okkultistin Helena Petrovna Blavatsky. Nach dem Tod Madame Blavatskys trennte sich Katherine Tingley von den Anhängern der Bewegung und gründete im „goldenen Kalifornien" ihre eigene Gesellschaft. Unter ihrer festen Hand wurden die Grundprinzipien der Theosophie täglich einer Prüfung unterzogen.

Mit der Zeit zersplitterte die Gemeinschaft. Sie bestand nur noch 13 Jahre, nachdem Tingley bei einem Autounfall im Jahre 1929 ums Leben gekommen war. Mehr als 40 Jahre jedoch, in denen man sich in Point Loma bemühte, die Menschheit zur „universellen Brüderlichkeit" zu führen, war Tingleys utopische Idylle voller Leben.

Ein Krieger erklimmt den Pfad des spirituellen Bewußtseins (aus einem Point-Loma-Magazin).

Point Loma – eine reale Vision

Point Loma war im wahrsten Sinne des Wortes Katherine Tingleys Vision. Sie wählte das Terrain aus, ohne es je vorher gesehen zu haben – ganz als ob sie von göttlicher Eingebung geleitet würde –, und verfolgte den Kauf des Grundstücks mit einem eisernen Willen, der keine irdische Behinderung duldete.

Tingley hatte beschlossen, ihre Stadt auf amerikanischem Boden und so weit westlich wie möglich zu bauen, um die Bedeutung auszudrücken, die sie dem westlichen Weg der Theosophie beimaß. Point Loma, das auf einer Landzunge vor der Bucht von San Diego lag, erwies sich als idealer Standort.

Die Pläne für die Kommune entwarf Tingley während eines weltweiten Kreuzzugs für die Theosophie im Jahre 1896. Im Anschluß an eine Tagung im irischen Dublin fuhr sie nach Killarney, um nach einem geeigneten Grundstein zu suchen. Auch hier schien sie wieder spirituelle Eingebungen zu empfangen. Auf der Rückseite eines Umschlags skizzierte sie grob eine Karte. Als ihre Anhänger den von ihr bezeichneten Ort erreichten, fanden sie einen riesigen Stein von seltsam grünlichem Schimmer, genauso wie Tingley dies vorhergesagt hatte.

Später dann sammelte Tingley weitere Grundsteine und regte ihre Bewunderer auf der ganzen Welt an, ebenfalls nach geeigneten Steinen zu suchen. Ihr Charisma war so groß, daß tatsächlich 80 Grundsteine in Point Loma ankamen.

Die füllige, tatkräftige Katherine Tingley nannte man auch die „purpurne Mutter" von Point Loma, weil sie die Farbe Violett so liebte. Sie leitete die Kommune 32 Jahre.

Unter einem Banner mit dem Wahlspruch „Keine Religion steht höher als die Wahrheit" weiht Katherine Tingley bei der Grundsteinlegung von Point Loma am 23. Februar 1897 einen Grundstein mit Getreide, Öl und Wein. Tingley nannte den Stein „ein angemessenes Symbol für die Arbeit, die im Tempel zum Wohle der Menschheit geleistet werden wird". Fast tausend Einwohner von San Diego wohnten der Zeremonie bei, aus deren Anlaß neben Lesungen aus der Bibel, der Bhagawadgita und den Essays von Emerson ein Dutzend Reden gehalten wurden. Tingley selbst erklärte, daß Point Loma von nun an „als Licht" diene, „um die Orte des Dunkels auf der Erde zu erhellen".

Geschäftiges Treiben unter funkelnden Kuppeln

Das für die theosophische Kommune ausgewählte Land, das 500 Morgen umfaßte und einen herrlichen Blick über die Bucht von San Diego bot, gewann mit der Errichtung zweier exotisch anmutender Gebäude, dem zweistöckigen *Homestead* (später umbenannt in Raja-Yoga-Akademie) und dem runden Tempel des Friedens, noch an Reiz.

Beide Bauwerke waren von riesigen Glaskuppeln in Aquamarin und Violett gekrönt. Tagsüber funkelten die Kuppeln unter der strahlenden kalifornischen Sonne; nachts wurden sie von innen beleuchtet und waren meilenweit vom offenen Meer aus zu sehen.

Das tägliche Leben in Point Loma war geschäftig und wurde geprägt von zahlreichen Ritualen. Der Morgen begann mit einer Feier des Sonnenaufgangs und Lesungen aus alten religiösen und philosophischen Texten. Auch Tingley sagte gewöhnlich einige inspirierende Worte zum Geleit für den Tag.

Nach einem gemeinsamen Frühstück, zu dem es frische Kost aus den Gemüse- und Obstgärten und vom Bauernhof in Point Loma gab, gingen die Bewohner ihrer Arbeit nach. Einige kümmerten sich um die Gärten oder verrichteten andere ländliche Tätigkeiten, zum Beispiel die Betreuung der Bienenstöcke oder die Zucht von Seidenraupen.

Viele Frauen arbeiteten im „Frauenbasar“, wo sie die verschiedensten kunstgewerblichen Techniken erlernten, unter anderem die alte indische Batik-Kunst. Die Männer gingen eher handwerklichen Arbeiten nach, etwa in der Tischlerei oder in den Werkräumen der Druckerei. Männer und Frauen arbeiteten gemeinsam in der Buchbinderei. (Point Loma war berühmt für seine Buchdruck-Kunst und erhielt 1914 einen internationalen Preis für Buchdruckerei und Graphik.)

Die meisten Kunstgewerbe-Artikel – von bemaltem Porzellan über feine Lederarbeiten bis hin zu Puppenmöbeln aus Seidenraupenkokons – wurden an Touristen verkauft. Die Einnahmen aus diesen Verkäufen waren allerdings bescheiden. Die Zahlungsfähigkeit von Point Loma gewährleisteten hauptsächlich die Beiträge der Mitglieder der „Theosophischen Gesellschaft“ und die Großzügigkeit einer kleinen, aber wohlhabenden Gruppe von Geschäftsleuten.

Einer von ihnen war Albert G. Spalding, ein professioneller Baseball-Spieler, der um 1900 mit Sportartikeln ein beachtliches Vermögen erworben hatte. Spalding und seine Frau Katherine waren von Tingleys theosophischem Experiment so angetan, daß sie in Point Loma eine Villa bauten – stilgerecht mit einer Glaskuppel und einer spiralförmig gewundenen Außentreppe, die auf das Dach führte.

Zu Tingleys Mäzenen gehörten auch Francis Pierce, Inhaber einer Ingenieurfirma in New York, der Diamantenhändler E. August Neresheimer und Clark Thurston von der *American Screw Company*, einer großen Schraubenfabrik. Als Thurston gefragt wurde, warum Katherine Tingley eine solche Faszination auf diese Männer ausübe, antwortete er, daß Tingley mehr Geschäftssinn besitze „als wir alle zusammen“.

Die Einwohner von Point Loma versammeln sich zu einem abendlichen Treffen unter der wuchtigen Glaskuppel des Homestead-Rundbaus. Das Bauwerk besaß insgesamt vier Glaskuppeln; ihre wasserblaue Farbe soll okkulte Bedeutung haben.

Die Silhouette von Point Loma wurde von den Glaskuppeln des Homestead-Gebäudes (rechts hinten) und des Friedenstempels (links daneben) beherrscht. Zu der Siedlung gehörten auch Bürogebäude, Privat- und Gemeinschaftshäuser sowie runde weiße Hütten für die Schulkinder. Bewohner, die zum griechischen Theater wollten, gingen durch das große, aus zwei Pfosten und einem Sturz gebildete Tor, das im Vordergrund zu sehen ist. Zu ihrer Glanzzeit besuchten die Kommune hundert Touristen am Tag – die meisten angelockt von den Spielen, Konzerten und jahreszeitlich bedingten Feiern, wie etwa den Festlichkeiten zum 1. Mai (unten).

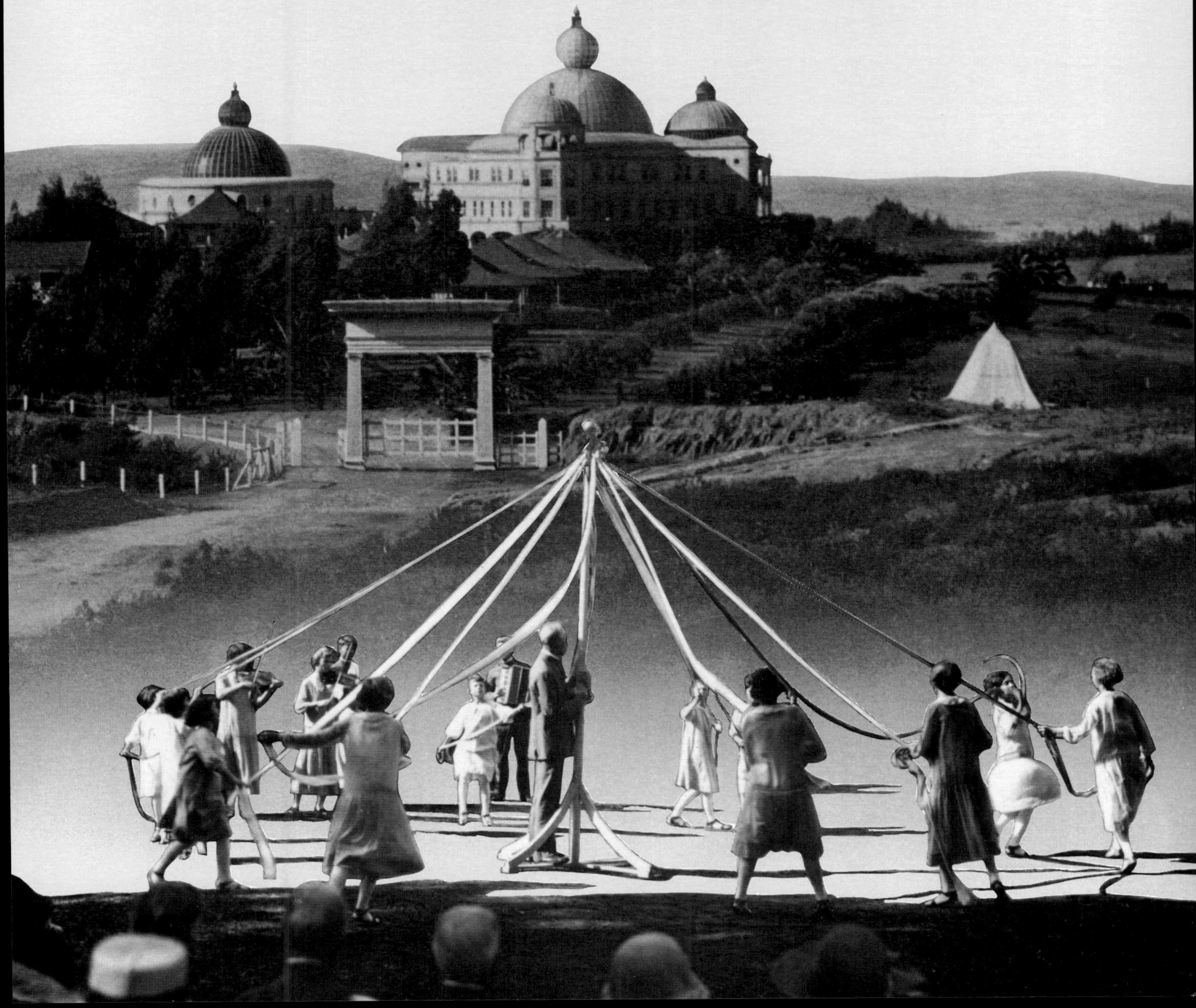

Reform-Eifer

Die engagierte Philantropin Katherine Tingley setzte die Energien ihrer theosophischen Gemeinschaft für verschiedene humanitäre Zwecke ein. 1911 faßte sie den Plan, theosophische Krankenhäuser für Sträflinge zu bauen, in denen die Gefangenen „wie Invaliden" behandelt werden sollten, „die zur Genesung nach Hause gekommen sind", wo sie von ihrem asozialen Verhalten „geheilt" wurden. Trotz ihres offenkundig großen persönlichen Einsatzes zwang die fehlende finanzielle Unterstützung Tingley, das Projekt aufzugeben.

Mehr Erfolg hatten sie und ihre Anhänger bei ihrem Engagement für die Abschaffung der Todesstrafe. 1914 nahm Tingley mit dem Gouverneur von Arizona an einer Kampagne gegen die Todesstrafe teil und begleitete ihn auf einer Vortragsreise durch die wichtigsten Städte Arizonas. Daraufhin wurde die Todesstrafe in Arizona abgeschafft, wenn auch nur für einige Jahre. Trotz größter Bemühungen ist es Tingley nicht gelungen, diesen Erfolg in Kalifornien zu wiederholen, obwohl sie und ihre Anhänger oft für zum Tode verurteilte Gefangene eintraten und in einem Fall den Staat auch überzeugen konnten, so daß die für einen geistig zurückgebliebenen 17jährigen Jungen verhängte Todesstrafe in eine Haftstrafe umgewandelt wurde.

Den größten Teil von Tingleys Zeit und Kraft nahm hingegen ihre Kampagne für den Weltfrieden in Anspruch. Die „universelle Brüderlichkeit" aller Menschen war ein zentraler Lehrsatz in der Tingleyschen theosophischen Variante; sie hatte dieses Anliegen programmatisch mit in den Namen der „Theosophischen Gesellschaft" aufgenommen, als sie zur Vorsitzenden des amerikanischen Zweiges gewählt wurde. Die Theosophen sahen im Weltfrieden das natürliche Entwicklungsziel der Menschheit. „In der Pracht eines vollkommenen Tages soll der Bruder dem Bruder begegnen, soll die Seele die Seele grüßen und die ganze Menschheit vereint sein, und es soll FRIEDE, FRIEDE, FRIEDE herrschen!" hieß es mit charakteristischem Pathos in einer der Publikationen von Point Loma.

Tingleys größte Kampagne für den Pazifismus begann 1913, als sie eine internationale Friedenskonferenz in Schweden einberief. Keineswegs entmutigt vom Kriegsausbruch in Europa und wachsenden Anzeichen amerikanischer Kriegsbereitschaft, schickte Tingley ein Jahr später ein Telegramm an Präsident Woodrow Wilson und bat ihn, den 28. September 1914 zum „Heiligen Tag des Friedens für die Nationen" zu erklären. Wenn auch Wilson ihre Bitte mit freundlichen Worten abschlug, so gab doch der Bürgermeister von San Diego seine Einwilligung, und an dem bewußten Tag wurden die Einwohner von San Diego zu einem Friedensfest eingeladen, bei dem auch eine Parade, angeführt von 600 Marinesoldaten und ihrer Militärkapelle, abgehalten wurde.

Kostümiert als Figuren einer skandinavischen Friedenslegende, marschieren Bewohner von Point Loma 1914 als Teil einer von Katherine Tingley organisierten Friedensfeier durch San Diego.

Um das Streben von Point Loma nach weltweiter Einheit zu unterstreichen, erhielt der Tempel (unten) den Namen „Friedenstempel“. In seinen von Efeu bewachsenen Mauern wurden zur Unterstützung der Bemühungen um universelle Brüderlichkeit Versammlungen abgehalten. Oben tagt der Ständige Friedenskongreß von 1923 unter dem Vorsitz von Katherine Tingley (Mitte).

Lehrer und Kinder in der Raja-Yoga-Schule lebten in peinlich sauberen runden Hütten wie diesen (oben) zusammen. Jede Hütte hatte einen zentralen Aufenthaltsraum, umgeben von Bettnischen, einem Bad und Waschgelegenheiten. Nach 1904 wohnten nur noch Knaben in den Hütten; die Mädchen wurden in dem nahegelegenen Homestead-Gebäude untergebracht, das damals den neuen Namen Raja-Yoga-Akademie erhielt. Einen wichtigen Teil der Raja-Yoga-Erziehung bildete die Teilnahme an historischen Aufführungen und Spielen. Unten zeigt eine Gruppe von Schülern einen schottischen Volkstanz.

Erziehung zur Entwicklung des spirituellen Selbst

Katherine Tingleys weitaus bedeutsamste Unternehmung in Point Loma war die Raja-Yoga-Schule. Die Bezeichnung geht zurück auf einen Sanskrit-Ausdruck und bedeutet „königliche Vereinigung“ – ein angemessener Name für eine Schule, deren zentrales Anliegen die Entwicklung „der vollkommenen Ausgewogenheit von körperlichen, seelischen und geistigen Fähigkeiten“ war.

Die Schule begann im Jahre 1900 mit fünf Schülern, wuchs jedoch beständig. Ein Jahrzehnt später wurden hier bereits an die 300 junge Menschen unterrichtet. Zeitweise waren mehr als ein Dutzend Nationalitäten vertreten; einige Schüler kamen von weit her, zum Beispiel aus Japan und Südafrika. Für Kinder wohlhabender Familien betrug das Schulgeld bis zu 1000 Dollar im Jahr; es gab allerdings auch viele, darunter eine Reihe Kubaner, die ein Stipendium hatten. Die Raja-Yoga-Schüler wurden in Gruppen von sechs bis zwölf Kindern eingeteilt, abhängig vom Alter und den jeweiligen Fähigkeiten. Jeder Gruppe wurde ein Lehrer zugewiesen, der die Kinder Tag und Nacht betreute. Alle Schüler wohnten mit den Lehrern zusammen, auch diejenigen, deren Eltern in Point Loma lebten. Die Kinder konnten ihre Eltern wöchentlich nur zwei Stunden besuchen – sonntags nachmittags. Tingley hat diese Idee möglicherweise aus dem utopischen Modell von Platons *Staat* übernommen.

Obwohl die Raja-Yoga-Schüler täglich nicht mehr als drei Stunden offiziellen Unterricht hatten, waren Erzieher von außerhalb, die eigens zur Besichtigung der Schule anreisten, von den intellektuellen Fähigkeiten der Kinder beeindruckt. „Wir kamen, sahen – und sind besiegt!“ erklärte der Leiter der kalifornischen Schulaufsichtsbehörde nach einem Besuch in Point Loma im Jahre 1906. Einige der hochgelobten Raja-Yoga-Unterrichtsmethoden wurden später von öffentlichen Schulen in Kalifornien sogar übernommen.

In der unterrichtsfreien Zeit verbrachten die Raja-Yoga-Schüler viele Stunden im Freien; sie arbeiteten in den Gärten der Gemeinschaft oder spielten unter Aufsicht Baseball, Volleyball, Basketball und Tennis. Sie übten auch auf ihren Musikinstrumenten und nahmen an den Theatervorstellungen in Point Loma teil.

Körperliche Züchtigung war in der Schule nicht erlaubt. Die Lehrer hatten Anweisung, die Schüler zu disziplinieren, indem sie an ihr höheres oder spirituelles Selbst appellierten. Wenn Schüler frech waren, wurde ihnen ein Spiegel vorgehalten mit der Aufforderung zu lächeln, damit das Gute in ihnen wieder Oberhand gewann. Und obwohl man glaubte, daß sich Wutausbrüche eindämmen ließen, wenn man dem Kind ein wenig kaltes Wasser ins Gesicht spritzte, wurde eine Lehrerin, die einem Schüler einen ganzen Eimer Wasser über den Kopf gegossen hatte, entlassen. Tatsächlich wurde das Wort „Bestrafung“ niemals benutzt. Lehrer gaben „Ermahnungen“, was manchmal bedeuten konnte, jemandem ein Privileg zu entziehen.

Während aller Aktivitäten im und auch außerhalb des Klassenraums mußten die Schüler eine „Regel des Schweigens“ befolgen – Schwatzen war strengstens untersagt. Diese Regel hatte Katherine Tingley ersonnen. Sie glaubte, daß Schweigen Nahrung für die Seele sei. Auch die Erwachsenen in Point Loma hatten sich an diese Regel zu halten, die schon bald nach Tingleys Tod im Jahre 1929 mit allen Anzeichen deutlicher Erleichterung abgeschafft wurde.

Eine Gruppe von Raja-Yoga-Schülern im Alter von vier bis sechs Jahren beginnt ihren Musikunterricht unter der Aufsicht einer Lehrerin. Jedes Kind sollte ein Musikinstrument spielen. 1905 bildeten Schüler das erste Orchester von Point Loma.

Innere Harmonie durch die Kunst

In einem weißen Gewand und mit Blumen bekränzt, erfreut eine Raja-Yoga-Schülerin ihr Publikum mit Harfenmusik, bevor Katherine Tingley einen theosophischen Vortrag hält.

Musik und Schauspiel gehörten in Point Loma zum Lebensrhythmus. Mit Hilfe der Kunst vermittelte Katherine Tingley theosophische Grundwerte. „Das Geheimnis des Lebens", schrieb ein Bewohner von Point Loma, „ist es, in uns selbst für Harmonie, Gesetz und Ordnung zu sorgen. Die Musik und die anderen Künste dienen uns dabei als Mahnung und unterstützende Kraft."

In diesem Sinne gründete Tingley die „Isis-Liga für Musik und Schauspiel". 1898 führte die Liga im New Yorker Carnegie Lyceum ihr erstes Stück auf, die griechische Tragödie *Eumenides*. Das Gastspiel mit 200 Darstellern erhielt gute Kritiken und wurde später auf einem internationalen theosophischen Kongreß wiederholt. „Das Theaterspiel ist jetzt die wichtigste Aktivität in Point Loma", verkündete Tingley enthusiastisch, „denn dadurch wird der Geist der Menschen von den fundamentalen Ideen der Brüderlichkeit durchdrungen."

1901 wurde in Point Loma ein griechisches Amphitheater gebaut, das erste in den Vereinigten Staaten. Es bot 2500 Zuschauern Platz und einen atemberaubenden Blick über den Pazifik. Dieses Theater wurde zum Zentrum der Aufführungen in Point Loma. In das Repertoire der Liga wurden auch die Stücke Shakespeares aufgenommen, weil man glaubte, daß sie – ebenso wie die griechischen Tragödien – übergreifende theosophische Themen behandelten, wie die Dualität der menschlichen Natur und das Streben nach Harmonie. Eine der Aufführungen, *Ein Sommernachtstraum*, war in San Diego so beliebt, daß man einen Eisenbahnzug mietete, mit dem die gesamte Besetzung von 150 Darstellern zu einem Gastspiel nach Los Angeles fuhr. Die Isis-Liga machte ihr Publikum auch mit der alten griechischen Tradition des Symposions bekannt. Mit der Zeit wurden die Symposien kunstvoller und gipfelten 1911 in einer Aufführung, die *The Aroma of Athens* hieß und aus erfundenen Gesprächen zwischen Euripides, Perikles und anderen griechischen Philosophen über „das Wahre, das Gute und das Schöne" bestand.

Die musikalischen Vorhaben in Point Loma waren nicht weniger ambitioniert. 1913 verfügte die Kommune bereits über zwei Orchester, eine Blaskapelle und mehrere Chöre. Musik war, häufig in Form von Liedern und Tänzen, Bestandteil jeder historischen Aufführung und jedes Festes. Selbst ihre Reden eröffnete Tingley mit Musik. Musikalische Weltberühmtheiten, die Point Loma einen Besuch abstatteten, wie etwa der große australische Opernstar Nellie Melba, lobten die Musiker oft überschwenglich. Nach einem Konzert, das Raja-Yoga-Schüler im Jahre 1916 gaben, weinte die Melba vor Freude und rief aus: „Nur einmal im Leben habe ich mich so gefühlt wie jetzt, und das war, als ich zum erstenmal *Parzival* gehört habe."

Indem sie sich die Dramatik der natürlichen Umgebung des griechischen Theaters in Point Loma zunutze macht, schreitet eine Gruppe von Fackelträgern auf dem Höhepunkt von „The Aroma of Athens“, einem 1911 aufgeführten historischen Symposion, gemessenen Schrittes auf die Bühne. In einer anderen Aufführung – „Ein Sommernachtstraum“ (kleines Bild unten) – wirkten selbst die allerjüngsten Raja-Yoga-Schüler tanzend und singend als Elfen mit.

KAPITEL 3

Die Vervollkommnung des menschlichen Geistes

Dem englischen Arzt Kenneth Walker waren die Lehren Georgeij Iwanowitsch Gurdjieffs nicht neu, als er 1948 nach Paris kam, um Schüler des Weisen zu werden. Im Gegenteil – er hatte fast 20 Jahre seines Lebens mit der Entwicklung seines körperlichen, seelischen und geistigen Potentials nach dem Gurdjieffschen System von Meditation, heiligem Tanz und Selbstbeobachtung zugebracht. Seine gesamte Schulung hatte hingegen in den Händen eines Gurdjieff-Schülers russischer Abstammung namens Peter Ouspensky gelegen, der sich viele Jahre zuvor vom Meister getrennt hatte. Jetzt war Ouspensky tot, und seine zahlreichen Anhänger strömten auf Drängen seiner Witwe zu Gurdjieff.

Walkers Ankunft in Frankreich war von der Begeisterung getragen, nun endlich Gurdjieff selbst kennenzulernen. Walker gestand sich allerdings auch Befürchtungen ein, denn die Legenden über Gurdjieff, die er die ganzen Jahre über gehört hatte, ergaben ein eher konfuses Bild. Was zum Beispiel Gurdjieffs Alter anging, so schien es ebensowenig bestimmbar zu sein wie das der mittelalterlichen Alchimisten, von denen die Volkssagen erzählten. Einigen Berichten zufolge lag es bei 80 Jahren; andere wiederum behaupteten, daß er schon die Hundert überschritten habe. Und wenn man dem Meister auch im allgemeinen Weisheit und Charisma nachsagte, so hieß es von ihm gleichwohl, daß er gänzlich unberechenbar sei und zu Konfrontationen mit seinen Schülern neige.

Die Ratschläge seiner Kollegen, die vor ihm nach Frankreich gekommen waren, gaben den Bedenken des Engländers noch weitere Nahrung. Bevor sie ihn zu Gurdjieffs Wohnung begleiteten, machten sie ihn auf die einigermaßen exzentrischen Seiten aufmerksam, die ein Leben in der Gesellschaft des Meisters hatte. Sie warnten ihn vor, daß er zum Beispiel gefragt werden würde, welche Art von Idiot er sei. Gurdjieff verwendete allem Anschein nach ein obskures babylonisches System, um Menschen in insgesamt 23 Typen einzuteilen. Statt sich aber an die formalen Kategorien zu halten, sprach er gern über verschiedene Arten von Idioten auf der Welt. Er lehrte, daß die ursprüngliche Bedeutung des Wortes *idiot* „das einem Eigene" sei, und hielt es für nützlich, daß seine Schüler sich mit Hilfe dieser wenig schmeichelhaften Charakterisierung selbst einschätzten.

Walker erhielt noch eine zweite Vorwarnung, und diese galt Gurdjieffs Trinkgewohnheiten. Da er selbst so gut wie nie dem Alkohol frönte, lösten

die Geschichten über die Trinkgelage bei ihm größte Bestürzung aus. Sich zu betrinken, erfuhr er, war fast obligatorisch, wenn man mit Gurdjieff zu Mittag oder zu Abend aß. Bei den Festgelagen des Meisters wählten die Teilnehmer in der Regel entweder Brandy oder Wodka mit Pfeffer und brachten zusammen mit ihrem Gastgeber eine ganze Reihe von rituellen Trinksprüchen auf jede Art von Idiot im Raum aus. Offensichtlich trank Gurdjieff gern und begrüßte die Wirkung des Alkohols auf die anderen, denn ihre Trunkenheit erlaube es ihm, wie er bemerkte, in ihre Herzen zu schauen.

Walker sollte bald feststellen, daß keine Instruktion von seiten seiner Kollegen ihn auch nur im entferntesten auf das hätte vorbereiten können, was ihn bei seinem neuerwählten Guru tatsächlich erwartete. Denn als er schließlich das Quartier des alten Mannes betrat, geriet er in ein Wunderland des Chaos. Es herrschte ein solch verblüffendes Durcheinander von nicht zueinander passenden Gemälden und Möbeln, daß, wie es Walker schien, hier noch nie eine ordnende, gestaltende Hand am Werke gewesen sein konnte. Die Wohnung war heiß wie ein Backofen, ein starker Geruch von Gewürzen durchzog jeden Raum, und alle Vorhänge waren geschlossen. Das künstliche Licht war so grell und unangenehm, daß Walker nur die Vermutung blieb, daß diese Wirkung beabsichtigt war.

Später, im Rückblick, zog Walker den wohl zutreffenden Schluß, daß Gurdjieff die Atmosphäre ganz bewußt so aufdringlich gestaltet hatte, um seinen Besuchern die Orientierung zu nehmen und alle Gedanken an andere Orte auszulöschen. Im Moment der allerersten Wahrnehmung jedoch blieb keine Zeit für solche Überlegungen. Walker wurde in ein großes Wohnzimmer geschoben, das bald randvoll von Menschen war. Der Meister ließ sich nirgendwo blicken, während ein Mitglied der Versammlung vortrat, um aus einem von Gurdjieffs Büchern vorzulesen.

Es hieß *Beelzebubs Erzählungen für seinen Enkel*, und soweit Kenneth Walker ausmachen konnte, war es eine Allegorie, in deren Mittelpunkt die Figur des gefallenen Engels Beelzebub stand. Zusammen mit seinem Lieblingsenkel durchquerte dieser in einem Raumschiff das Sonnensystem und hielt gelegentlich an, um verschiedene Planeten zu besuchen. Als sich der Enkelsohn von dem Verhalten der Erdbewohner fasziniert zeigte, erzählte Beelzebub ihm die Geschichte der menschlichen Rasse. Was er zu sagen hatte, war keineswegs schmeichelhaft. Gurdjieff erklärte später, daß er die Absicht verfolgt habe, alle falschen Vorstellungen über die Werte und Ideen der Vergangenheit zu zerstören.

Etwa eine Stunde nach Beginn des Vortrags schlüpfte ein heiter aussehender glatzköpfiger Mann mit dichtem

Peter Ouspensky (oben), der das Werk von Georgeij Gurdjieff (links) populär machte, schrieb auch vielbeachtete Bücher über die vierte Dimension und die Praxis des Yoga. Peter Ouspenskys Lehre wurde in fünf oder sechs Lektionen zusammengefaßt, die neuen Schülern laut vorgetragen wurden, ehe er persönlich mit ihnen zusammentraf.

Als der gräko-armenische Weise Georgeij Gurdjieff 1924 zu einer Theatertournee in die Vereinigten Staaten aufbricht, grüßt er zum Abschied mit der ihm eigenen Mischung aus Wohlwollen und Würde. Die 40 Schüler in seiner Begleitung gaben eine vielseitige Vorstellung aus rituellen Tänzen, magischen Kunststücken und sportlich-athletischen Leistungen.

Schnauzbart in den Raum. Walker war sofort klar, daß dies Gurdjieff sein mußte. Fasziniert beobachtete er, wie der alte Mann es sich bequem machte, um der Lesung zu folgen, zunächst geduldig und später mit wachsender Unruhe. Schließlich unterbrach Gurdjieff den Vortragenden, klopfte auf seinen Bauch und sagte: „Le Patron bittet um Aufmerksamkeit." Mit diesen Worten lud er die erwartungsvollen Anwesenden zum Mittagessen ein.

Als Gurdjieffs Gäste, mehrere Dutzend an der Zahl, sich in ein kleines Eßzimmer gezwängt hatten, wurden Schüssel um Schüssel Speisen aufgetragen. Zu den Köstlichkeiten, unter denen sich die Tische bald bogen, zählten geschmorte Tauben in Weinblättern, Pilaw, Erdbeeren in Sahne, Süßigkeiten, Melonen, Avocados und eine große Vielfalt an weiterem Obst und Gemüse. Bevor jedoch zugegriffen wurde, richteten sich alle Blicke auf Gurdjieff, der das letzte Gericht selbst zusammenstellte. In einer großen Schüssel mischte er Stücke von getrocknetem Fisch, Brot, Pickles, rote Paprika, Gurken und Zwiebeln mit vielen verschiedenen Chutney-Sorten, worüber er löffelweise saure Sahne verteilte. Als er die Salat-Komposition sorgfältig abgeschmeckt hatte, reichte er die Schüssel seinem Tischnachbarn, und damit war das Essen eröffnet. Ab und zu gab Gurdjieff auf seinem Löffel dem Neuankömmling Walker einen ausgewählten Happen geräucherten Stör oder andere Delikatessen zu kosten. Dabei schalt Gurdjieff ihn, wie ein pingeliger Engländer zu essen, und bemühte sich, ihn in die Gespräche mit einzubeziehen.

Walker seinerseits war beeindruckt von Gurdjieffs eigenartiger Weise, sich auszudrücken – einem Kauderwelsch aus Englisch, Französisch und Russisch, das für die meisten Zuhörer so undurchdringlich war, daß während der ganzen Dauer des Essens ein Dolmetscher eingesetzt wurde. Noch verblüffender war Gurdjieffs Angewohnheit, die Stimmung zu wechseln, wenn er sich den verschiedenen Gästen am Tisch zuwandte. In dem einen Augenblick konnte er ärgerlich oder kritisch sein, im nächsten entspannt und freundlich, um dann abrupt wieder schroff zu werden. Er schien in den Herzen der Menschen, die ihn umgaben, zu lesen und war ohne weiteres in der Lage, wie ein Schauspieler jedwede von ihm gewünschte Wirkung zu erzielen. Schnell war er auch dabei, seine Schüler zu beschimpfen und sie wegen ihrer Eigenheiten anzugreifen.

Wie es Walkers schlimmsten Befürchtungen entsprach, wurde das Mahl von feierlichen Trinksprüchen unterbrochen. Es waren mindestens 13 an der Zahl, bevor Walker mit dem Zählen durcheinanderkam, worin er die einzige Möglichkeit gesehen hatte, sich wenigstens eine Weile aufrecht zu halten. Glücklicherweise wurden zuletzt Kaffee und Zigaretten gereicht, und Gurdjieff hob die Tafel ohne weitere Förmlichkeit auf – indem er alle zum Abendessen einlud. „Die Lesung", sagte er, „wird um halb zehn beginnen. Jetzt rate ich Ihnen, sich hinzulegen und eine Weile zu ruhen, erst auf der linken und dann auf der rechten Seite."

In den Tagen und Wochen, die dann folgten, paßte sich Walker unter Gurdjieffs Anleitung einem bestimmten Lebensrhythmus an. Es gab Lesungen in den Mittags- und Abendstunden, das Mittagessen um zwei Uhr und das Abendessen nach Mitternacht. Immer waren Speise und Trank üppig. Zuweilen erging auch eine Einladung zu einem ruhigen Frühstück. Es wurde in Gurdjieffs Arbeitszimmer eingenommen, einem Raum, der gleichzeitig als Speisekammer diente und bis unter die Decke mit Lebensmitteln vollgestopft war.

Walker konnte sich nie des Gefühls erwehren, daß Gurdjieff eine mysteriöse und widersprüchliche Persönlichkeit war. Der alte Mann schien hartnäckig und systematisch verhindern zu wollen, daß jemand in seiner Umgebung sich für mehr als einige Augenblicke behaglich oder gar selbstzufrieden fühlte. Gurdjieff sah seine zentrale Aufgabe, so schlußfolgerte Walker, offensichtlich wohl nicht darin, die Seele zu besänftigen, sondern sie aufzustören.

Trotz allem war Walker davon überzeugt, daß Gurdjieff ein Lehrer von immenser Bedeutung war. Er betrachtete ihn mehr und mehr als sichtbares Bindeglied zwischen dem Gedankengut des 20. Jahrhunderts und den Weisheiten aus ältester Zeit. Auf irgendeine Weise verhalfen Gurdjieffs Angriffe auf Geist und Sinne, seine Völlerei und seine Überlegungen zu den Torheiten der modernen Zeit gläubigen Anhängern wie Kenneth Walker zu der Gewißheit, daß sie eine bessere Welt schaffen konnten.

Die utopische Philosophie war zu Beginn des 20. Jahrhunderts in eine neue Dimension eingetreten. Georgeij Gurdjieff und ein anderer Kritiker konventioneller westlicher Werte, der österreichische Intellektuelle Rudolf Steiner, entwickel-

Spitze Felsen, die über einer Ebene in Kappadozien aufragen, sind mit von Hand gehauenen Grotten übersät, in denen einst byzantinische Mönche wohnten. Gurdjieff soll diese Region in der östlichen Türkei auf seiner 20jährigen Suche nach alten Quellen der Weisheit besucht haben. Hier hat er möglicherweise die Schriften des Heiligen Basilius studiert, eines Theologen aus dem 3. Jahrhundert, der überlieferte heidnische Traditionen mit der christlichen Lehre verband.

ten Vorstellungen von Utopia, die wenig mit dem religiösen Mystizismus der Shaker oder dem Idealismus der Transzendentalisten zu tun hatten. Keiner von beiden begnügte sich damit, lediglich zu beschreiben, wie eine ideale Gesellschaft aufgebaut sein sollte. Sie waren auch keineswegs daran interessiert, Gemeinschaften außerhalb der Gesellschaft zu gründen. Statt dessen hoben sie die Bedeutung der verborgenen spirituellen Seiten der menschlichen Existenz hervor und glaubten, daß, wenn man nachdenkliche Menschen dazu bewege, ihre spirituellen Kräfte wiederzuentdecken, eine erleuchtete Gesellschaft zwangsläufig die Folge sei.

Beide Männer waren etwa um die Jahrhundertwende auf der Höhe ihrer Schaffenskraft. Aber man kann sich kaum zwei unterschiedlichere Biographien vorstellen. Gurdjieff war ununterbrochen unterwegs und blieb kaum länger als einige Monate an einem Ort. Steiners Leben war im Gegensatz dazu ruhig und beschaulich. Obwohl er auf vielen Gebieten – unter anderem in so verschiedenen Bereichen wie der Philosophie, der Erziehung, der Architektur und dem Tanz – prägend und erneuernd wirkte, kam er selten über die Bibliotheken und Vortragssäle hinaus.

Seine Lehre von der Spiritualität des Menschen und ihrer Beziehung zum täglichen Leben nannte er Anthroposophie. Der Begriff, der sich aus *anthropos* für „Mensch" und *sophia* für „Weisheit" zusammensetzt, spiegelte seine Überzeugung wider, daß die Menschen eine spirituelle Verbindung zu lange vergessenen kosmischen Wahrheiten haben. Dieses Wissen lasse sich wiederentdecken und zu einem Bestandteil des Alltagsbewußtseins machen.

Steiner wie auch Gurdjieff hatten es sich zur Aufgabe gemacht, die Menschheit aus dem ihrer Meinung nach herrschenden Zustand geistiger Schlafwandlerei zu wecken. Sie waren tief von den Lehren des Orients und der Antike beeinflußt, doch ebenso gefesselt vom christlichen Vermächtnis und der modernen Wissenschaft. Beide lehrten eine Art esoterisches Christentum und bezogen die Entdeckungen der Physik, der Chemie und der Ingenieurwissenschaften mit in ihre Theorie ein. Von der Wissenschaft erwarteten sie uneingeschränkte Bestätigung ihrer geistigen Einsichten. Steiner bezeichnete seine Philosophie als Geisteswissenschaft, während Gurdjieffs Lehre unter dem Namen *Das Werk* bekannt wurde. Ihre jeweiligen Anhänger hielten beide Männer für Verkünder eines neuen Zeitalters.

Frank Lloyd Wrights „Leuchtende Stirn“

Der amerikanische Architekt Frank Lloyd Wright *(links)*, der mit einer ehemaligen Schülerin Georgeij Gurdjieffs verheiratet war, hatte in gewisser Weise selbst etwas von einem Utopisten. „Der Architekt muß Meister nicht nur seiner Werkzeuge, sondern auch des menschlichen Geistes sein“, bemerkte er einmal einer Gruppe von Studenten gegenüber. „Die Seele der Menschheit ist ihm anvertraut.“ In seinem Werk versuchte Wright, den menschlichen Geist mit Bauten, die ganz aus den Gegebenheiten der Landschaft erwachsen und organisch gestaltet sind, zu seinen natürlichen Ursprüngen zurückzuführen.

Taliesin East *(oben)*, das Wright als Studienzentrum für Architektur konzipierte, ist typisch für seine Philosophie des Bauens. Über das Gebäude auf einem Hügel in der Nähe seiner Heimatstadt Richland Center, Wisconsin, sagte Wright später: „Es war für mich undenkbar, daß irgendein Haus *auf* dem geliebten Hügel stehen sollte. Es sollte ein Teil des Hügels sein. Zu ihm gehören. Hügel und Haus sollten zusammenleben und einander glücklich machen.“ Wright suchte sogar den Namen Taliesin aus – walisisch für „Leuchtende Stirn“ –, um diese Wechselbeziehung von Gebäude und Umgebung zu veranschaulichen. Die Dachvorsprünge im Stil einer Pagode und der dekorative Buddha waren ein Tribut an die japanische Architektur, die nach dem Empfinden Wrights in höchstem Einklang mit der Natur stand.

Die Natur war allerdings nicht das einzige harmonisierende Element in Taliesin East. Wrights Frau Olgivanna gab dem Alltag eine ausgesprochen Gurdjieffsche Note. Unter ihrer Anleitung betätigten sich Wrights Architekturstudenten als Handarbeiter, tanzten, webten, sangen und malten. Sie kleideten sich sogar in lose Gewänder, die an diejenigen für Gurdjieffs heilige Tänze erinnerten.

Vor ihrer Heirat mit dem Architekten Frank Lloyd Wright (gegenüber) war Olgivanna Hinzenberg Schülerin bei Georgeij Gurdjieff. Sie ist auf dem rechten Photo (links im Vordergrund) bei einem von Gurdjieffs heiligen Tänzen zu sehen – Ritualen, die von den tanzenden Derwischen inspiriert waren und dazu dienten, Geist und Körper zu disziplinieren. Olgivanna studierte bei Gurdjieff in Frankreich, bevor sie mit seiner Tanztruppe in die Vereinigten Staaten reiste, wo sie ihrem zukünftigen Ehemann begegnete.

Über den Anfang dieses neuen Zeitalters hat zwischen beiden nie Übereinstimmung geherrscht. Für Rudolf Steiner begann es um die Jahrhundertwende. Bestimmten alten indischen Philosophien zufolge, deren Voraussagen ihn überzeugten, markierte das Jahr 1899 das Ende des *Kali-yuga*, eines 5000 Jahre währenden dunklen Zeitalters, in dem die spirituellen Fähigkeiten der Menschheit fast völlig verkümmert waren. Der kommende Zyklus hingegen sollte eine von Licht erfüllte Epoche sein. Gurdjieff betrachtete sein eigenes Leben und Lehren bereits als integralen Beitrag zur schrittweisen Transformation der Welt.

Über Gurdjieffs Jugendzeit – und auch über sein späteres Leben in der Öffentlichkeit – gibt es sehr divergierende Informationen. Er war ein Meister darin, Einzelheiten seiner persönlichen Geschichte zu verschleiern. Gerade den Menschen, die Gurdjieff am längsten und besten kannten, blieb er ein Rätsel. So bekannte der amerikanische Schriftsteller Jean Toomer, der mit Gurdjieff in mehr als 15 Jahren unzählige Gespräche geführt hatte: „Ich habe G. niemals gekannt. Ich werde ihn niemals kennen." Biographen, die versucht haben, Gurdjieffs Leben vor 1913, vor seiner Niederlassung in Moskau, zu schildern, mußten sich weitgehend auf die Berichte ihrer Hauptfigur selbst verlassen – ein riskantes Unternehmen, da Gurdjieff Gefallen daran zu finden schien, durch widersprüchliche Aussagen eine Art Verwirrspiel um seine Person zu treiben.

Soweit sich feststellen läßt, kam Gurdjieff in den 70er Jahren des 19. Jahrhunderts, vermutlich 1874, als Sohn eines Griechen und einer Armenierin zur Welt. Das Gebiet, in dem er seine Jugend verbrachte – die kaukasische Berglandschaft zwischen dem Schwarzen und dem Kaspischen Meer –, war und ist immer noch eine außergewöhnliche Region, in der sich viele Völker und Sprachen mischen. Mehr als 15 Dialekte werden im Kaukasus gesprochen, und in Alexandropol (heute Leninakan) und Kars, den Städten seiner Kindheit, hatte Gurdjieff vermutlich ständig Kontakt mit Russen, Türken, Griechen, Persern, Armeniern, Aserbeidschanern, Chewsuren, Osseten, Tataren und Kurden.

In diesem Schmelzkessel der Kulturen beobachtete Gurdjieff viele merkwürdige Dinge, für die sein Vater Iwan in den meisten Fällen zweifellos eine befriedigende Erklärung liefern konnte. Gurdjieffs Vater war zwar ein armer Mann, aber er besaß ein reiches Wissen über das örtliche Brauchtum. Doch nicht einmal Iwan wußte hinreichend Bescheid über die Wahrsager, die Gurdjieff begegneten und tatsächlich in der Lage zu sein schienen, die Zukunft vorherzusehen. Ebensowenig konnte Iwan etwas über die Séance sagen, deren Zeuge Gurdjieff wurde und in der angeblich die tote Schwester des Jungen erschienen war.

Schon früh machte es Gurdjieff ungeduldig, daß er solche seltsamen Phänomene nicht verstand. Er glaubte, daß sie mit bestimmten geheimen Kenntnissen zu tun hätten, und wandte sich der Religion zu in der Hoffnung, das Geheimnis zu entdecken. Sein Vater verabredete in der Zwischenzeit ohne sein Wissen mit einem Lehrer am Ort, daß dieser Gurdjieff auf ein Leben als Arzt und griechisch-orthodoxer Priester vorbereiten sollte.

Gurdjieffs zweite große Leidenschaft während seiner Jugend waren die zahlreichen technischen Erfindungen, die langsam von Europa in den fernen Kaukasus vordrangen. Haushaltsgeräte, technisches Werkzeug und zu guter Letzt Automobile beflügelten seine Phantasie. Später in seinem

TO KNOW-TO UNDERSTAND-TO BE
The Science
of the Harmonious Development of Man
according to the method
of
G.I. GURDJIEFF.

Ein Enneagramm – wie Gurdjieff dieses Neuneck nannte (griech. „ennea" bedeutet „neun") – schmückt das mit Symbolen befrachtete Programm (links) für sein „Institut für die harmonische Entwicklung des Menschen". Das Enneagramm war für Gurdjieff ein äußerst wichtiges Emblem: Es verkörpere die Prinzipien der spirituellen Wiedergeburt. Seine Anhänger benutzten die Figur auch als eine Art Arbeitsflußdiagramm, da es ihnen zufolge die Arbeitsroutine in Situationen des täglichen Lebens darstellte.

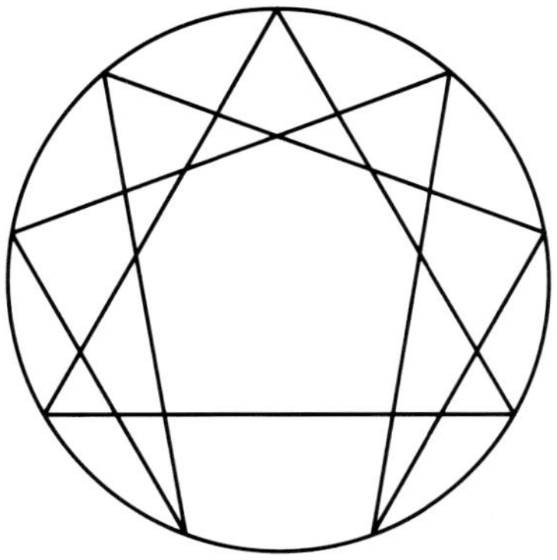

Leben kritisierte er solche kulturellen Beiträge Westeuropas scharf, aber er verlor nie seine Liebe zu Maschinen.

Im Alter von etwa 20 Jahren, möglicherweise zur gleichen Zeit, als er die Idee verwarf, Priester zu werden, fand Gurdjieff eine Möglichkeit, um seine Hauptinteressen zu verbinden. Er begann, von Stadt zu Stadt zu ziehen, besuchte Klöster, Moscheen und Tempel und befragte die dort ansässigen heiligen Männer der verschiedenen Religionen. Während seiner Suche nach geheimem Wissen verdiente er sich – ausgerüstet mit einer mobilen Werkstatt – seinen Lebensunterhalt als fahrender Handwerker.

Volle 20 Jahre spürte Gurdjieff in Zentralasien, Nordafrika und Osteuropa dem nach, von dem er die Hoffnung hegte, es könne die lebendige Quelle spiritueller Weisheit sein. Seine Suche hatte zeitweise einen fast verzweifelten Charakter. Er war von seinen Lehrern schnell ernüchtert und verschwand dann meist ziemlich rasch, um der nächsten vielversprechenden Fährte zu folgen. Einmal teilte er die entbehrungsreiche Existenz christlicher Mönche, ein andermal ließ er sich als Derwisch unterweisen; er pilgerte nach Mekka, studierte bei Sufi-, Hindu- und buddhistischen Meistern und schloß sich nacheinander zahlreichen okkulten westlichen Bruderschaften an. Einfallsreich schlug er sich durchs Leben. Wenn er mit Reparaturen kein Geld verdienen konnte, handelte er mit Teppichen, Lebensmitteln oder Kleidern. Es gibt Grund zu der Annahme, daß er an kleineren Diebereien beteiligt war und mindestens einmal als Spion im Dienste Rußlands arbeitete. Einer seiner Biographen glaubt, daß Gurdjieff während einer kritischen Phase direkt nach der Jahrhundertwende vielleicht der wichtigste russische Agent in Tibet gewesen sei. Damals hatte der Dalai-Lama das zaristische Rußland um Hilfe gebeten gegen die Versuche Chinas und Großbritanniens, das Königreich in Zentralasien unter ihre Kontrolle zu bringen.

Gurdjieff berichtete später, daß er während dieser Zeit die Neigung hatte, sich im Dunstkreis von Revolutionen und Bürgerkriegen zu bewegen. Er behauptete, daß er lediglich habe herausfinden wollen, wie man dem merkwürdigen Phänomen begegnen könne, daß Menschen in Zeiten sozialen Aufruhrs in eine Art von Massenhypnose verfallen. Ob Gurdjieffs Motive tatsächlich rein altruistischer Natur waren, sei dahingestellt, aber sicherlich stimmt es, daß sein besonderes Interesse der Hypnose galt. Auf jeden Fall brachte er sich in Gefahr und zahlte auch seinen Preis dafür: Bei drei verschiedenen Gelegenheiten erlitt er ernsthafte Verletzungen durch Gewehrkugeln.

Während er sich von der letzten dieser Verwundungen erholte – es war 1904, eine Zeit politischer Unruhe im Kaukasus –, entschied Gurdjieff, die Jahre des Suchens nunmehr zu beenden. Denn als er die Ergebnisse seiner langen Suche abwägend bewertete, kam ihm, einer Erleuchtung gleich, plötzlich zu Bewußtsein, daß er die gleichen Möglichkeiten in sich trug, die Gott zur Verfügung standen. „Der Unterschied zwischen Ihm und mir", schrieb Gurdjieff, „kann nur in der Größenordnung liegen." Angesichts dieser Erkenntnis bemächtigte sich seiner das unbeschreibliche Gefühl, als sei er „wiedergeboren" worden, und er beschloß, die Menschen eine erleuchtetere Weise des Lebens zu lehren.

Gurdjieff trug seine Botschaft zunächst nach Rußland. Um 1915 zog er einen kleinen Kreis von Schülern in St. Petersburg und Moskau in seinen Bann. Er beschrieb in seiner Lehre ausführlich das chaotische Durcheinander, das die menschliche Natur mehr und mehr charakterisierte, und benutzte die Metapher eines zweistöckigen Hauses, um den Mißbrauch des menschlichen Potentials zu veranschaulichen. Im Erdgeschoß – so lehrte er – lägen bei jedem Menschen die Zentren für drei wichtige körperliche Funktionen: Motorik, Instinkt und Sexualität. In der ersten Etage befinde sich das Gefühlszentrum, während das oberste Stockwerk die Fähigkeit der Intelligenz beherberge. Nach Gurdjieffs Anschauung bestand die Welt aus drei Typen von Menschen, die jeweils von einem bestimmten „Stockwerk" des Hauses dominiert wurden, während die beiden anderen keine große Rolle spielten. Der Durchschnittsmensch, so glaubte er, war sich nur in geringem Maße der Fähigkeiten bewußt, die im ersten und zweiten Stock schlummerten.

Darüber hinaus vertrat Gurdjieff die Ansicht, daß die Persönlichkeit in zwei Zuständen existiere: im Schlaf und im normalen Wachzustand, der hingegen selbst nur eine Art von Schlummer sei, da er die meisten Menschen dazu bringe, ihr eigentliches Wesen oder ihren wahren Wert aus den Augen zu verlieren. Gurdjieff propagierte daher, daß die Menschen einen höheren Bewußtseinszustand anstreben müßten, den er Selbstbewußtsein nannte. Damit war ein wirkliches Verständnis der eigenen Identität gemeint. Hinter

In den 20er Jahren hatte Gurdjieff sein Hauptquartier in Le Prieuré (oben), einer ehemaligen Residenz der Marquise de Maintenon, der Gemahlin Ludwigs XIV. In einem Studiertrakt spiegelte das exotische Dekor (kleines Bild) östliche Einflüsse auf Gurdjieffs Denken wider.

diesem Selbstbewußtsein lag ein noch höher entwickelter Zustand des Bewußtseins, das „objektive Bewußtsein". War der Mensch auf dieser Bewußtseinsebene angelangt, konnte er hoffen, ein wirkliches Verständnis Gottes und des Absoluten zu erreichen. Allerdings nur wenige Menschen gelangten überhaupt zu der Erkenntnis, so behauptete Gurdjieff, daß es notwendig sei, sich über den normalen Wachzustand zu erheben, und die meisten derjenigen, die diese Notwendigkeit erkannt hätten, täten sich überaus schwer, fortgeschrittene Bewußtseinszustände ohne einen Lehrer zu erreichen, der auf dem Pfad der spirituellen Entwicklung bereits weiter vorangeschritten war.

Gurdjieff nannte seinen russischen Schülern drei traditionelle Wege zu einer solchen Entwicklung, die er in den Religionen der Welt kennengelernt hatte: Der Hindu-Fakir leugnete seine physischen Bedürfnisse oder fügte sich permanent Schmerz zu, um einen unbeugsamen Willen zu entwickeln, aber er war im Erdgeschoß des metaphorischen Gurdjieffschen Hauses ganz und gar isoliert. Der christliche Mönch gehörte zu den Bewohnern des ersten Stocks. Er erreichte eine Form der Selbstbeherrschung, indem er seine emotionalen Bedürfnisse durch völlige Hingabe und seinen tiefen Glauben transzendierte. Aber auch er versäumte es, den anderen beiden Wegen der Erfüllung zu folgen. Der Yogi gelangte zu einem tiefen Verständnis, indem er seine intellektuellen Fähigkeiten ausbildete. Doch seine innere Einstellung blieb blutleer, weil er seine emotionalen Kräfte nicht entwickelte. Gurdjieff lehrte einen Weg, den er als „Werk" bezeichnete. Dieser Weg bestand aus einer körperlichen, emotionalen und intellektuellen Schulung und enthielt viele Aspekte der östlichen Mystik, die im Hinblick auf westliche Schüler modifiziert waren.

Gurdjieffs Lehrtätigkeit in Moskau und St. Petersburg wurde durch den Ersten Weltkrieg und den Aufruhr der Russischen Revolution ein Ende gesetzt. 1917 floh er mit einer kleinen Gruppe Anhänger über Tiflis und Konstantinopel nach Berlin und ließ sich nach mehreren Flüchtlingsjahren schließlich in Frankreich nieder. In einem Schloß im Wald von Fontainebleau richtete er ein „Institut für die harmonische Entwicklung des Menschen" ein, und sehr bald schon scharte sich eine treue Gefolgschaft von Schriftstellern und Intellektuellen um ihn.

Während Gurdjieffs Zeit in Fontainebleau konzentrierte sich das „Werk" immer stärker darauf, die Schüler zum Handeln statt zum Analysieren anzuhalten. Eine von Gurdjieffs Lieblingsmaximen lautete: „Das Höchste, was ein Mensch erreichen kann, ist die Fähigkeit zu handeln." Der rituelle Tanz wurde zu einem bevorzugten Gestaltungsprinzip bei der Schulung seiner Anhänger. Der Theorie nach dienten die Tänze dazu, die Zentren der Motorik und des Instinkts im „Erdgeschoß" in ihren eingefahrenen Mustern zu erschüttern. Die Schulung beinhaltete auch einen ziemlich unangenehmen Prozeß der Selbstbeobachtung, den Gurdjieff vorantrieb, indem er sich mit schonungsloser Offenheit als Kritiker des Egos und der Persönlichkeit betätigte. Kein Augenblick des Tages wurde vertan, sondern als Zeitraum genutzt, um sich spirituell einzustimmen und um Bewußtheit über sich zu gewinnen.

Zu Gurdjieffs Gefolgschaft in einigen Phasen seines Werdegangs, besonders in den ersten Jahren in Frankreich, zählten einige sehr einflußreiche Leute. Die Schriftstellerin Katherine Mansfield gehörte zu seinen Schülern ebenso wie J. B. Priestley und der amerikanische Architekt Frank Lloyd Wright. Aber Gurdjieff hatte die ziemlich verstörende Gewohnheit, seine Anhänger zum Schweigen zu verpflichten, und sie hielten sich in den meisten Fällen an das Versprechen. Nur höchst selten missionierte einer von ihnen mit seinen Überzeugungen oder ließ zu, daß sie bekannt wurden. Die Folge solcher Verschwiegenheit war, daß Gurdjieffs Einfluß zum Zeitpunkt seines Todes auf vielleicht nicht mehr als einige hundert Leute beschränkt blieb. Um so erstaunlicher ist es, daß seine Anhängerschaft heute in die Zehntausende geht.

Mitte der 30er Jahre hat sich Gurdjieff allem Anschein nach sehr stürmisch von den meisten seiner langjährigen Schüler getrennt. Während der Zeit des Zweiten Weltkriegs verschwand er, und als er in den Jahren kurz vor seinem Tod im Jahre 1949 wieder auftauchte, konnte er das Ergebnis jahrelanger schriftstellerischer Arbeit vorweisen. Er hatte seine Gedanken und Erinnerungen zu Papier gebracht und zehn komplette Bände damit gefüllt. Sie haben neue Generationen inspiriert, das Werk Gurdjieffs fortzuführen.

Rudolf Steiner, der Begründer der Anthroposophie, wurde 1861 in Kraljevec (damals Ungarn, heute Jugoslawien) geboren. Beide Eltern waren gebürtige Österreicher, und der Vater – Telegraphist bei einer Eisenbahngesellschaft – zog noch vor dem zweiten Geburtstag des Sohnes mit der Familie zurück in das Heimatland. Als Rudolf sieben Jahre alt war, wurde sein Vater als Stationsvorsteher nach Neudörfl in Ungarn versetzt. Hier stellte der Junge bestürzt fest, daß Österreicher diskriminiert wurden. Um sich gegen die Feindseligkeiten zu wappnen, zog er sich ganz in sich selbst zurück. Nach seiner eigenen Aussage war er sich bereits als kleines Kind einer unsichtbaren Welt bewußt, die er später das Reich des Geistes nannte. Als Erwachsener beschrieb er eine Reihe von ungewöhnlichen Erfahrungen, die er bereits vor dem zehnten Lebensjahr gemacht hatte: Einmal sei ihm eine Frau erschienen, die kläglich um Hilfe rief. Ohne nachzudenken, wußte er, daß sie die physische Welt gerade erst verlassen hatte. Später stellte sich heraus, daß an dem Tag, als er von dieser Erscheinung heimgesucht wurde, eine Verwandte Selbstmord begangen hatte.

Als die britische Autorin Katherine Mansfield 1922 nach Le Prieuré kam, war sie bereits an Tuberkulose erkrankt. Ihr Tod drei Monate später im Alter von 34 Jahren gab Anlaß zu unbewiesenen Gerüchten, die dem Ruf des Instituts ernsthaft schadeten.

Rudolf Steiner (links), ein vielseitig interessierter Mann, wandte seine anthroposophischen Einsichten auf so unterschiedlichen Gebieten wie Metallurgie, Bienenzucht und Landwirtschaft an. Zu den seltsamen, aber offenbar wirksamen Düngemitteln, die er entwickelte, gehörte eines aus Schafgarbenblüten. Es wurde in eine Bullenblase gefüllt und mehrere Monate vergraben.

Die körperlosen Wesen, die Steiner überall spürte, schienen ihm manchmal realer als die Wirklichkeit. Er bemerkte allerdings, daß die meisten Menschen seine Wahrnehmungen nicht teilten, und beschloß, über seine Erlebnisse zu schweigen. Wenn er auch äußerlich umgänglich wirkte, so war er dennoch ein einsames Kind. In seiner freien Zeit vergrub er sich und grübelte über kleinste Details seiner Umgebung nach. Beispielsweise faszinierten ihn Schreibutensilien, und er fand Freude an Materialien wie Sand, mit dem man frische Tinte auf dem Papier löschen konnte. Daraus folgte allerdings nicht, daß ihm das Schreiben selbst Spaß machte. Tatsächlich lernte er lesen und schreiben sehr langsam, eine Erfahrung, die bei ihm tiefen Eindruck hinterließ und später einen Nachhall in seinen Erziehungstheorien fand.

Wenn er Wörter auch nur langsam begriff, so galt dies nicht für Zahlen. Steiner erinnerte sich, daß er zum erstenmal glücklich war, als er sich mit Geometrie beschäftigte. Lehrsätze über den Verlauf von Parallelen und über die Winkel von gleichschenkligen Dreiecken boten Stoff für Stunden von Staunen und Spekulation. Besondere Freude bereitete dem Jungen das Gefühl, daß die vorgestellten Rechtecke, Rhomben und Kreise, mit denen er in seinen Übungen arbeitete, ebenso wirklich und nützlich waren wie diejenigen, die er in der physischen Welt entdeckte. Er sah dies als Bestätigung seines geheimen inneren Lebens. Mit großer Erleichterung nahm er zur Kenntnis, daß es mindestens ein Wissensgebiet gab – die Geometrie –, in dem sowohl das Sichtbare wie auch das Nicht-Sichtbare Bedeutung und Wirklichkeit besaßen.

Steiner besuchte die Realschule in Wiener-Neustadt und studierte dann später auf Drängen seines Vaters Ingenieurwissenschaften. Die Lehrer an der Schule waren von den Fähigkeiten des Jungen beeindruckt und trugen Sorge, daß der Schwerpunkt seines Unterrichts auf den Naturwissenschaften lag. In seiner Freizeit allerdings begann Rudolf, philosophische Werke zu lesen. Mit 14 Jahren kaufte er sich eine Ausgabe von Immanuel Kants *Kritik der reinen Vernunft* und vertiefte sich immer wieder aufs neue in den

Vier Wandsiegel, die Rudolf Steiner für die Versammlungen der „Anthroposophischen Gesellschaft" in Auftrag gab, zeigen seine rätselhaften, aber hoffnungsvollen Visionen von der Zukunft der Menschheit. Oben benutzt eine weiß gewandete Figur mentale Energie, um ein Schwert zu manifestieren. Diese Leistung steht für eine der vielen Kräfte, die nach Steiners Überzeugung die Menschheit eines Tages erlangen werde. Links besiegt eine Frau, die mit der Sonne eins geworden ist, das Böse im Menschen, symbolisiert durch ein siebenköpfiges Ungeheuer und die Mondsichel. Auf dem nächsten Siegel (unten) macht sich eine Engelsgestalt das Böse für den Dienst des Guten untertan. Rechts erscheint die verwandelte Menschheit als ätherische Wolke, die das Buch der Erkenntnis umhüllt und ihrerseits von einem Regenbogen, Steiners Metapher für die schöpferische Kraft, umgeben ist.

schwierigen Text. Er war sich sicher, daß das Buch ihm etwas sehr Bedeutsames zu sagen hatte, war aber schließlich enttäuscht. In der Abhandlung, einem der Hauptwerke Kants, führt der Verfasser aus, daß alle Erkenntnis bedingt sei durch die reine sinnliche Anschauung. Steiner hielt diese These für falsch. Keine philosophische Abhandlung, wie stichhaltig sie auch argumentieren mochte, konnte ihn veranlassen, seine hellsichtigen Wahrnehmungen zu negieren. Als Reaktion – und aus Rebellion – entschied er sich für ein lebenslanges Gelehrtendasein.

Mit dem Optimismus der Jugend faßte Steiner den Entschluß, sich umfassendes Wissen anzueignen über alle großen philosophischen und wissenschaftlichen Ideen seiner Zeit. Er versetzte sich in das Denken Nietzsches und Georg Wilhelm Friedrich Hegels. Er dachte über die Ansichten Karl Marx' nach und stieß sich am Positivismus Auguste Comtes, der die Existenz einer Welt jenseits des sinnlich Wahrnehmbaren leugnete. An der Wiener Technischen Hochschule befaßte er sich methodisch mit dem Darwinismus und den wissenschaftlichen Theorien des ausgehenden 19. Jahrhunderts. Steiner wußte, daß er, wollte er jemals seine Ansichten über die spirituellen Fähigkeiten der Menschheit veröffentlichen, nur überzeugen konnte, wenn er eine weitreichende Kenntnis der jüngsten Lehren besaß. Im Mittelpunkt seines offiziellen Stundenplans standen Mathematik, Chemie und Physik, aber er verbrachte ebensoviel Zeit damit, sich in moderner Philosophie zu bilden. Er las die Werke von Johann Gottlieb Fichte, Friedrich Schelling, Johann Friedrich Herbart, Ernst Haeckel und vielen anderen Denkern. Doch sie befriedigten ihn meist nicht. Er hoffte, mindestens einen zeitgenössischen Philosophen zu finden, der die spirituelle Welt als Wirklichkeit anerkannte.

Die erste Bestätigung erfuhr der junge Steiner unerwartet und von ganz anderer Seite. Im Zug, mit dem er jede

Farbige Pforten zu einer geistigen Welt

In den meisten Kulturen haben Farben eine bestimmte Bedeutung. Im Westen assoziieren viele Menschen Rot mit Ärger und Grün mit Leben. Aber für Rudolf Steiner hatten Farben einen weitaus tieferen Sinn. Er sah in ihnen eines der wenigen Medien der Vermittlung zwischen physischer und geistiger Welt.

Aufgrund seiner Hellsichtigkeit nahm Steiner in jeder Farbe eine unterschiedliche geistige Bedeutung wahr. Ein pfirsichblütenfarbener Ton aus der Rot-Skala war für ihn das „lebendige Abbild der Seele", weil er im Astralkörper von Menschen, Tieren und Pflanzen sichtbar wurde. Grün, die Komplementärfarbe, stelle Leben ohne Geist dar.

Die spirituelle Bedeutung der Farben beeinflußte Steiners Pläne für jedes und alles, angefangen bei der Gestaltung von Klassenzimmern bis zur Auswahl von Theaterkostümen. Sie führte ihn auch zu einer Maltheorie, die er für seine eigenen Werken *(rechts)* anwandte. Steiner war der Ansicht, daß Bilder „aus der Farbe", nicht aus der Form heraus entwickelt werden sollten. Harte Linien seien nicht notwendig. Farblasuren schafften fließende Übergänge, aus denen sich dann Formen und Grenzen ergeben. Da viel von der richtigen Farbnuance abhing, empfahl Steiner den Künstlern, ihre Farben aus Pflanzen herzustellen. Solche Farben sind auch heute noch wegen ihrer ungewöhnlichen Brillanz beliebt.

Ein verwaschenes Wasserblau umgibt die einzelnen Teile einer Pflanze in Steiners „Urpflanze", die am Rand eines seiner Manuskripte über den Tanz gefunden wurde.

Woche nach Wien fuhr, kam er mit einem derben Burschen vom Lande, einem Felix Koguski, ins Gespräch. Dieser Mann verdiente sein Geld, indem er Heilkräuter, die er selbst sammelte, an Wiener Apotheken verkaufte. Er sprach offen über seine Vertrautheit mit Geistern, ein Phänomen, das er seinem engen Kontakt mit Pflanzen zuschrieb. Koguski tröstete Steiner mit der Versicherung, daß auch er erfolglos versucht habe, das in Büchern zu finden, „was er bereits wußte". Der junge Student und der alte Naturbursche schlossen eine dauerhafte Freundschaft.

Nachdem Steiner schließlich im Gespräch ein Ventil für das gefunden hatte, was ihn beschäftigte, machte er seine nächsten Fortschritte durch seine Studien. Er entdeckte das Werk Johann Wolfgang von Goethes und war sicher, in Goethe einen ihm Gleichgesinnten gefunden zu haben. Zum einen zeigte der Dichter das gleiche leidenschaftliche Interesse für die Wissenschaft und hatte Studien über Anatomie, Botanik und Optik verfaßt, aber er schien auch ein Ohr für die Stimmen der Natur zu haben und ließ sie durch seine Gedichte sprechen. Steiner nahm sich dabei Goethe zum Vorbild – einen Dichter und Denker von großer Ausdruckskraft, der die Erkenntnisse der Wissenschaft mit denen der Seele in Einklang brachte.

Noch als Student wurde Steiner von einem Verlag mit der Herausgabe von Goethes naturwissenschaftlichen Schriften beauftragt. Zu etwa der gleichen Zeit begann er – um etwas Geld zu verdienen – Kindern Nachhilfeunterricht zu geben. Im Laufe dieser Arbeit lernte er den gestörten Knaben Otto kennen. Heute würde man dessen Krankheit als Autismus bezeichnen; er war unfähig, Kontakt zu seiner Umgebung aufzunehmen und schien auch geistig zurückgeblieben zu sein. Nachdem Steiner mit Otto eine kurze Zeit gearbeitet hatte, bat er dessen Eltern um die Erlaubnis, den Unterricht des Kindes persönlich übernehmen zu dürfen.

Der rot-gelbe Luzifer, Geist des Lichts, schaut in dieser Pastellzeichnung Steiners von 1923 über eine grüne Leere hinüber zu Ahriman, dem Geist der Finsternis und des Bösen.

Während einer zweitägigen Vorlesung über die Parallelen zwischen dem menschlichen Körper und dem Kosmos skizzierte Steiner die Verbindung des Menschen mit den Planeten.

Die Eltern stimmten zu, und Steiner entwickelte neue Lehrtechniken, die an Ottos speziellen Bedürfnissen ausgerichtet waren. Seine Experimente hatten Erfolg: Innerhalb von zwei Jahren gelang ihm eine dramatische Verbesserung im Verhalten des Jungen. Otto schloß später ein Medizinstudium ab und praktizierte dann als Arzt. Was Steiner aus dieser Erfahrung lernte, ging ein in seine Erziehungstheorien.

Im Alter von 25 Jahren publizierte Steiner ein Buch über die Goethesche Philosophie, und fünf Jahre später verfaßte er seine Doktorarbeit, die einen Angriff auf Kants Erkenntnistheorie enthielt. Aufgrund dieser Publikationen wurde ihm eine Stellung am Goethe-und-Schiller-Archiv in Weimar angeboten. Während der sieben Jahre, die er in Goethes Heimatstadt verbrachte, war er sehr erfolgreich und untermauerte seinen Ruf als schöpferischer Gelehrter. Steiner hielt Vorlesungen über die unterschiedlichsten wissenschaftlicher Themen und veröffentlichte eine Reihe von Büchern über deutsche Denker wie Friedrich Nietzsche, Arthur Schopenhauer und Jean Paul. Sein ganzes Leben lang blieb er ein sehr produktiver Autor: Steiner publizierte insgesamt über 60 Bücher und hielt mehr als 6000 Vorträge.

Während seiner Weimarer Zeit unternahm er die ersten zögerlichen Schritte, um die Grenzen der akademischen Konvention zu sprengen. In seiner *Philosophie der Freiheit*, erschienen 1894, führte er aus, daß die Menschheit über die physische Welt hinausgehende Erkenntnis erwerben könne. Diese Auffassung, die Steiner noch in weiteren Werken über Nietzsche und Goethe wiederholte, stand in so eklatantem Gegensatz zu den Hauptströmungen der deutschen Philosophie, daß die akademische Welt sie einfach ignorierte.

1897 wurde Steiner Herausgeber einer wissenschaftlichen Publikation mit dem Titel *Magazin für Litteratur* und zog nach Berlin. Die drei folgenden Jahre waren schwierig. Er war von finanziellen Sorgen und persönlichen Zweifeln geplagt. Es machte ihm sehr zu schaffen, daß keine seiner wissenschaftlichen Leistungen, die ihm etwas bedeuteten, Beachtung gefunden hatte, und daß er trotz allem nicht in der Lage war, Interesse für seine Bewertung des Übernatürlichen zu wecken. Bedrückt vertiefte er sich in das Studium der Religionen und konzentrierte sich bald auf das Christentum, wobei er eine sehr persönliche Sicht der Rolle Christi in der Geschichte entwickelte.

Steiner war der Überzeugung, daß die Menschheit einst durch eine Zeit hindurchgegangen war, in der alle Menschen so hellsichtig wie er gewesen waren und Einblick in das geistige Reich hatten. Als die Menschheit aber ein tieferes Verständnis von der physischen Welt erlangte, verlagerte sich ihr Interesse immer stärker auf diese Welt, wodurch ihre Hellsichtigkeit verlorenging. Das Wissen um die geistige Welt war fast verschwunden und wurde nur durch die Bemühungen von sogenannten Mysterien-Zentren

Von Steiner entworfen und erbaut, spiegelt das von einer Kuppel gekrönte Goetheanum (links) die Hügellandschaft der Umgebung wider. In dem Holzbau, der nach Johann Wolfgang von Goethe benannt wurde, waren ein Vortrags- und Theatersaal mit 900 Sitzplätzen und eine Bühne für die Aufführungen von Steiners Mysterien-Dramen untergebracht. 1920 eröffnet, wurde er Silvester 1922 durch Brandstiftung zerstört.

Rudolf Steiners gewaltiges zweites Goetheanum (unten) steht wie eine Festung auf dem Platz des abgebrannten ersten Gebäudes. Steiner starb 1925, einige Jahre vor der endgültigen Fertigstellung des Bauwerks (1928/29), das als Zentrum für anthroposophische Veranstaltungen und Tagungen über sein Werk dient.

aufrechterhalten. Dabei handelte es sich um über die ganze Welt verstreute heilige Orte, wo Generationen von Initiierten die alte spirituelle Weisheit studiert hatten.

Christus hatte Steiner zufolge eine wichtige Rolle in diesem Prozeß gespielt, weil er Menschen mit spirituellem Bewußtsein lehrte, über die bloße Erhaltung des Wissens hinauszugehen und aktiv nach vollkommener Freiheit und perfekter Liebe zu suchen.

Steiner empfand, daß er sogar in Augenblicken tiefster Verzweiflung die Kraft besaß, diese Suche aufzunehmen, wenn er über die Botschaft Christi nachdachte. Zunehmend erkannte er im Kommen Christi das zentrale Ereignis in der kosmischen Evolution der Erde. Das Geheimnis des Lebens Christi, davon war er überzeugt, sollte die Menschen befähigen, sich als individuelle, von der materiellen Welt unabhängige Existenzen zu begreifen.

Nach 1900 war Steiner ein veränderter Mann. Er fühlte sich immer freier, die Themen anzusprechen, die ihm am Herzen lagen, und hielt nun Vorträge über Goethes Märchen und die mystischen Praktiken im mittelalterlichen Europa. Er beschäftigte sich gründlich mit den östlichen Religionen und versuchte sie mit der Weisheit der christlichen Evangelien zu verbinden. Zu seiner eigenen Überraschung fand er ein aufnahmebereites Publikum für seine Vortragsthemen. Diese neue Empfänglichkeit war vor allem dem Einfluß Helena Blavatskys zu verdanken, einer extravaganten Russin, die zugleich Medium und Mystikerin war. Madame Blavatsky hatte die „Theosophische Gesellschaft" gegründet, um das Studium der östlichen Religionen und des Okkulten zu fördern. Das Interesse an ihrer Arbeit verbreitete sich rasch.

Steiners unkonventionelle Ansichten über Christus ließen sich nicht ohne weiteres mit denen der Theosophen in Einklang bringen, da diese Jesus nur als einen von vielen Göttern betrachteten, die Mensch geworden waren, um die Menschheit zu belehren. Gleichwohl bat die Organisation Steiner, einen deutschen Zweig ihrer Bewegung ins Leben zu rufen. Er akzeptierte den Wunsch und bezeichnete daher seine „Geistesschau" mehr als ein Jahrzehnt lang als „theosophisch".

Insgesamt elf Jahre dauerte seine Zugehörigkeit zur „Theosophischen Gesellschaft" und verbreitete Steiners Bekanntheit über die engen Grenzen deutscher Akademikerkreise hinaus. Als sein Stern am Himmel der theosophischen Sucher und Freidenker aufging, sank er ebenso rasch an den Universitäten und in den intellektuellen Zirkeln, in denen sich Steiner sein Ansehen erworben hatte. In diesem Umfeld herrschte nur wenig Toleranz für Diskussionen über Mystizismus oder übersinnliche Phänomene.

Doch für Steiner gab es kein Zurück. 1909 veröffentlichte er *Die Geheimwissenschaft im Umriß*, ein Werk, das die detaillierte Kosmologie und historische Sichtweise skizziert, die er in seinen schwierigen ersten Jahren in Berlin auszuarbeiten begonnen hatte. Hier formuliert er die These, daß die Menschheit sich entschieden habe, die einst unmittelbare Verbindung mit dem Reich des Geistigen vor sich selbst zu verbergen. Die westliche Gesellschaft habe sich dabei so verhärtet, daß diejenigen, die ihr spirituelles Bewußtsein wiederzugewinnen bestrebt waren, mit größten Schwierigkeiten zu kämpfen hätten. Die Herausforderung,

Von Antoni Gaudí (rechts) stammt der verspielte Springbrunnen in Eidechsenform (unten). Er ist ein Detail des Parks Güell in Barcelona, der nach Gaudís Mäzen Eusebi Güell benannt wurde. Die Häuser der geplanten Wohnanlage sollten auf dreieckigen Parzellen an einem steilen Hang stehen, mit Blick über die Stadt und das Meer. Das dominante Motiv im Park Güell sind die Mosaiken aus Kacheln und buntem Glas. Sie schmücken Treppen, Plätze, Bänke und zwei reich verzierte Verwaltungsgebäude.

Impulse eines Architekturgenies

Nach Ansicht des spanischen Architekten Antoni Gaudí ist die Natur die Architektur Gottes. Folglich sollten Gebäude von Menschenhand die natürlichen Formen imitieren. Diese Logik führte Gaudí dazu, einen organischen Baustil zu entwickeln, der urbanen Anlagen den Charakter eines ländlichen Utopia gab.

In Barcelona, das um die Jahrhundertwende mit den Auswirkungen des sehr raschen industriellen Wachstums zu kämpfen hatte, bot sich eine Möglichkeit der Erneuerung: Gaudís sanft gekrümmte Wände und leicht geschwungene Dächer humanisierten neue Stadtviertel und belebten alte neu. Seine Projekte umfaßten ganz Wohnanlagen und Brücken ebenso wie kleinere Gebäude. Ein Bauvorhaben nahm die letzten 42 Jahre seines Lebens voll in Anspruch – die Kirche der Sagrada Familia, der Heiligen Familie.

Die Sagrada Familia, die rechts in halbfertigem Zustand zu sehen ist, sollte eine der größten europäischen Kathedralen werden. Gaudí ließ seine naturalistisch-mystischen Vorstellungen mit in das Bauwerk einfließen: Streben und Türme gehen ineinander über, als seien sie demselben Samenkorn entsprossen; in Stein gemeißelte Schildkröten und Schnecken ersetzten konventionelle Wasserspeier; Ecktürme ähnelten Bäumen.

Im Verlaufe der Bauarbeiten wuchs Gaudís Demut, was ihn schließlich dazu bewog, ein Leben in Armut zu führen. Diese fromme Entscheidung hat möglicherweise seinen Tod beschleunigt. Als er 1926 in Barcelona von einer Straßenbahn erfaßt wurde, hielt man den ärmlich gekleideten 74jährigen für einen Landstreicher. Drei Tage später starb er.

Sein einzigartiges architektonisches Vermächtnis zählt heute zu den frühesten und erfolgreichsten Versuchen, der modernen Stadt wieder menschliche Züge zu verleihen.

Nicht eine gerade Linie läßt sich in dem Mauerwerk dieser Eingangspforte finden, die Gaudí 1902 für ein Privathaus in Barcelona entworfen hat.

Anthroposophen in fließenden Gewändern führen eine Szene aus „Der Seelen Erwachen" auf, einem der Mysterien-Dramen Rudolf Steiners von 1912. Die Dramen, die den Weg einer Gruppe durch verschiedene Inkarnationen hindurch in die geistige Welt aufzeigen, enthalten nach Steiners Aussagen jeden bedeutenden Aspekt seiner Lehre in konzentrierter Form.

so Steiner, bestehe darin, die Tendenz umzukehren und ein spirituelles Erwachen für alle möglich zu machen.

Steiner trennte sich 1913 von der „Theosophischen Gesellschaft" – als die Nachfolgerin von Madame Blavatsky, die Engländerin Annie Besant, behauptete, daß Christus sich in einem Hinduknaben wiederverkörpert habe – und kündigte an, eine „Anthroposophische Gesellschaft" zu gründen. Viele deutsche Theosophen folgten ihm, und von diesem Tag an erfreute sich Steiner der emotionalen und finanziellen Unterstützung eines wachsenden Schülerkreises.

In der Folgezeit begann er seinen Einfluß auch auf vielen anderen Gebieten geltend zu machen. So erneuerte er sein altes Interesse an Malerei und Bildhauerei in der Überzeugung, daß er diesen Künsten zu einer freieren und ausdrucksstärkeren Gestaltung verhelfen könne. Wie Gurdjieff entwickelte er seine eigene besondere Form des spirituellen Tanzes, die er Eurythmie nannte. Dabei handelt es sich um eine Abfolge von fließenden Bewegungen, die nach den Rhythmen von gesprochenem Wort und Musik ausgeführt werden. Ab 1910 schuf Steiner auch eine Reihe dramatischer Interpretationen seiner kosmologischen Lehre.

Diese Mysterien-Dramen, wie er sie nannte, ließen seine Ideen über Reinkarnation und die Wechselbeziehung zwischen Menschen und Geistwesen lebendig werden. Als die Bühnenaufführungen professioneller wurden, erkannte Steiner den Nutzen eines Theaters, das der Stimmung und der Botschaft seiner Dramen architektonisch entspräche. Da er keine Einrichtung fand, die einen solchen Rahmen bot, übernahm er es selbst, ein Gebäude zu konzipieren.

Das Goetheanum, dessen Bau 1920 in Dornach in der Nähe von Basel vollendet wurde, zeichnet sich durch ein ungewöhnliches architektonisches Merkmal aus: Doppelkuppeln geben einem einzigen Raum Gestalt. Ein riesiges Kuppeldach wölbt sich über dem großen Saal des Theaters, während eine kleinere Kuppel darunter den Bühnenbereich markiert. Als sich Steiner auf Dauer in Dornach niederläßt, wollen auch andere Mitglieder der „Anthroposophischen Gesellschaft" ihre Häuser neben dem Goetheanum bauen. Steiner verspürte jedoch keinerlei Wunsch, das Oberhaupt einer Sekte zu sein oder selbst nur als solches betrachtet zu werden. Seine Vision der Bewegung, die er ins Leben gerufen hatte, war globaler Natur, und er war der Meinung, daß sich die Werte, für die er eintrat, überall verfolgen ließen, wo seine Anhänger auch leben mochten. Eine Zeitlang widersetzte er sich daher der Idee, eine ständige Gemeinschaft in Dornach zu gründen, doch schließlich gab er dem Drängen seiner Mitstreiter nach. In den Jahren unmittelbar nach dem Ersten Weltkrieg breitete sich die anthroposophische Bewegung in vielen Teilen der Welt aus. Während dieser Zeit wandte Steiner seine Aufmerksamkeit darüber hinaus zwei Projekten zu, der Landwirtschaft und der Erziehung, für die er einige seiner sichtbarsten und bleibendsten Beiträge leistete.

Auf landwirtschaftlichem Gebiet vertrat Steiner die Auffassung, daß der Boden eines Gartens oder eines Bauernhofes ein lebendiger Organismus mit einem eigenen spirituellen Charakter sei. Von dieser Voraussetzung ausgehend, argumentierte er, daß die modernen intensiven Anbaumethoden den Boden erschöpften, da sie ihn seines Geistes beraubten. Er schlug eine „biodynamische" Lösung vor. Viele seiner Anregungen – häufiger Fruchtwechsel, Aussaat bestimmter Pflanzen, die den Stickstoffgehalt des Bodens erhöhen, und reicher Gebrauch von Kompost – sind heute Grundprinzipien einer ökologischen Landwirtschaft.

Steiners pädagogische Vorstellungen erwuchsen aus der Überzeugung, daß die Entwicklung des Intellekts nur einer der Aspekte schulischer Verantwortung sei. Die seelische und emotionale Entfaltung hielt er für ebenso wichtig. Er forderte, daß Kinder nicht vor dem siebten oder achten

Rotgewandete Lichtgeister (unten) sind in einer Szene aus „Der Hüter der Schwelle" (1912) Mittelpunkt des Geschehens. Solche Zwischenspiele aus einer anderen Welt gehören zu den künstlerischen Mitteln Steinerscher Mysterien-Dramen, die Episoden aus dem Alltag mit Tänzen verbinden, um die innere Entwicklung der Hauptcharaktere darzustellen.

Lebensjahr, dem Zeitpunkt des Zahnwechsels, lesen lernen sollten, da dieses körperliche Ereignis einen bedeutsamen seelischen Umschwung signalisiere. In jüngeren Jahren, so Steiner, seien Kinder nur in der Lage zu lernen, indem sie ihre Umwelt imitierten. Daher sollte die frühe Kindheit der Bildung liebevoller und offener Beziehungen vorbehalten sein.

Nach diesem Lebensstadium seien Kinder des phantasievollen Erkennens fähig, so daß in den folgenden sieben Jahren besonders die Naturwissenschaften, Geschichte, Kunst und Musik den geeignetsten Lehrstoff böten. Diese Bereiche sollten nicht als unzusammenhängende Themenkomplexe, sondern als verschiedene Dimensionen eines einzigen menschlichen Bestrebens behandelt werden. Mit dem Einsetzen der Pubertät gewinne der junge Mensch einen Zugang zur Inspiration, und jetzt könne der Lehrer spezifische Teilbereiche der Künste und Wissenschaften vermitteln. Erst um das 21. Lebensjahr herum war ein Schüler nach Steiners Ansicht reif, spirituelle Ziele zu verfolgen. Aus diesem Grunde war die Anthroposophie nie Teil des Steinerschen Lehrplans. Die spirituelle Entwicklung, blieb er beharrlich, könne nur erfolgreich sein, wenn gereifte erwachsene Menschen diese aus eigenem, bewußtem Anliegen erstrebten.

Steiners Erziehungsvorstellungen wurden erstmals auf Wunsch einer Gruppe von Stuttgarter Industriellen, die bessere Schulen suchten für die Kinder ihrer Angestellten, in die Praxis umgesetzt – zunächst bei der Tabakfabrik Waldorf Astoria. Die Waldorf- oder Steiner-Schulen, wie sie von da an hießen, haben sich seitdem besonders in Europa und Nordamerika durchgesetzt. Heute gibt es fast 500 solcher Schulen in der ganzen Welt.

Obwohl Steiner sich schmerzlich der Wirklichkeit des Bösen in der Welt bewußt war, so blieb seine Gesamtsicht doch die eines evolutionären Optimismus. Seiner Überzeugung nach war es das Schicksal der Menschheit, sich auf eine höhere Bewußtseinsstufe zu erheben. In der Zwischenzeit, so dachte er, konnten die Menschen eine Vielzahl positiver Schritte unternehmen, um sich nach und nach ihrer geistigen Natur zu öffnen. In dieser Einschätzung unterschied er sich von Gurdjieff, der die große Mehrheit der Menschen nicht für lernfähig hielt. Beide Männer kamen allerdings zu den gleichen Schlußfolgerungen, was den schmalen Pfad nach Utopia anging: Utopia war nur erreichbar durch die Vervollkommnung des menschlichen Geistes.

Die einsame Mission des visionären Künstlers findet Ausdruck in Wenzel August Habliks Gemälde „Der Pfad des Genies" aus dem Jahre 1918. Während ein einzelner Bergsteiger (oben rechts) – die Arme im Triumph erhoben – als Lohn seiner Mühe den Gipfel erreicht, liegen Aufwärtsstrebende mit weniger Durchhaltevermögen verloren und erschöpft auf Gestein und Felsvorsprüngen. Die Gefahr, mißverstanden oder lächerlich gemacht zu werden, so Hablik, sollte ernsthafte Wahrheitssucher nie abschrecken. „Künstler, die ihre Kunst nicht mit einem Gefühl für das Kosmische und Universelle schaffen", schrieb er, „sind nicht wirklich schöpferisch."

Die Pflicht zur Erneuerung

Zwischen 1910 und 1930 wurde Europa durch Krieg verwüstet und von Wirtschaftskrisen erschüttert. Viele Künstler und Intellektuelle sahen jeden neuen Schock nur als weitere Bestätigung für die Dringlichkeit ihres Appells, vollständig mit der Vergangenheit zu brechen. Schon vor der Jahrhundertwende hatte sich in der europäischen Intelligenzija mehr und mehr die Idee durchgesetzt, daß die bestehenden gesellschaftlichen Institutionen überprüft und in Frage gestellt werden müßten. „Die Pflicht des Künstlers ist es", so schlußfolgerte der russische Schriftsteller Aleksandr Blok, „alles zu erneuern."

Viele Mitglieder der europäischen Avantgarde hatten am Ersten Weltkrieg teilgenommen. Entsetzt von dem Gemetzel und der Zerstörung, deren Zeugen sie geworden waren, schufen sie neue Kunstformen in dem Glauben, daß diese dem Wahnsinn entgegenwirken könnten, der den Ausbruch des Flächenbrandes bewirkt hatte. Einige Künstler setzten ihre Hoffnung auf Veränderung in die revolutionären politischen Bewegungen, durch die das Vorkriegsregime in Rußland hinweggefegt worden war. Andere suchten Zuflucht bei den bewußtseinserweiternden Techniken östlicher Religionen und bezogen Meditation und Yoga in den Prozeß ihres künstlerischen Schaffens mit ein.

In einer Sprache, die so grenzenlos war wie ihre Ziele, nannten sie sich Futuristen, Suprematisten, Konstruktivisten und Expressionisten. Sie sammelten sich in offiziellen Schulen wie dem „Bauhaus" in Weimar oder in lose organisierten Gruppen wie *De Stijl* in den Niederlanden. Auf internationalen Ausstellungen zeigten sie ihre eigenwilligen Visionen, und mit Plakaten und theatralischen Selbstinszenierungen machten sie ihre Ideen einem größeren Publikum bekannt.

Das Titelblatt eines „Bauhaus"-Almanachs von 1920-21 nach einem Entwurf von Oskar Schlemmer verdeutlicht die Vision der Schule – „Utopia" – in einer charakteristischen und unverwechselbaren Typographie.

Trotz der Unterschiede in Sprache, Kultur und Religion war den Avantgardisten dieser Zeit ein fundamentaler Idealismus gemeinsam. Elitäre Auffassungen von Kunst wie *L'art pour l'art* („Kunst um der Kunst willen") wiesen sie zugunsten einer egalitären Kunst zurück, die von den Massen verstanden wurde. Was ihre Methoden der Vermittlung betrifft, so waren sie absichtlich provokativ in der Hoffnung, durch eine Art von Schockwirkung den Betrachter an ihre Kunst heranzuführen, ihn geistig zu mobilisieren und seine Reaktion zu erzwingen.

Obwohl die Avantgardisten sich einig waren, daß grundlegende Veränderungen notwendig seien, so stimmten sie in ihren Zielvorstellungen nicht unbedingt überein. Für einige, wie den russischen Maler Wassily Kandinsky, war Utopia ein rein geistiger Zustand, der nur durch konzentriertes inneres Bemühen erreichbar war. Viele andere hofften auf ein irdisches Paradies und betrachteten ihre Kunst als dessen Wegbereiter.

In der Vergangenheit hatten Utopisten von Wissenschaft und Technik keine hohe Meinung, jetzt begrüßte man sie als Hoffnungsträger des modernen Lebens. Die Utopisten entdeckten die Schönheit von qualmenden Fabrikschloten und die Ästhetik von Auspuffgeräuschen. Wenn arbeitserleichternde Maschinen und die Massenproduktion das alltägliche Leben weniger mühselig machten, so argumentierten sie, sei die Menschheit freier, um höhere Ziele zu verfolgen.

Die Maler der Avantgarde bedienten sich eines abstrahierenden Stils, da er ihnen als das geeignetste Ausdrucksmittel für ihre transzendentalen Themen erschien. In ihrem Bemühen, sich auch verständlich zu machen, reduzierten einige ihr künstlerisches Vokabular auf elementare geometrische Figuren.

Auch Künstler in anderen Bereichen – etwa in der Musik, den darstellenden Künsten, dem Tanz und dem Design – wurden von den neuen Kunstströmungen erfaßt. Die Architekten gehörten zu den wagemutigsten Befürwortern des neuen Empfindens. Stein und Holz wichen Stahl, Glas und zunehmend auch Beton. Ihre utopisch-phantastischen Entwürfe von Städten mit Häusern, die in den Himmel ragten, und einem dichten Netz von Autobahnen kamen aber selten über das Planungsstadium hinaus. Ihr Verdienst lag darin, den Zeitgeist einzufangen.

Futuristische Visionen

Der futuristische Geschwindigkeitswahn dokumentiert sich auf überzeugende Weise in Luigi Russolos „Dynamismus eines Automobils" von 1913. Während der Rennwagen nur in undefinierbarer Form sichtbar ist, suggerieren die Keile und Linien – die durch die hohe Geschwindigkeit erzeugte Druck- und Schallwellen andeuten – das rasende Tempo.

Nach Ansicht des Dichters Filippo Marinetti hatte Italien zu lange in der Vergangenheit gelebt und war selbst museal geworden, „ein wirres Gemisch von Patina". Gemeinsam mit einer kleinen Gruppe gleichgesinnter Künstler proklamierte er 1909 mit einem flammenden Aufruf zur Zerstörung der nationalen Kunstakademien, Bibliotheken und Museen die futuristische Bewegung.

Die Futuristen verwarfen konventionelle Sujets und suchten in dem berauschenden Potential moderner Technologie und in der Vitalität der Industriestädte neue Inspiration. Ihr Enthusiasmus für das Maschinenzeitalter war ansteckend und hemmungslos. „Ein Rennwagen ist schöner als die Nike von Samothrake", schwärmte Marinetti.

Es ist daher kaum überraschend, daß die Errungenschaften der modernen Technik, angefangen von dampfenden Lokomotiven bis hin zu Hängebrücken, häufig Gegenstand futuristischer Kunst waren. Aber in ihrem Bemühen, die künstlerischen Grenzen zu durchbrechen, wandten die Futuristen auch neue Darstellungsmittel an. Ein Musiker schuf ein Orchester aus phonverstärkten Lärmerzeugern, um die Arbeitsgeräusche moderner Produktionsanlagen zu verherrlichen; andere Künstler wandten sich der mehr Photographie zu, weil sie hofften, die Dynamik des Lebens auf diese Weise besser einfangen zu können.

Die Futuristen gaben Manifeste in einem halben Dutzend Sprachen heraus, in denen sie sich als „freie Menschen" bezeichneten, die zuversichtlich einer großartigen Zukunft entgegensähen. Marinetti, der den Aufruf zum Bruch mit der Vergangenheit vielfach auch in öffentlichen Veranstaltungen verlas, die daher manchmal tumultartig endeten, betrieb seine Sache mit fanatischer Energie. Die Provokationen waren beabsichtigt und verfolgten ein ernsthaftes Anliegen. Die Technologie konnte – so glaubte Marinetti – eine Überflußgesellschaft hervorbringen, und die futuristische Kunst sah ihre Aufgabe nicht zuletzt darin, den Anbruch dieses Utopia zu beschleunigen, indem sie neue Seh-, Hör- und Denkgewohnheiten schuf.

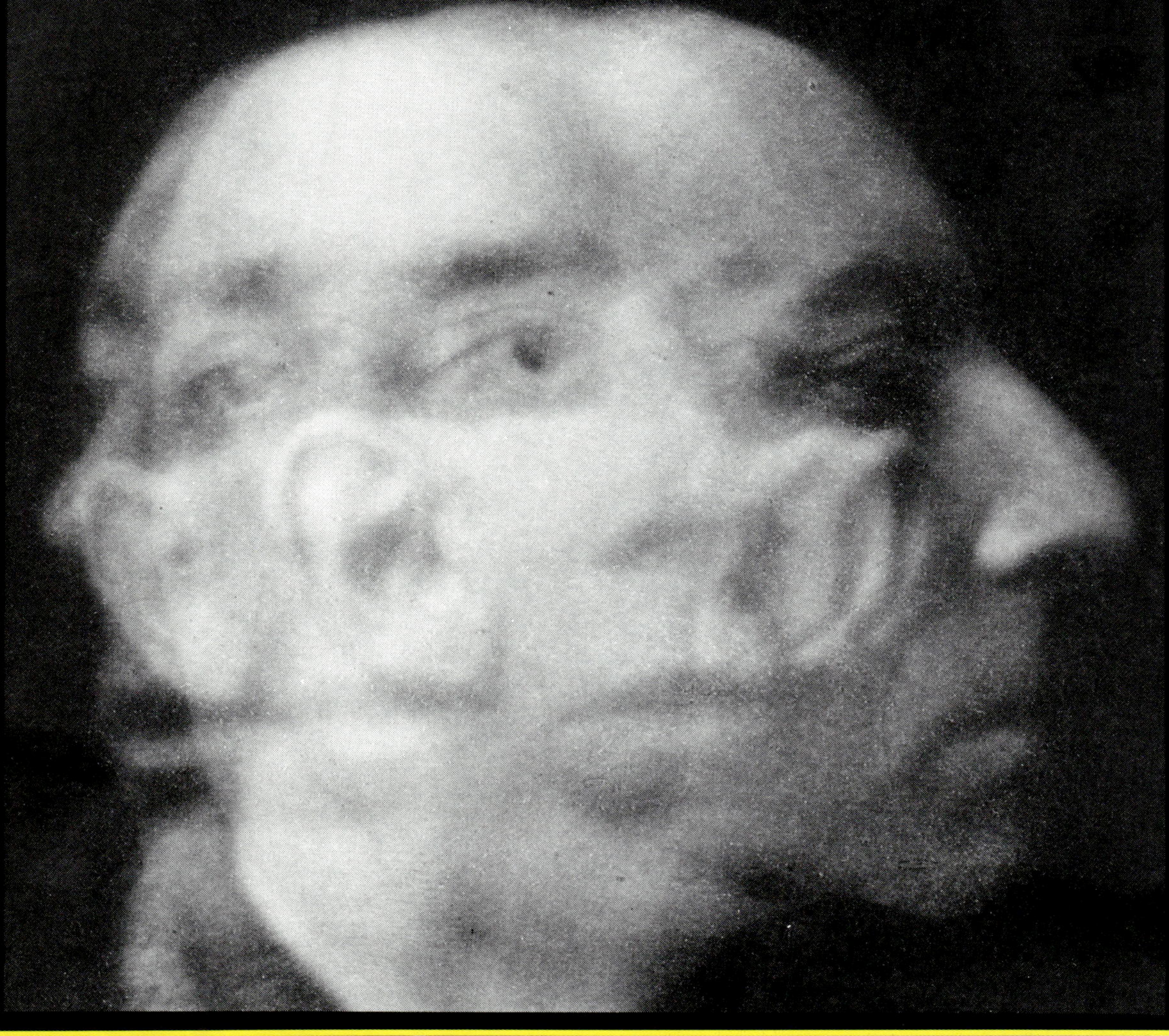

„Photodynamismus von Boccioni" wurde um 1915 von Giannetto Bisi geschaffen. Die gespenstische Mehrfachbelichtung des Kopfes von Umberto Boccioni, einem der Protagonisten des Futurismus, verdeutlicht zwei Merkmale futuristischer Kunst: die Betonung des Wesens eines Gegenstandes statt seiner äußeren Erscheinung und den Versuch, den Eindruck von Bewegung zu vermitteln.

Luigi Russolo und ein Assistent demonstrieren die Funktionsweise von Lärmerzeugern – Speziallautsprechern, die Geräusche des Explodierens, Klapperns, Quietschens und Dröhnens produzieren, um den Lärm in einer modernen Fabrik zu simulieren. Als Maler, der zum Musiker geworden war, hielt Russolo seine mangelnde musikalische Ausbildung für einen Vorteil, da er die herkömmliche Musik revolutionieren wollte.

Während seiner Suche nach neuen geistigen Wegen gab der suprematistische Maler Kasimir Malewitsch (rechts) die klassischen Sujets der Kunst auf und beschränkte sich in seinem Werk auf elementare Formen und Farben. In seinem Ölgemälde aus dem Jahre 1918, „Weißes Quadrat auf weißem Grund" (unten), wollte er dem Betrachter das Gefühl grenzenlosen Schwebens vermitteln.

Die Revolution russischer Künstler

Zwischen 1914 und 1920 erschütterte die russische Kunstszene eine Revolution, die den politischen Umwälzungen von 1917 gleichkam. Zwei radikale Kunstrichtungen – Suprematismus und Konstruktivismus – spalteten die russischen Künstler. Die Bewegungen ähnelten sich insofern, als beide Richtungen Verfechter des bahnbrechenden abstakten Malstils waren. In ihren Zielen und Visionen von Utopia unterschieden sie sich jedoch beträchtlich.

Der Vater des Suprematismus, der Dichter und Maler Kasimir Malewitsch, hielt alle Kunst für ein potentiell mächtiges Werkzeug der Inspiration, lehnte aber den gegenständlichen Stil der Vergangenheit ab. „Nur das Abstrakte bringt [den Menschen] auf eine wirklich höhere geistige Ebene", schrieb er. „Nur wenn wir neue Formen entwickeln, nur wenn wir über die Gesetze des Notwendigen erhaben sind, von denen die Objekte regiert werden, begreifen wir den Menschen als vollständig befreit." Malewitsch und seine Freunde wollten das abstrakte Wesen der materiellen Welt verdeutlichen und so das kunstliebende russische Publikum zu tiefsten metaphysischen Fragen hinführen.

Die Konstruktivisten hingegen verstanden sich nicht als geistige Führer, sondern als schöpferische Ingenieure. Wie die Futuristen Marinettis in Italien begrüßten sie die Fortschritte in Wissenschaft und Technik und wandten ihre Fähigkeiten auf die Lösung praktischer Problemstellungen in Architektur und Industriedesign an. Trotz dieser pragmatischen Orientierung waren die Konstruktivisten gleichwohl zutiefst idealistisch. Ihrer Meinung nach sollte die Kunst eine wichtige, sogar eine entscheidende Rolle beim Wiederaufbau der russischen Gesellschaft spielen.

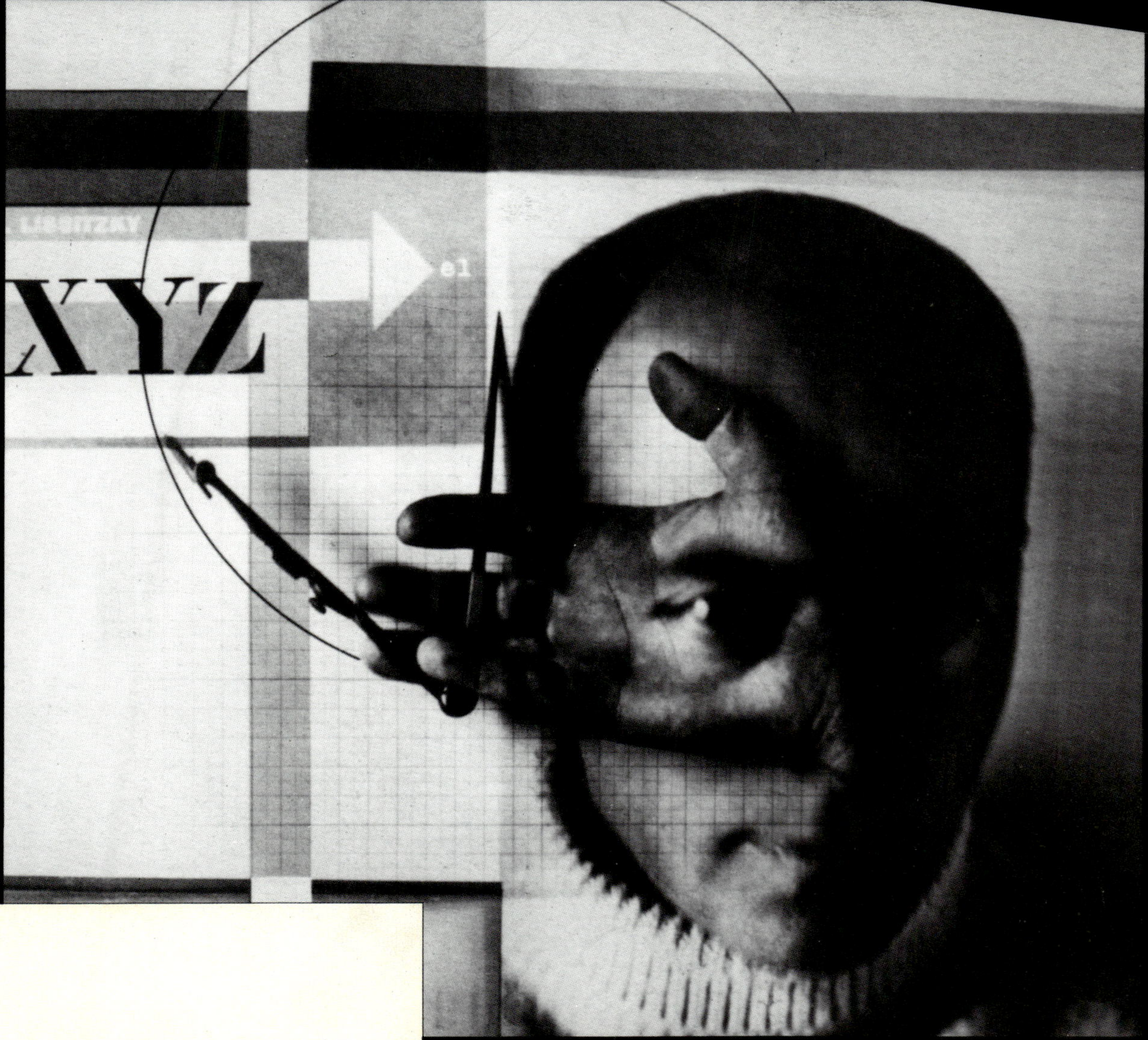

In einer Photomontage von 1924 „Konstrukteur: Selbstporträt“ (oben) verband der Moskauer Künstler El Lissitzky den abstrakten Stil seiner suprematistischen Lehrer mit den eher nüchternen Zielen der konstruktivistischen Bewegung. Hier hebt Lissitzky das Verdienst von Präzision und praktischer Nützlichkeit hervor, indem er ein Photo von seinem Gesicht mit einer Aufnahme von seiner Hand überlagert, die vor dem Hintergrund von Millimeterpapier den Zirkel eines Architekten hält. In den geometrischen Komponenten von „Der neue Mensch“ (links) spiegelt sich der Einfluß Kasimir Malewitschs wider, aber das an eine Maschine erinnernde Subjekt verrät die Vorliebe des Konstruktivisten für konkrete Errungenschaften, weniger die für geistige Visionen. Für Lissitzky war Politik ein Teil der Kunst. Das rote Quadrat symbolisiert die Sozialphilosophie des Kommunismus.

Ein sicht- und *faßbarer* Ausdruck der architektonischen Träume des Gestalters Bruno Taut, das „Glashaus“ (unten), beeindruckte die Besucher der Werkbundausstellung in Köln im Jahre 1914. Die Kuppel des Gebäudes war doppelt verglast – innen mit farbigen Prismen, außen mit Spiegelglas – und wölbte sich über einem Innenraum, den Glaswände umgaben. Im Inneren, in das ein Kaleidoskop Bilder projizierte, befand sich eine Rotunde mit einem Bassin, und sein Wasser sprudelte eine hellgelb verglaste Kaskade hinab. Taut hatte wenig Geduld mit den Besuchern, die ihn mit Fragen nach dem Zweck des Gebäudes bedrängten. „Das ‚Glashaus‘ hat keine andere Funktion“, antwortete er barsch, „als schön zu sein.“

„Imaginäre Architekten“

Der deutsche Architekt Bruno Taut sah noch am dunkelsten Horizont einen Silberstreifen. Als die Bauindustrie 1919 in die Krise geriet, hielt er dies für eine schöpferische Chance. „Laßt uns ganz bewußt imaginäre Architekten sein“, forderte er befreundete Kollegen auf und gründete einen geheimen Korrespondenzkreis, die „Gläserne Kette“, um zum Austausch utopischer Ideen anzuregen.

Eine der geistigen Leitfiguren der Gruppe war der Schriftsteller Paul Scheerbart, dessen mystische Romane ebenso wie sein Buch *Glasarchitektur* Taut mit den vermeintlichen Kräften des Kristalls bekannt gemacht hatten. „Ein Mensch, der täglich Glasherrlichkeiten sieht, kann keine ruchlosen Hände mehr haben“, hatte Scheerbart geschrieben. Bruno Taut verband diesen Glauben mit der Überzeugung, daß die Architektur – die am meisten an den Menschen orientierte Kunstform – den Weg zu sozialer und moralischer Erneuerung ebnen könne.

Die Mitglieder der „Gläsernen Kette“ hatten Freude an dem verschwörerischen Charakter ihres Bundes. Unter Pseudonymen tauschten sie Ideen und Entwürfe aus und publizierten architektonische Skizzen in esoterischen Zeitschriften. Die Geheimhaltung schützte sie gleichzeitig vor Kritik. Entwürfe in Glas, so spöttelten die Vertreter der Ziegelstein-Mörtel-Architektur, seien durch und durch unpraktisch und eigneten sich besser für Juwelenschachteln und Tiffany-Lampen.

Wenn die Visionen der „Gläsernen Kette“ auch wenig Chancen zur Verwirklichung hatten, so war sich Taut doch sicher, daß dies nicht durch einen Mangel an Imaginationskraft begründet war. Die praktischen Hindernisse würden verschwinden, so war er fest überzeugt, sobald sich das ästhetische Bewußtsein nachhaltig veränderte.

Mit Entwürfen, welche die Pracht mittelalterlicher Kathedralen und Klöster beschworen, drückten Wenzel August Hablik und Max Taut die Vorliebe der „Gläsernen Kette" für Symbole von Reinheit und Unschuld aus. In Max Tauts filigranem Entwurf des „Blütenhauses" (links), einer Zeichnung von 1921, öffnen sich gebrochene Arkaden zu kristallener Blüte, während die Glasfacetten von Habliks „Gläsernem Haus" (unten) mit der „alpinen Architektur" einer Hochgebirgslandschaft korrespondieren. Hablik und seine Kollegen verstanden ihre Bauwerke als Tempel einer neuen, weltlichen Religion. Hablik glaubte, daß die Schönheit des Glases den Betrachtern „die göttliche Kraft ihres eigenen Herzens" verdeutliche."

Die „Kathedrale", ein Holzschnitt von Lyonel Feininger, schmückte das Titelblatt des „Bauhaus"-Manifestes von 1919. Die gemeinsamen Anstrengungen aller am Bauwerk der Zukunft Beteiligten – Künstler, Architekten und Handwerker – werden durch drei Sterne dargestellt, deren Strahlen sich über den drei gotischen Turmspitzen schneiden. Die Kathedrale symbolisiert die Einheit der Kunst, die gegenseitige künstlerische Befruchtung und das „bewußte Mit- und Ineinanderwirken", das die Künstler des „Bauhaus" in ihrer Akademie fördern wollten. Der „neue Bau der Zukunft", so erklärte das Manifest, werde eines Tages „aus Millionen Händen der Handwerker gen Himmel steigen".

Das Streben nach dem „Einheitskunstwerk"

Als Walter Gropius 1919 das „Bauhaus", seine Schule für Gestaltung, gründete, hatte er eine Revolution im Sinn. Als begnadeter Architekt war er zu der festen Überzeugung gelangt, daß es ein Fehler sei, Achitekten und Industriedesigner anders auszubilden als Maler, Bildhauer und Graphiker. Im „Bauhaus" gab es solche Unterscheidungen nicht mehr. Aber diese Radikalität im Hinblick auf die Ausbildung war nur ein kleiner Teil seines übergreifenden visionären Programms.

Gropius gehörte zu denjenigen, die erst vor kurzer Zeit von den Schlachtfeldern des Ersten Weltkriegs zurückgekehrt waren. Er glaubte – wie viele seiner Zeitgenossen –, daß die Kunst das moralische und ethische Klima wandeln müsse, das die Menschheit derart degeneriert habe.

Der Name, den Gropius für seine Akademie wählte, beschwor die frühe Tradition der Bauhütten – mittelalterlichen Gilden von Bauhandwerkern –, die einst in Deutschland floriert hatten. Sein Ziel war nicht, diese Vergangenheit wiederzubeleben, vielmehr wollte er das verlorengegangene Gefühl einer gemeinsamen Identität und Zusammengehörigkeit von Künstlern und Handwerkern zurückgewinnen. In einem 1919 publizierten Manifest rief Gropius alle Künstler, Baumeister und Handwerker auf, eine neue Gesellschaft hervorzubringen, in der die schöpferischen Berufe eine Einheit bilden, um das „Einheitskunstwerk" zu schaffen.

Eigenartigerweise bot das „Bauhaus" den Baumeistern der Zukunft nur relativ wenige Architekturkurse an. Mit Ausnahme von Gropius waren die meisten Lehrkräfte Maler, wie Paul Klee, Johannes Itten und Wassily Kandinsky *(folgende Seiten)*, die zur expressionistischen Bewegung gehörten. Gropius begründete seine Lehrer-Wahl damit, daß bildende Künstler ihren Schülern die Augen öffnen konnten für die Elemente von Form, Farbe und Gestaltung, die allen Künsten gemeinsam waren. Studenten, die gelernt hatten, die Welt auf neue Weise zu sehen, würden auch Wege finden, um eine bessere Welt aufzubauen. Erst 1924 wurde eine Arbeitsgruppe für Baufragen eingerichtet.

Walter Gropius (oben), Leiter des „Bauhaus", benötigte viel Fingerspitzengefühl für seine Mission, Kunst und Leben integrierend miteinander zu verbinden. Er war nicht nur Direktor eines Lehrkörpers, dem brillante, aber hochsensible Künstler angehörten, er mußte auch Angriffe von seiten der politischen Rechten wegen Subversion und Vorwürfe der Linken abwehren, die „Bauhaus"-Kunst habe keinen funktionalen Wert. Doch schon die Gestaltung seines Büros (rechts) zeigt den Einklang von Form und Funktion – ein Charakteristikum des vielbewunderten „Bauhaus"-Stils.

Johannes Itten, der drei Jahre als Dozent am „Bauhaus" tätig war und dessen Unterricht ebenso unkonventionell war wie seine Kunst, wollte die kreativen Kräfte des Individuums freisetzen und gleichwohl zu einem mystischen Erleben der Dinge anleiten. Zu seinen Unterrichtsmethoden, die sich zum Teil aus der asketischen östlichen Mazdaznan-Lehre ableiteten, gehörten Entspannungs- und Konzentrationsübungen ebenso wie Gesänge und improvisierte Sketche, in denen die Studenten Figuren, Geräusche und Emotionen darstellen mußten, die mit ihrer Kunst in Zusammenhang standen. In „Aufstieg und Ruhepunkt" (unten) aus dem Jahre 1919 zeigt sich Ittens vordringliches Interesse an Dynamik und Bewegung, die er durch lebhafte Farbkontraste und kraftvolle geometrische Formen ausdrückt.

Der Violinspieler und „Bauhaus"-Dozent Paul Klee (links) verglich die Malerei mit einer Mozart-Sonate, in der sich verschiedene eigenständige Melodien zu einem harmonischen Ganzen zusammenfügen. Klees Aquarell „Traumstadt" aus dem Jahre 1921 spiegelt seine Auffassung wider, daß im künstlerischen Prozeß der Maler Farben und Formen hinzufügt und wieder entfernt, bis das Werk in sich stimmig ist. Darüber hinaus sollte eine eigene visuelle Sprache seine Weltsicht zum Ausdruck bringen. Obwohl Klees Unterricht eher schulmäßig-konventionell war, betrachtete er technisches Können in der Malerei nur als Mittel zur Erreichung metaphysischer Ziele. Seiner Ansicht nach konnte die Kunst in Dimensionen vorstoßen, die weit jenseits des bewußten zielgerichteten Strebens lagen.

Der Maler, Bühnengestalter und Choreograph Oskar Schlemmer (unten), Leiter der „Bauhaus"-Bühne, benutzte das Theater als „Typenbühne" für utopische Welten, wobei er Metaphysisches mit Mechanistischem verband. In Produktionen wie dem „Triadischen Ballett" von 1923 und dem „Gestentanz" aus dem Jahre 1927 (links) setzte er mechanische Bühnenbilder und Lichteffekte ein, um seinen präzise orchestrierten „mathematischen" Tänzen mehr Intensität zu verleihen. Aber Schlemmers Tänzer reflektierten keine mechanistische Sicht menschlicher Werte. Sie stellten ein Ideal anmutiger Bewegung dar – eine Fähigkeit, die nach Schlemmers Überzeugung der Menschheit bei ihrem Fall aus der himmlischen Gnade verlorenging.

Eine allumfassende Spiritualität prägte das Leben wie auch die Kunst des gebürtigen Russen Wassily Kandinsky (oben), der von 1922 bis 1933 am „Bauhaus" als Lehrer tätig war. Beeinflußt von den suprematistischen Theorien seines Landsmanns Kasimir Malewitsch, verwendete Kandinsky als künstlerische Sprache klare geometrische Formen, um die Leere materialistischer Werte zu transzendieren und den Betrachter zu einem höheren Bewußtsein zu führen. In seinem Ölgemälde „Gegenklänge" aus dem Jahre 1924 (rechts) drückte Kandinsky diese kosmische Dimension aus. In einer ausgewogenen Komposition scheinen winklige Formen über antennenartige Linien mit runden planetenhaften Gebilden in einen Dialog einzutreten.

Auf der Suche nach „De Stijl"

Der holländische Maler Theo van Doesburg sah in jedem Aspekt des Lebens und der Erfahrung Widerspiegelungen einer universellen Harmonie. Um dieses Gleichgewicht dem Publikum nahezubringen und ebenso „das Schönheitsbewußtsein des Laien zu wecken", gründete er 1917 eine Zeitschrift, die er *De Stijl* nannte – holländisch für „der Stil" – und mit der auch die gleichnamige Künstlergruppe erstmals wirklich ans Licht der Öffentlichkeit trat.

Mit der Herausgabe des Magazins bot van Doesburg den Mitgliedern der Gruppe ein Publikationsforum, das es ihnen ermöglichte, sie sogar verpflichtete, ihre künstlerische Arbeit zu erläutern. Nach van Doesburgs Überzeugung verhalf die Wahrnehmung von Ordnung und Reinheit dem Betrachter von Kunst dazu, die übergeordnete spirituelle Harmonie des Kosmos zu erkennen und diese in seinem eigenen Leben zu verwirklichen.

Gleichgesinnte Künstler, Gestalter und Handwerker unterstützten van Doesburg in seinem Bemühen. Einer der führenden Köpfe der *De Stijl*-Bewegung war der in Paris lebende holländische Maler Piet Mondrian. Zur damaligen Zeit war Mondrian stark von den okkulten Theorien der französischen Theosophen beeinflußt, die alle menschliche Erfahrung als eine Balance von gegensätzlichen Kräften interpretierten. Mondrian fand in der einfachen Form des rechten Winkels die abstrakte Entsprechung dieser Vorstellung, denn hier waren die gegensätzlichen vertikalen und horizontalen Linien in vollkommener Balance verbunden. Unter dem Einfluß Mondrians wurden Rechtecke – das heißt paarweise Verbindungen von rechten Winkeln – zu einem immer wiederkehrenden Motiv der *De Stijl*-Kunst.

Die Künstlergruppe entwickelte, ebenfalls unter dem Einfluß Mondrians, auch eine konsequente Farbgebung. Mondrian ließ nur drei Grundfarben zu – Gelb, Blau und Rot – sowie drei Nicht-Farben: Weiß, Schwarz und Grau. Die beschränkte Palette stand im Dienste des geometrischen Gleichgewichts, das alle Arbeiten *De Stijls* auszeichnet.

Ganz in Übereinstimmung mit dem Harmonie-Ideal von „De Stijl" gestaltete Piet Mondrian sein Pariser Atelier (oben), das die Komposition seiner Bilder widerspiegelt und unterstreicht. Das Werk, an dem der Künstler gerade arbeitet, verschmilzt optisch mit der abstrakten Geometrie der Wand im Hintergrund.

Lebhafte Farbakzente aus den Grundfarben Gelb, Blau und Rot und wohlausgewogene architektonische Elemente zeichnen dieses einstöckige Wohnhaus in Utrecht aus, das 1924 von dem Holländer Gerrit T. Rietveld gebaut wurde. „De Stijl"-Anhänger betrachteten dieses Gebäude als Triumph der Harmonie im Raum.

Gerrit T. Rietvelds „Stuhl rot-blau" (links) verbindet einen geneigten rechteckigen Sitz und eine Rückenlehne durch einen rechteckigen Rahmen, der so proportioniert ist, daß keines der Teile dominiert. Dieser Entwurf von 1918 war ein vollkommener Ausdruck von „De Stijl", so daß Rietveld, ein Tischler ohne künstlerische Ausbildung, das Angebot erhielt, Mitglied der Gruppe zu werden.

Theo van Doesburgs „Contra-Komposition V" (oben) hält sich an die Doktrin der Grundfarben und der rechteckigen Formen. Aber van Doesburg (links) war der Meinung, daß erst seine Verwendung von Diagonalen der Mondrianschen Formel Dynamik verleihe. Mondrian, der darauf beharrte, daß sein Stil bereits dynamisch sei, erregte sich derartig, daß er die Bewegung verließ.

KAPITEL 4

Wegbereiter einer utopischen Gesellschaft

Bei dem deutschen Soldaten handelte es sich um einen Jungen von vielleicht 16 Jahren. Sein Haar hatte sich in den Büschen verfangen. Er lebte noch. Seine Brust war von Kugeln zerrissen worden, und ich sah sein Herz. Der Schock hatte ihn aschgrau werden lassen. Er lag im Sterben. Er starrte zu mir empor – mit dem traurigen Gesicht eines kleinen Jungen. ‚Warum habt ihr geschossen?' fragte er. ‚Ich wollte mich ergeben.'"

An jenem Frühlingstag des Jahres 1945, als sich der Krieg schon dem Ende näherte, war Leo Litwak Sanitäter bei der amerikanischen Armee. Seine Einheit hatte ohne Widerstand ein deutsches Dorf eingenommen, und Litwak sann gerade zufrieden über die Aussicht nach, in Kellern voller Wurst und Wein zu schwelgen, als er Gewehrschüsse hörte, denen der Ruf nach einem Sanitäter folgte. Litwak rannte zu einem Gebüsch hinüber und fand den jungen Deutschen, den GIs tödlich getroffen hatten. Wie die Soldaten sagten, hatte er auf ihre Aufforderung, sich zu ergeben, nicht reagiert.

Litwak quittierte seinen Tod mit einem Achselzucken. Es war Krieg – und Krieg war die Hölle. Der schreckliche Vorfall schlummerte, scheinbar vergessen, 22 Jahre in seinem Unterbewußtsein. Aber während dieser Jahre quälte ihn eine inneren Leere, eine unerklärliche Empfindungslosigkeit, wie er es nannte. 1967 dann, als er als Professor für Englisch am San Francisco State College arbeitete, erhielt Litwak den Auftrag, für das *New York Times Magazine* einen Artikel über das kalifornische Esalen Institute zu schreiben. Es gehörte zu jenen Einrichtungen, die sich mit den Grenzbereichen des menschlichen Seins beschäftigten und mit seiner erfolgreichen Arbeit einen gewissen Ruhm erlangt hatte.

Um Recherchen für sein Thema durchzuführen, meldete sich Litwak zu einem fünftägigen Seminar an, das sein Interesse zunächst nicht fesseln konnte. „Eine dicke Dame in einem Trikotanzug ließ uns alberne Spielchen machen", schrieb er. „Wir berührten unsere Nase mit der Zungenspitze, wir hüpften und rannten, hielten uns gegenseitig fest und schnitten einander Grimassen." Doch seine anfängliche Geringschätzung verwandelte sich in Faszination, als Litwak an Bewußtseinsübungen, Phantasie-Experimenten und Psycho-Dramen teilnahm, bei denen die Beteiligten ihre innersten Geheimnisse offenbarten. Für Litwak kam der erlösende Moment, als er sich hinlegen, die Augen schließen und sich vorstellen mußte, er sei ein „winziges Ich", das sich in seinen eigenen Körper begab. Im Verlauf dieser

Phantasie-Reise sah er plötzlich „ein mit Schleim bedecktes Herz, an dem Blutgefäße hingen". Mit tiefem Schrecken erkannte er sofort, daß es das Herz jenes gefallenen deutschen Soldaten war.

In diesem Augenblick spürte Litwak ein Gefühl von Freiheit, eine reine, strahlende Freude, wie er sie nie zuvor erlebt hatte. „Ich weinte um diesen deutschen Jungen, der mir nie etwas bedeutet hatte", erinnerte er sich später, „und dadurch löste sich meine Empfindungslosigkeit. Ich begann wieder zu fühlen und entdeckte, was ich entbehrt hatte. Ich fühlte mich offen, erleichtert, bereit, anderen einfach und ehrlich zu begegnen."

Leo Litwak ist einer von vielen Tausenden, die bezeugten, welche Bereicherung sie in Esalen erfahren hatten. Schon die Landschaft dort verzaubert die Menschen. In der wilden Region von Big Sur, in der noch Wildschweine und Berglöwen leben, liegt auf einer Klippe – fast 30 Meter über den tosenden Wassern des Pazifik – auf über 40 Hektar Land das Esalen Institute. Schlichte Hütten gruppieren sich um ein kleines Holzhaus, in dem sich der Speisesaal befindet, aus dem Berg sprudeln heiße Schwefelquellen, auf einem 3000 Jahre alten Komposthaufen, den einst die mittlerweile ausgestorbenen Esalen-Indianer anlegten, wächst ein üppiger Garten, und es gibt ein rundes Gemeinschaftszelt, das nach mongolischer Tradition gebaut wurde und als „große Jurte" bezeichnet wird.

Im Jahre 1962 kamen Michael Murphy und sein Freund Richard Price in die Wildnis von Big Sur. Beide waren 30 Jahre alt, beide stammten aus wohlhabenden Familien, und beide hatten einmal in Stanford Psychologie studiert, obwohl sie sich zu dieser Zeit nie begegnet waren. Murphy hatte sich schon damals für östliche Philosophie interessiert, und nach Abschluß seines Studiums und der Ableistung seines Militärdienstes ging er nach Indien. Dort schloß er sich einer religiösen Gemeinschaft an, dem Sri Aurobindo Ashram, wo er täglich acht Stunden meditierte.

Anderthalb Jahre später kehrte Murphy in die USA zurück, meditierte weiter und arbeitete zwei Tage in der Woche in irgendwelchen Gelegenheitsjobs, unter anderem als Hotelpage. Schließlich führte ihn das Schicksal in San Franciscos exzentrisches North-Beach-Viertel, wo es auch Richard Price hin verschlagen hatte, nachdem er bei der Luftwaffe gedient und in Harvard seinen Abschluß gemacht hatte. Die beiden wurden Freunde, und allmählich entstand in ihren Köpfen die Idee des Esalen Institutes. „Wir hatten damals keine genauen Pläne", erinnerte sich Murphy später. „Unsere Vorstellungen zielten ganz allgemein auf eine Erforschung des Bewußtseins mit dem Gedanken, eine große Vielfalt von Richtungen zu unterstützen."

Sie überredeten Murphys Großmutter, mit ihnen einen langfristigen Mietvertrag für ein Anwesen abzuschließen, das diese in Big Sur besaß, und so wurde Esalen in den 60er Jahren beinahe über Nacht zu einem beliebten Tummelplatz für Eklektiker, Esoteriker und Experimentierfreudige aller Couleur. Es bot anregende Seminare und Workshops über Körperbewußtsein, Gestalttherapie, Psycho-

therapie an – eine Mischung aus östlicher Philosophie und westlicher Wissenschaft, Mystik und Schamanismus. In sogenannten *Encounter*-Gruppen – sowohl Begegnungs- wie auch Gefechtsgruppen – kämpften Männer miteinander, um ihre Feindseligkeiten aufzuarbeiten, und Menschen unterschiedlichster Mentalität legten ihre Kleider ab, um auf diese Weise ihre Hemmungen abzubauen. In Esalens heißen Quellen meditierten nackte Männer und Frauen über den Kosmos. Es war eine wilde, berauschende Zeit. „Wir hielten uns für Astronauten innerer Welten", sagte Murphy später einmal, „kurz davor, in ganz und gar neue Bewußtseinssphären vorzudringen. Wir wollten den Menschen auf den geistigen Mond katapultieren."

Unweigerlich wurde Esalen Zielscheibe von Kritikern, die in ihm eine Hochburg des Psycho-Geschwätzes und einen Übungsplatz für Gruppensex sahen. Doch Esalen überlebte, und im Laufe der Jahre hat sich dort so manches verändert. Richard Price wurde 1985 von einem herabstürzenden Felsbrocken getötet, Michael Murphy gab bereits vor längerer Zeit die Leitung des Institutes ab. Allerdings ist er weiterhin in der Funktion des Präsidenten tätig und leistete seinen Beitrag dazu, daß sein geistiges Kind den Weg zu einer Art „Bürgerdiplomatie" einschlug.

Als konkrete politische Ergänzung zu der in Esalen praktizierten Vereinigung westlicher und östlicher Philosophien, rief man 1980 ein sowjetisch-amerikanisches Austauschprogramm ins Leben mit dem Ziel, sowohl Einzelpersonen wie auch Organisationen der beiden Supermächte eine Kommunikation zu ermöglichen. Das Institut organisierte Begegnungen zwischen sowjetischen Kosmonauten und amerikanischen Astronauten, desgleichen ein im Fernsehen direkt übertragenes Konzert von amerikanischen und sowjetischen Rock-Gruppen. 1989 war es an der Organisation eines USA-Besuches von Boris Jelzin, dem Kontrahenten Michail Gorbatschows, beteiligt, und durch die Bemühungen des Esalen Institutes konnte ein Preis von 25 000 Dollar ausgesetzt werden für denjenigen, der einen gangbaren Weg findet, den Rubel konvertierbar und zu einer international angesehenen Währung zu machen. Durch Gorbatschows Politik der Öffnung kamen Sowjetbürger in größerer Zahl an die kalifornische Küste, und 1990 stellte man in Esalen den ersten sowjetischen Mitarbeiter ein.

Zwar werden in Esalen auch noch viele der alten Methoden angewandt, doch sie bewegen heute kaum noch die Gemüter, und von den etwa 10 000 Gästen, die jedes Jahr in kleinen Schlucken den „Verjüngungstee" des Instituts trinken und in den heißen Quellen baden, sind viele offizielle Vertreter oder Schriftsteller aus der Sowjetunion.

Esalen hat auch in seiner Heimat einen nachhaltigen Einfluß ausgeübt. Vielen, die an den Programmen teilnahmen, genügte es nicht, die eigene Persönlichkeit zu vervollkommnen, sie wollten ganzen Gruppen dabei helfen, ihre Möglichkeiten optimal zu nutzen; für sie war es die Gemeinschaft, die zählte. Einige waren oder wurden Mitglieder von Gruppen, die sich zusammengefunden hatten, um utopische Ideen zu verwirklichen. Seit seinen Anfängen ist das Esalen Institute daher für viele der in die Tausende gehenden derartigen Gemeinschaften auf der ganzen Welt die philosophische Basis und eine Art Trainingslager geworden, wo sie lernen, Konflikte zu lösen und ihren Zusammenhalt zu stärken.

Ursprünglich hielten sich Lehrer und Gäste nur als Besucher in dem Institut auf, und laut Aussage der Organisationsleitung ist dies auch heute so. Doch nach Meinung einiger Experten für utopische Gemeinschaften wie Robert S. Fogarty, Professor für Geschichte am Antioch College, hat sich Esalen selbst ebenfalls zu einer Art Gemeinschaft entwickelt – mit an den eigenen Bedürfnissen orientierten Selbstverwaltungsstrukturen und einer Vorschule für die Kinder der Bewohner.

Im Laufe der Jahrhunderte gab es viele unterschiedliche Bestrebungen – ob wirtschaftlicher, wissenschaftlicher oder geistiger Natur –, die Menschen veranlaßten, sich zusammenzufinden in Gemeinschaften. So wurden während der 50er Jahre in den USA einige Kommunen gegründet, die sich in den neuentdeckten Lehren des Zen-Buddhismus

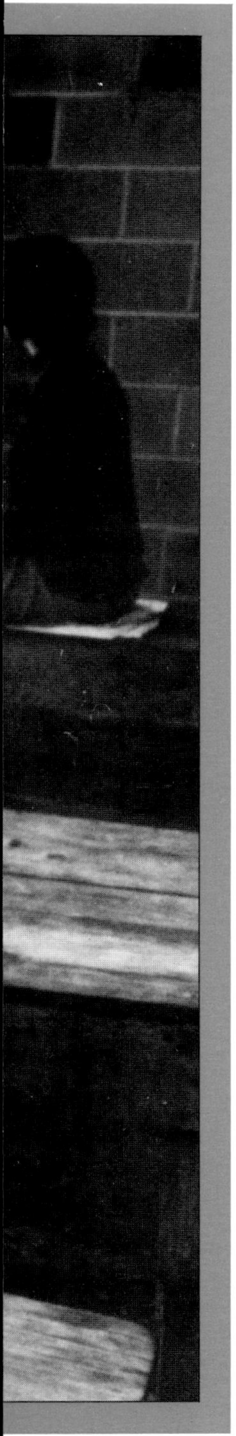

Unbekleidet und erfrischt durch ein Bad in den Heißwasserquellen Esalens, machen Bewohner Yoga-Übungen, während die Sonne im Pazifik versinkt. Die idyllische Umgebung des Instituts, das zwischen Mammutbäumen und Zypressen an der schroffen, dunstigen Küste Kaliforniens liegt, inspiriert das utopistische Weltbild der Gemeinschaft, in der man auf der Suche nach Selbstverwirklichung die alte östliche Tradition der Kontemplation mit modernen Vorstellungen, zum Beispiel dem „Körperbewußtsein", verbindet.

übten. Die Mißerfolge der Regierung bei der Bekämpfung der Armut, die Enttäuschungen der Bürgerrechtsbewegung und die Zerstörung der Umwelt bewogen mit der Zeit zahlreiche Kommunarden zu dem Versuch, eine „alternative Gesellschaft" zu formen. Viele zogen sich nach dem Schock der Ermordung der Kennedy-Brüder und Martin Luther Kings, angesichts des kalten Kriegs, der Verstrickungen in Vietnam und nicht zuletzt im Hinblick auf die nukleare Bedrohung zurück in innere Welten. Einige wandten sich religiösen Gemeinschaften zu, andere hingegen wollten nur den Gesundheitsgefahren des Stadtlebens entrinnen.

Wie viele seiner Kollegen teilt auch Professor Fogarty vom Antioch College keineswegs die verbreitete Meinung, daß auf ein gemeinsames Ziel hinstrebende Gruppen in Zeiten des gesellschaftlichen Umbruchs einen besonders fruchtbaren Nährboden finden und sich dann in ruhigeren Tagen wieder auflösen. Nach seiner Meinung ist ihre Zahl relativ gleichbleibend, doch in Perioden der Unruhe wird ihnen mehr Aufmerksamkeit zuteil, wie es etwa in den 60er Jahren der Fall war. Neuere Untersuchungen haben ergeben, daß es allein in den USA zwischen 3000 und 10 000 solcher Gemeinschaften gibt und auf allen Kontinenten entsprechende Pendants zu finden sind. Einige von ihnen haben ihre Bemühungen – wie das Esalen Institute – auf eine Art „Bürgerdiplomatie" gerichtet. Andere wollen mit Hilfe der Technologie menschenunwürdige Arbeit abschaffen und eine Welt entstehen lassen, in der sich die Menschen voll entfalten können. Wieder andere hoffen auf Erleuchtung durch östliche Mystik. Viele finden Erfüllung in der Sozialarbeit, während eine noch größere Zahl Kraft aus der Erde schöpft, die sie bestellen. Doch ungeachtet ihrer unterschiedlichen Lebensformen und Ziele, glauben die meisten Mitglieder solcher Gemeinschaften, daß sie Kinder eines neuen Zeitalters seien.

Dieses neue Zeitalter, das *New Age*, soll in etwa dem astrologischen Wassermann-

Zeitalter entsprechen, das mit dem Vorrücken des Frühlingspunktes in das Zeichen des Wassermanns angebrochen ist. Wie Astrologen behaupten, habe es in den 60er Jahren begonnen, dauere etwa 2100 Jahre und werde von einem Streben nach Harmonie, Frieden und Verständnis geprägt, kurz: Das New Age gilt als utopische Ära.

Eine Art philosophischer Vater des New Age war der berühmte französische Paläontologe, Mystiker und Jesuit Pierre Teilhard de Chardin. Während Teilhard im Ersten Weltkrieg als Sanitäter, von Tod umgeben, über die Rätsel des Lebens und das Potential des menschlichen Geistes nachsann, gelangte er zu der Überzeugung, daß es sich bei der Evolution ebenso um einen geistigen wie um einen biologischen Prozeß handele, dessen letztes Ziel die geistige Einheit sei. Er kam zu der Auffassung, daß die Erde über ihrem mineralischen Grund zuerst eine „Hülle" pflanzlichen und tierischen Lebens erhalten habe, die er „Biosphäre" nannte und in der ein neues Formungsprinzip, das des Werdens, erkennbar war. Im Menschen gelange diese Entwicklung zu einem eigenen wachen Bewußtsein. Damit habe sich eine weitere „Hülle" um den Planeten gelegt. Diese Hülle nannte er „Noosphäre", in Anlehnung an das griechische Wort *noos*, das „Geist" bedeutet. Für Teilhard war die Noosphäre die Gesamtsumme allen Bewußtseins, das von allen Individuen hier zusammenfloß. Der Philosophie des New Age liegt diese Idee eines zusammenwirkenden Denkens in der einen oder anderen Form zugrunde.

Teilhards Schriften wurden jedoch erst nach seinem Tod – im Jahre 1955 – veröffentlicht. Zu diesem Zeitpunkt hatten sich andere tiefsinnige Denker unterschiedlicher Richtungen der gleichen Thematik zugewandt. Mit Blick auf die Vergangenheit kam der Historiker Arnold Toynbee, der schon früh in Esalen war,

Bei einem Workshop in Esalen vertraut sich eine Frau – ganz entspannt und mit geschlossenen Augen – rückhaltlos den erhobenen Händen der anderen Teilnehmer an. Manche glauben, daß Übungen wie diese – die Aufgabe jeglicher Eigenkontrolle – die Offenheit unter den Teilnehmern fördern und im Kleinen das bewirken, was die Utopisten des New Age global anstreben: die Beseitigung von Mißverständnissen, Zwietracht und Neid, die zur Teilung der Welt beitragen.

Hier versuchen Mitglieder von Damanhur, die in der Magie seines Gründers unterwiesen wurden, einen Poltergeist zu vertreiben. Die Dienste der Gruppe wurden schon in vielen Gegenden Italiens in Anspruch genommen. Sie verlangt kein Honorar, sondern bittet lediglich um Erstattung der Reisekosten.

Die Form einer Spirale bildend, halten sich Bewohner Damanhurs an den Händen (rechts), um einen Energiekanal zu öffnen und den Gott Pan zu beschwören. Die Linien – zwei Dreiecke, die in einem Kreis einen sechszackigen Stern bilden – haben rituelle Bedeutung bei Tagundnachtgleiche und Sonnenwende.

Im „Spiel des Lebens" bereitet Damanhurs regierende Königin Jaguar (unten) die Krönung eines neuen Königs vor. Er heißt Albatros und wird eine Gruppe mit Namen Barracuda anführen. Als dieses Photo entstand, trugen alle Mannschaften Tiernamen, später entschieden sie sich jedoch für Pflanzennamen.

Das Paranormale als Zukunftsplan

Unweit von Turin liegt die utopische Gemeinschaft Damanhur, die sich mit Fragen der Ökologie sowie mit der Erforschung des Spirituellen und Paranormalen beschäftigt. Damanhur sei ein „Prototyp" der zukünftigen Wassermann-Gesellschaft, meinen seine Bewohner. Sie experimentieren mit verschiedenen Lebensformen, und eines ihrer Experimente besteht beispielsweise darin, daß Ehen für eine Zeit von höchstens drei Jahren geschlossen und nur mit dem Einverständnis beider Partner verlängert werden können. Von den 250 „Bürgern" der Gemeinschaft lebt ein Drittel in der etwa 30 Hektar großen Siedlung nahe Turin, die übrigen verteilen sich auf 14 weitere Zentren, die als „Botschaften" bezeichnet werden, in ganz Italien.

Obwohl man die italienischen Gesetze in Damanhur anerkennt, wählt die Gemeinschaft eigene Gouverneure und Richter und hat auch eine eigene Bank, sogar eine eigene Währung, die in mehreren Nachbarstädten als Zahlungsmittel akzeptiert wird. Da die Bewohner Damanhurs der Meinung sind, daß das Leben spielerisch gestaltet werden sollte, haben sie sich das „Spiel des Lebens" ausgedacht. Es ist ein Wettbewerb, zu dem herkömmliche sportliche Wettkämpfe ebenso gehören wie mehr oder weniger anspruchsvolle Kinderspiele.

Damanhur wurde 1975 von Schülern des Turiner Parapsychologen und Heilers Oberto Airaudi gegründet. Seine Anhänger studieren vor allem die Phänomene der Esoterik, viele beschäftigen sich auch mit einer von Airaudi entwickelten Form der Magie, in deren Mittelpunkt das sogenannte „Self" steht – ein spiralförmiges Metallgerät, das freie kosmische Energie kanalisieren, negative Kraft neutralisieren und positive Kraft verstärken könne.

Der Verkauf von Selfs gehört zu den geschäftlichen Aktivitäten der Gemeinschaft. Außerdem sind die Mitglieder publizistisch tätig, betreiben Landwirtschaft, weben, schneidern und verkaufen chemiefreie Nahrungsmittel. Es gibt in Damanhur ein Naturheilzentrum, und am Sonntagnachmittag finden ein esoterischer und ein ökologischer Markt statt.

zu dem Schluß, daß Zivilisationen letztendlich nicht durch Invasionen oder andere externe Kräfte zugrunde gehen, sondern weil ihre eigenen „intellektuellen Arterien" verhärten. Die „schöpferische Elite", schrieb er, belebe eine Zivilisation, werde jedoch nach und nach von einer anderen Minderheit verdrängt, die dominant, aber nicht schöpferisch sei.

Nach ihrer Auslegung von Toynbees These sehen sich die Anhänger des New Age als diejenigen Menschen, die am ehesten schöpferische Lösungen für die heutigen Probleme der Menschheit anzubieten haben. Sie glauben einer neuen Entwicklungsstufe der Zivilisation Gestalt geben zu können, die auf geistiger Transformation und dem spirituellen Fortschritt des Menschen basiert.

Während Toynbee nachdachte über die „Ideosklerose" von Zivilisationen, unterzog der britische Schriftsteller Aldous Huxley in Kalifornien den östlichen Mystizismus einer gründlichen Untersuchung. Obwohl Huxley ein Skeptiker war, gelangte er schon lange Zeit vor der Gründung von Esalen zu der Überzeugung, daß die mystische Erfahrung – die unmittelbare Vereinigung eines Individuums mit Gott – experimentell bestätigt werden könne und immer noch die größte Hoffnung für die Spezies Mensch darstelle. Sein 1945 erschienenes Buch *The Perennial Philosophy* („Die immerwährende Philosophie") gab entscheidenden Anstoß zu einer Bewegung, die sich mit der Erforschung der geistigen Möglichkeiten des Menschen beschäftigte.

Für viele New-Age-Gemeinschaften sind die Inhalte dieser Bewegung zur Glaubenssache geworden. Nach ihrer Ansicht kann durch eine bisher noch unerreichte Erweiterung des Bewußtseins Energie erzeugt werden, welche die Barrieren zwischen Geist und Körper, zwischen östlicher Weisheit und westlichem Handeln, zwischen Individuum und Gesellschaft einreißt, um so Denken und Bewußtsein auf Dauer und unwiderruflich zu erhöhen.

Solche Gemeinschaften glauben fest und unerschütterlich daran, daß sie durch ihr Kollektiv-Bewußtsein die Welt verändern können. Nach den Schriften einer kalifornischen Gruppe sind die Gemeinschaften deshalb so wichtig, weil sie zeigen, „daß es den Menschen bestimmt ist, ihre Probleme gemeinsam zu lösen, und wir nicht einsame Inseln, sondern Teil einer Ganzheit sind. Und wenn wir tatsächlich als Planet überleben wollen, müssen wir diese Lektion in Einssein lernen – lernen, daß jede unserer Handlungen Auswirkungen auf das gesamte Universum hat".

In den Begriffen „Einheit" und „Ganzheit" spiegelt sich die Idee des Holismus wider, der die verstreuten utopischen Gemeinschaften, trotz aller Unterschiedlichkeit, verbindet. Der Begriff „Holismus" geht zurück auf das griechische Wort *holos*, das „ganz" bedeutet. Der Holismus lehrt, daß das Universum – alle Dinge, Atome, Individuen, Gemeinschaften oder noch unentdeckte Galaxien – aus vollständigen Systemen oder Ganzheiten bestehe. Im Mittelpunkt steht die Überzeugung, daß die Grundsätze der Physik sich aus denen der Biologie ableiten ließen und daß das Wohlbefinden des Planeten von der Harmonie zwischen allen Lebewesen und aller Materie abhänge. Für den einzelnen bedeutet dies das Erlangen des physischen, geistigen, emotionalen und spirituellen Gleichgewichts und der Harmonie mit dem Leben, der Gesellschaft und der Natur, in größerem Zusammenhang gesehen heiße dies, daß Menschen, Gemeinschaften, die Gesellschaft und die Gesamtheit der Natur lediglich als Fäden oder Maschen eines einzigen komplizierten großen Gewebes zu verstehen seien.

Die Gärtner der schottischen Findhorn-Gemeinschaft beginnen ihren Arbeitstag mit einem Augenblick der „Einstimmung“. Wie sie glauben, können sie durch diese Konzentration ihrer Kräfte Liebe und Energie aussenden, die die Pflanzen besser gedeihen lassen.

Nirgendwo ist diese holistische Idee des Einsseins überzeugender verwirklicht worden als in einer Gemeinschaft, die in Findhorn, einem Dorf an der Nordostküste Schottlands, lebt. Die Geschichte ihrer Gründung ist einigermaßen ungewöhnlich. Sie begann 1957 damit, daß die Engländer Peter und Eileen Caddy die Leitung des 150-Betten-Hotels *Cluny Hill*, sechs Kilometer von Findhorn entfernt, übernahmen. Fünf Jahre lang führten sie es nach Anweisungen, die Eileen von „der Stimme Gottes im Innern“, wie sie es nannte, übermittelt wurden. Unter ihrer Verwaltung erhielt das Hotel vier Sterne, und seine Einnahmen verdreifachten sich. Den Besitzern hingegen gefiel diese Art spiritueller Hotelführung offenbar nicht, und 1962 kündigten sie trotz der Erfolge den Pachtvertrag.

Für Peter und Eileen Caddy war dieser Rückschlag aber nur ein Schritt hin zur Erfüllung eines „größeren Plans oder Schicksals“. Eileens innere Stimme gab nun Anweisung, daß die Caddys mit ihren drei kleinen Söhnen in eine Wohnwagenkolonie unweit einer Müllhalde von Findhorn ziehen sollten. Weiter erhielt die Familie den Auftrag, einen Garten anzulegen und ihre „Schwingungsebene“ dadurch zu erhöhen, daß sie sich von dessen Erträgen ernährte. Bald zog auch Dorothy Maclean – eine alte Freundin und „spirituelle Mitarbeiterin“, die ebenfalls von den Inhabern des Hotels entlassen worden war – zu den Caddys.

Wie Maclean später berichtete, stand sie in „telepathischer Verbindung mit Engelwesen, die das Wachstum der Pflanzen überwachten und lenkten“. Diese Geister, die bei den Hindus Devas genannt werden – was in Sanskrit „die Strahlenden“ bedeutet –, gaben Ratschläge, welche Pflege die verschiedenen Pflanzenarten im Garten bevorzugten. Dennoch wäre allein aufgrund von Eileen Caddys innerer Stimme und Dorothy Macleans Devas kein Garten auf dem unfruchtbaren Boden gediehen. In Findhorn aber wurde das Spirituelle mit dem Praktischen verbunden, gemäß einem Sprichwort der islamischen Sufis, mit deren Lehren sich Maclean beschäftigt hatte: „Vertrau auf Gott – und binde dein Kamel an.“ Nicht zuletzt durch großzügige Mengen Pferdemist, Torf, Kalk, Ruß und Algen wuchsen auf dem Sand Findhorns bald Gemüse und Blumen, die selbst unter idealen Wachstumsbedingungen sich nicht größer und schöner hätten entwickeln können – wie etwa die rund 20 Kilogramm schweren Kohlköpfe, bei deren Anblick die späteren Besucher in sprachlosem Staunen verharrten.

Als sich die Neuigkeit von der kleinen Gemeinde verbreitete, gesellten sich Gleichgesinnte hinzu. Die Mitglieder machten es sich zur Aufgabe, mit den Pflanzen und den Lebewesen in Wald und Flur in Verbindung zu treten. „Ich ertappte mich dabei, wie ich mit Pflanzen und Tieren redete“, erinnerte sich eine gewisse Lida Sims. „Oft schien es mir, als erhielte ich eine Antwort, etwa wenn ich mich bei einer Pflanze bedankte, weil sie besonders schön aussah. Manchmal schienen es Worte zu sein, häufiger aber war es einfach ein Zurückfließen von Energie.“

Als sie einmal eine Arbeitspause einlegte, so Lida Sims, und sich in einem nahegelegenen Wäldchen aus jungen Kiefern ausruhte, sei ihr plötzlich bewußt geworden, daß sie von einer Atmosphäre der „Erregung und Bestürzung“ umgeben war, und gleichzeitig habe sie begriffen, daß diese Unruhe von den Bäumen ausging. Sims hatte mit einer Motorsäge gearbeitet, und die Bäume befürchteten, wie sie glaubte, daß ihnen ein Leid geschehen werde. Nachdem sich Sims für ihre Gedankenlosigkeit entschuldigt und den Bäumen versichert hatte, keinerlei derartige Absichten zu verfolgen, schienen sie flüsternd und diskutierend ihre Worte von einem Ende des Wäldchens bis zum anderen weiterzugeben. Danach machten die Kiefern wieder einen entspannten und zufriedenen Eindruck, wie Sims meinte.

Während einer schwierigen Aufbauphase wurden die Gemüsegärten der Gruppe von Kaninchen, Maulwürfen und einer Pilzerkrankung, der sogenannten Kohlhernie, heimgesucht. Daraufhin versammelten sich die Findhornianer, bildeten einen Kreis und faßten sich in stiller Versenkung an den Händen, wie sich einer von ihnen erinnert. „Wir teilten den Kaninchen mit, daß sie im Garten willkommen waren, wenn sie sich auf den Grasböschungen aufhielten und dort den Klee und die Wildblumen fraßen. Die Maulwürfe baten wir, den Garten ganz zu verlassen, weil ihre Anwesenheit doch zu sehr störte, aber wir schlugen ihnen einen anderen Aufenthaltsort vor."

Die Kaninchen blieben also und benahmen sich fortan gesittet, während die Maulwürfe offenbar das Feld räumten. Die Kohlpflanzen litten zwar weiterhin an der Kohlhernie, gediehen aber dennoch. „Die allgemeine Meinung, von Kohlhernie befallene Pflanzen könnten sich nicht gesund entwickeln, wurde von unseren Kohlköpfen eindrucksvoll widerlegt", bemerkt der Findhornianer. Tatsächlich wurden sie bald zu einer Art Touristenattraktion.

Noch war die Findhorn-Gemeinschaft sehr klein. 1970, acht Jahre nach ihrer Gründung, zählte sie ganze 20 Mitglieder. In diesem Jahr aber stieß David Spangler zu ihr, ein 25 Jahre alter Amerikaner, der an der Arizona State University Biochemie und Genetik studiert und später in San Jose, Kalifornien, einen Fortbildungskursus über Esoterik und New-Age-Philosophie geleitet hatte. Er wurde zu einer treibenden Kraft der Gemeinschaft. Eigentlich hatte Spangler ihr nur einen fünftägigen Besuch abstatten wollen, doch er blieb drei Jahre. Seine umfangreichen Schriften – die, wie er sagte, wörtliche Wiedergaben von Botschaften aus einer Quelle mit Namen „Grenzenlose Liebe und Wahrheit" waren – leisteten einen wichtigen Beitrag zur Weiterentwicklung der Philosophie Findhorns.

Am einfachsten lassen sich Spanglers Ideen in dem folgenden Glaubensbekenntnis der Findhornianer zusammenfassen: „Die Menschheit ist heilig. Alles ist eins." Für Spangler hat das Einssein von Gott und Mensch grundlegende Bedeutung. Im Gegensatz zu der traditionellen jüdisch-christlichen Vorstellung von einem transzendenten, in seiner Herrlichkeit losgelösten Gott, der nur durch Rituale, Opfer und Gebete erreicht werden kann, postulierte Spangler, daß Gott eins mit der Menschheit sei und beide eins mit der Erde und dem Kosmos.

Die Einheit mit Gott war Grundlage eines Prozesses, den Spangler Manifestation nannte. „In Findhorn", so schrieb er, „spricht man ein Bedürfnis aus, dankt Gott dafür, daß seiner Befriedigung bereits entsprochen wurde, und in dieser Gewißheit setzt die Gemeinschaft ihre Arbeit fort. Auf diese Weise wurden Gebäude errichtet, Druckmaschinen gekauft oder andere Geräte und Materialien angeschafft, ohne daß vorher das notwendige Geld vorhanden war. Wann immer ein Bedürfnis entsteht und zum Ausdruck gebracht wird, wird ihm stets in einer vollkommenen und richtigen Weise entsprochen werden, häufig, wie es scheint, auf wundersame Weise."

Als Spangler fortging, hatte sich Findhorn verändert, nicht zuletzt, was die Funktion seiner drei Gründer betraf. Im Jahre 1972 erklärte Eileen Caddy nach einer Meditation, daß sie zwar weiter in Findhorn leben wolle, ihre innere Stimme der Gemeinschaft jedoch nicht mehr mit ihrem Rat zur Verfügung stehe. Ihre letzte Botschaft lautete: „Lauscht in euch hinein, damit ihr eure eigene Führung findet." 1973 verließ auch Dorothy Maclean mit einigen Mitgliedern Findhorn, um im Gebiet der California Bay Konferenzen und Workshops über Holismus zu organisieren.

Als ehemaliger Offizier der Royal Air Force hatte Peter Caddy die Anweisungen von Eileens und Dorothys Geistern mit einer energischen Autorität ausgeführt, die mitunter empfindsamere Seelen in Findhorn verletzte. 1980 zog Peter von Findhorn – und Eileen – fort, um mit einer anderen Frau und einem Kind zunächst auf Hawaii und dann in Kalifornien ein neues Leben zu beginnen. (Obwohl die Mitglieder der Gemeinschaft über die Ursachen rätseln, ist die Scheidungsrate in Findhorn immer sehr hoch gewesen. Während einer Periode ließ sich dort die Hälfte aller Ehepaare innerhalb von zwei Jahren nach ihrer Ankunft scheiden.)

Bis 1978 wuchs die Zahl der Findhornianer auf etwa 300 Personen an, in den ruhigeren 80er Jahren ging sie jedoch wieder auf etwa 200 zurück. Im Laufe der Zeit hat die Gemeinschaft eine Reihe von rentablen Betrieben aufgebaut. Man webt, stellt aus Altpapier Isoliermaterial her, betreibt einen Verlag, produziert Grußkarten und unterhält Läden, in denen Bücher, Kunsthandwerk, Naturkost und Toilettenartikel verkauft werden. Es gibt auch eine „Garden School", in der moderne Gartenbaumethoden gelehrt werden, für die es keiner Kommunikation mit Devas bedarf. Mit den Gewinnen aus diesen Betrieben sowie mit Darlehen und Spenden von Gönnern konnten die Findhornianer ihren Besitz vergrößern. So hat die Gemeinschaft das *Cluny Hill*-Hotel, das nach dem Fortgang der Caddys verfiel, einen alten Bahnhof und mehrere große Häuser in Findhorn gekauft, die in Unterrichtsräume, Gaststätten und Gästehäuser umgewandelt wurden.

Doch ungeachtet all dieser materiellen Veränderungen ist die ursprüngliche Idee Findhorns bewahrt worden. Die Entscheidungen innerhalb der Gemeinschaft werden nicht durch Verordnungen getroffen, sondern fallen durch einen Prozeß der „Einstimmung", bei dem sich die Mitglieder an den Händen halten und die Augen schließen. Eine Bewohnerin von Findhorn drückte es einmal so aus: „Dies ist der beste Ort, den es gibt, um innerhalb einer Gruppe jedem Mitglied die Möglichkeit zu geben, den Energiefluß positiv zu unterstützen, damit dieser sich in die gleiche Richtung bewegt. Und die Liebe ist es, die alles möglich macht."

Diese Energie der Liebe geht auch über Findhorn hinaus. Wie Mitglied Ralph White erläutert, gehört es zur Arbeit von Findhorn, mit anderen Zentren in Verbindung zu treten, „um eine entstehende Struktur sichtbar zu machen, die wir das ‚Netzwerk des Lichts' nennen". Zu den Brieffreunden der tatkräftigen Findhorn-Gemeinschaft gehört auch eine Siedlung im Süden Indiens, wo die Zeit noch in Menschenaltern gerechnet wird.

Für Tausende, die sich am 28. Februar 1968 auf einer öden Hochebene unweit von Pondicherry an der Südostküste Indiens versammelt hatten, bedeutete die Sonne, die strahlend soeben über dem Golf von Bengalen aufging, den Anbruch eines neuen Tages in der Geschichte der Menschheit. Sie waren aus allen Teilen dieser Welt gekommen, um die Geburtsstunde Aurovilles – der „Stadt der Morgendämmerung" – zu erleben, die hier mit dem Segen der Organisation der Vereinten Nationen für Erziehung, Wissenschaft und Kultur (UNESCO) stattfand. Staub wirbelte auf, als die vielen Menschen in freudiger Erwartung zu den Zuschauersitzen drängten, die für diesen Anlaß um eine lotusförmige Urne herum aufgebaut worden waren.

Die Menge lauschte andächtig, als die wenigen Sätze der Gründungsurkunde Aurovilles in 15 Sprachen verlesen wurden. Sie begann mit den programmatischen Worten: „Auroville gehört niemandem im besonderen. Auroville gehört der ganzen Menschheit. Aber um in Auroville zu leben, muß man bereit sein, dem Göttlichen Bewußtsein zu dienen." Und sie endete mit dem Satz: „Auroville wird ein Ort materieller und geistiger Erforschung der lebendigen Verkörperung einer wirklichen menschlichen Einheit sein."

Als die Feier zu Ende war, gingen die meisten Gäste wieder fort, um in ihren Heimatländern ihre eigenen Träume zu verwirklichen. Einige aber blieben und machten sich daran, Brunnen zu bohren und Bäume zu pflanzen, in einem Boden, den die Sonne so sehr ausgedörrt hatte, daß sie Stemmeisen brauchten, um ihn aufzubrechen.

Es waren die ersten Bewohner einer utopischen Stadt, die einmal die Heimat von 50 000 Menschen werden sollte – Dienende, die bereit waren, eine grandiose Vision Wirklichkeit werden zu lassen. Diese Vision war das geistige Kind einer spirituellen Verbindung zwischen einer energischen Frau mit mystischen Neigungen und einem

Die Bewohner von Findhorn verbinden Traditionelles mit Vorstellungen des New Age, wenn sie sich am Weihnachtsabend um eine Kerze zu einer „Engelmeditation" versammeln. „Wir nehmen so Abschied von dem ‚Engel', der uns im vergangenen Jahr begleitet hat, und wählen einen ‚Engel', oder eine Eigenschaft, für das nächste Jahr", erklärt einer von ihnen.

indischen Revolutionär, der zum Guru geworden war. Die Frau hieß Mirra Alfassa und war 1878 als Tochter eines türkischen Bankiers und einer Ägypterin in Paris geboren worden. Schon in frühester Kindheit kam Mirra mit seltsamen Kräften in Berührung. Wie sie später berichtete, hatte sie im Alter von vier Jahren einen kleinen Stuhl, „auf dem ich still zu sitzen pflegte, vertieft in meine Gedanken. Dann überkam mich eine äußerst wohltuende Empfindung, und ich spürte etwas über meinem Kopf, das sehr stark war und ungemein strahlte – das Bewußtsein. Und ich hatte das Gefühl: Das muß ich leben, das muß ich sein". Später nahm das Etwas Gestalt an: als Krishna, der nach hinduistischem Glauben eine der Inkarnationen des Gottes Vishnu ist. Das Mädchen konnte sogar ein Bild von ihm zeichnen.

Als junge Frau bewegte sich Mirra im Kreis von Künstlern und Okkultisten. Sie heiratete zweimal, zunächst einen Pariser Maler und dann den französischen Diplomaten Paul Richard, der großes Interesse an östlichen Philosophien hatte. 1910 reiste Richard in politischen Angelegenheiten nach Pondicherry, das damals unter französischer Verwaltung stand, und während seines Aufenthaltes besuchte er einen Guru namens Sri Aurobindo, den er über die symbolische Bedeutung des Davidsterns befragte. (Es war eben jener Aurobindo, in dessen Ashram später Esalens Michael Murphy meditieren sollte.) Die beiden freundeten sich an, und einige Jahre später kehrte Richard nach Pondicherry zurück. Diesmal wurde er von seiner Frau begleitet, und als er ihr Sri Aurobindo vorstellte, erkannte sie in ihm sofort den Krishna ihrer Visionen, wie sie berichtete.

Von diesem Augenblick an hatte Mirra keine Zweifel mehr, wohin sie gehörte. Nach der Begegnung schrieb sie in ihr Tagebuch: „Eine immense Dankbarkeit steigt in meinem Herzen empor. Ich scheine endlich an die Schwelle gekommen zu sein, nach der ich so lange gesucht habe." Paul Richard fügte sich in das Unvermeidliche und zollte sogar Sri Aurobindos turmhoher Überlegenheit Anerkennung. „Um Berggipfel herum kann es nur Täler geben", sagte er. „Und ich möchte kein Tal sein."

Der Yogi, in dessen spirituelle Sphäre Mirra sich nun begab, wurde 1872 in Kalkutta geboren. Aurobindo Ghose war der Sohn eines anglophilen indischen Arztes, der dem Alkohol verfiel, und einer Mutter, die schließlich irrsinnig wurde. Er erhielt seine Erziehung in England, in Cambridge, und sprach fließend Latein, bevor er seine eigene Muttersprache beherrschte. Nach dem Studium begab er sich in die Dienste des Maharadschas von Baroda, der während eines Besuches in London Gefallen an Ghose gefunden hatte, und kehrte 1893 in seine Heimat Indien zurück.

Lange 13 Jahre arbeitete er im Fürstenstaat Baroda lustlos als Schreiber, doch in seiner Freizeit setzte er sich für die Unabhängigkeit Indiens ein. In jenen Kindertagen der Bewegung arbeitete der junge Mohandas K. Gandhi noch als Rechtsanwalt in Südafrika, und die meisten indischen Nationalisten glaubten fest daran, daß man den Briten die Unabhängigkeit durch friedliche Verhandlungen abringen könne. Aurobindo Ghose teilte diese Überzeugung jedoch nicht, und so gab er seine Stellung bei dem Maharadscha auf, um die Flammen revolutionärer Gewalt zu entfachen.

Im schwachen Schein eines Feuers fanden sich am 28. Februar 1988 noch vor Tagesanbruch die Einwohner von Auroville zusammen (links), um gemeinsam des 20. Gründungstages der utopischen Gemeinschaft im Südosten Indiens zu gedenken. Vor dem aufgeforsteten Wald hebt sich die Silhouette des kugelförmigen Matrimandir ab, an dem seit 1971 gebaut wird. Es soll einmal das spirituelle Zentrum von Auroville werden. Sein Name bedeutet „Tempel der Mutter".

Aurobindo konnte gut formulieren, und bald wurde er Redakteur der *Bande Mataram*, der Zeitung der indischen Nationalisten. Da er zum Widerstand gegen die Kolonialregierung aufrief, zog er sich zwangsläufig schon innerhalb kurzer Zeit den Unwillen der Briten zu, und 1908 ließ der Radscha ihn ins Gefängnis werfen. Aurobindo verbrachte beinahe ein Jahr in Einzelhaft, und in der stillen Abgeschiedenheit seiner Zelle hatte er erstmals Visionen. „Ich lag auf den einfachen Decken, die mir als Lager dienten", schrieb er später, „und fühlte mich von den Armen Sri Krishnas ganz umfangen, den Armen meines Freundes und Geliebten." Schon vor der Inhaftierung hatte Aurobindo sich ab und an mit Yoga befaßt. Nun jedoch wurde er zum Mittelpunkt seines Lebens – und zur philosophischen Stütze für die zukünftige utopische Gemeinschaft von Auroville. Im allgemeinen beinhaltet Yoga die Aufgabe des weltlichen Lebens, was aber nicht für die Schule gilt, für die sich Aurobindo entschied.

Dieser sogenannte Karma-Yoga ist der Yoga des Tuns, und nach Aurobindos Auslegung fand das spirituelle Leben in demjenigen den stärksten Ausdruck, der das gewöhnliche, alltägliche Leben der Menschen aus der Kraft des Yoga lebte. Jahre später sollte Mirra Alfassa dies vor Aurovilles Bürgern durch den knappen Satz ergänzen: „Jede Arbeit ist eine Art von heiliger Handlung." Deshalb stand es auch nicht im Widerspruch zu seinem Yoga, daß Aurobindo nach der Entlassung aus dem Gefängnis seine politische Tätigkeit wieder aufnahm, wenngleich nur für kurze Zeit.

Unablässig im Visier der britischen Behörden, erhielt er glücklicherweise einen *adesh* – einen göttlichen Befehl –, im französisch verwalteten Pondicherry Zuflucht zu suchen. Von dort richtete er 1910 einen Brief an eine Zeitung in Madras, in dem es hieß, er wünsche niemanden,

Eine Skulptur aus rotem Zement (oben) schmückt den Eingang der Schule von Auroville, die 1971 gebaut wurde und „Letzte Schule" heißt – vielleicht in der Hoffnung, daß die Gemeinschaft eines Tages ganz auf konventionelle Erziehungsmethoden verzichten kann.

Die marmorne Lotus-Urne (links) ist Mittelpunkt des Amphitheaters und gilt als Symbol dafür, daß Auroville eine internationale Gemeinschaft ist. Bei der Gründungszeremonie gaben Kinder aus 124 Nationen eine Handvoll Erde ihres Mutterlandes in das Gefäß.

der „in Verbindung mit politischen Angelegenheiten" stehe, zu sehen noch mit ihm über Politik zu korrespondieren, vielmehr hoffe er seine geistigen Forschungen unbehelligt von weltlichen Unruhen und revolutionären Turbulenzen fortsetzen zu können.

Als Mirra Alfassa 1920 in sein Haus einzog, hatte Sri Aurobindo lediglich eine Handvoll junger Anhänger um sich geschart, die zufrieden in einer chaotischen Umgebung miteinander lebten. Bald aber nahm Mirra die Dinge in die Hand. Sie stapelte die Bücher ordentlich in Schränke, legte einen kleinen Gemüsegarten an, rief gemeinschaftliche Meditationen ins Leben und betraute sogar Sri Aurobindo mit der Aufgabe, Fisch für ihre Katzen zu kochen. Gewiß, am Anfang murrten seine Anhänger vernehmlich, aber sie verstummten, als Sri Aurobindo verkündete, daß Mirra eine irdische Verkörperung von Shakti sei, der göttlichen Mutter, deren spirituelles Wissen „vorwiegend praktischer Natur" war. Aus diesem Grunde leitete die Mutter – wie sie fortan genannt wurde – Sri Aurobindos Schüler nun auch bei den täglichen Yoga-Übungen an, während sich der Meister noch tiefer in seine Meditationen versenkte.

Aurobindos Philosophie unterschied sich von der traditionellen indischen Denkweise. Er war nicht der Auffassung, daß die materielle Welt bloß eine Illusion war, der man im Streben nach Glückseligkeit nur mit Verachtung begegnen konnte. Wie er meinte, war die Welt die reale Manifestation des Göttlichen. „Man muß der Welt nicht entsagen", war seine Meinung, „um der Selbstverwirklichung näherzukommen." Die Krisen, die es in der Welt gab, sah er als Beweis dafür, daß die alten Denkweisen nicht mehr geeignet waren, die Probleme zu lösen. Erwartungsvoll sah er einer „vergeistigten Gesellschaft" entgegen, die nicht als Kollektiv-Ego, sondern als Kollektiv-Seele lebte.

Unter Leitung der Mutter wurde aus der kleinen Gruppe ein echter Ashram, der beim Tod Sri Aurobindos im Jahre 1950 etwa 1200 Bewohner zählte. Obwohl die Mutter den Rest ihres Lebens in dem Ashram verbrachte, richteten sich ihre Gedanken in den Jahren nach dem Verlust ihres Lehrers immer stärker auf die Gründung eines Ortes für „alle, die sich danach sehnen, die Wahrheit von morgen zu leben". Dieser Ort sollte Auroville heißen und eine Forschungsstätte zur Entwicklung des neuen Bewußtseins sein, ein Platz, an dem Menschen fern von allen nationalen Rivalitäten, gesellschaftlichen Konventionen, widersprüchlichen Moralvorstellungen und streitenden Religionen lebten. Wie sie außerdem erklärte, wolle die Gemeinschaft gern die Hilfe all derer annehmen, „die meinen, daß die Welt nicht so ist, wie sie eigentlich sein sollte".

Im Verständnis von Sri Aurobindos Karma-Yoga waren Ideen stets die Quelle von Taten. „Keine Worte – Taten!" ermahnte die Mutter ihre Anhänger. Und dann machte sie sich energisch an die Arbeit, zeichnete Pläne und gründete eine Organisation – die *Sri Aurobindo Society*, deren Präsidentin sie wurde –, um Gelder zu beschaffen und Land zu kaufen. Es ging nur langsam voran, und erst bei der Gründungsfeier, die an jenem denkwürdigen Morgen des Jahres 1968 stattfand, begann Auroville Gestalt anzunehmen.

Ein Modell der „Stadt der Morgendämmerung" sah, von oben betrachtet, aus wie eine spiralförmige Galaxie mit breiten Straßen, die sich symmetrisch nach außen wanden. Im Zentrum befand sich eine riesige goldene Kugel, „Matrimandir" genannt, ein Meditationszentrum, das nach den Worten der Mutter „die Seele von Auroville" darstellte. Der Bau mit seiner Grundfläche von fast 30 mal 40 Metern sollte von vier Säulen getragen werden, welche die vier Kräfte der Mutter repräsentierten: *maheshwari* (Weisheit), *mahalaksmi* (Stärke), *mahasarawati* (Harmonie) und *mahakali* (Vollkommenheit). In der oberen Hälfte der Kugel befand sich ein zwölfeckiger „Innerer Raum", dessen Wände mit 40 Tonnen weißem Marmor verkleidet werden sollten. Oben auf dem Gebäude war ein Spiegel vorgesehen, der die Strahlen der Sonne auf eine riesige, klare Kristallkugel lenkte, die das Heiligtum erleuchtete. Um das Gebäude herum sollte sich in einer Distanz von drei Kilometern ein Grüngürtel ziehen aus Laubwäldern, Plantagen mit Obst- und Nußbäumen sowie zwölf Gärten, in denen üppig wuchernde Pflanzen sowie Hibiskus und Orchideen wuchsen. Insgesamt sollte Auroville eine kreisrunde Fläche von 5000 Hektar bedecken, von denen jedoch nur etwa 800 Hektar von Aurovillern bewohnt wurden, deren Siedlungen bedeutungsvolle Namen wie „Streben", „Frieden", „Gewißheit" und „Nützlichkeit" trugen. Das übrige Land sollte größtenteils den 20 000 einheimischen Tamilen vorbehalten bleiben. Aurovilles Wegbereiter für ein neues Zeitalter wollten in kooperativer Gemeinschaft mit einem Volk leben, das immer noch die 2000 Jahre alten Bräuche seiner Vorfahren pflegte.

In den pilzförmigen Gebäuden links ist die Bibliothek der Schule von Auroville untergebracht, in den Pyramiden im Hintergrund befindet sich ein wissenschaftliches Labor. Dieses Photo wurde 1972, kurz nach Fertigstellung der Gebäude, aufgenommen. Mittlerweile spenden ihnen einige der zahllosen Bäume, die von den Aurovillern gepflanzt wurden, etwas Schatten. Rechts sieht man das Haus eines Künstlers in der Siedlung Ami, das typisch für die Phantasie der Auroviller ist.

In einem Klassenzimmer der „Letzten Schule" lernen Kinder von Auroville Sanskrit. In der Schule wird auch Französisch, Englisch und Tamilisch, die Sprache der Einheimischen, unterrichtet. Aurovilles Lehrer sehen in der Erziehung eine Chance, einen neuen Menschen heranzubilden. Dabei bedienen sie sich unorthodoxer Lehrmethoden. So benutzen sie beispielsweise ganz Auroville als Klassenzimmer und befragen die Kinder ausführlich, was und wie sie lernen wollen.

Buckminster Fullers Vision: Mehr durch Weniger

Es war das Ziel des Ingenieurs und Architekten Richard Buckminster Fuller *(unten)*, mit Hilfe phantasievoller technischer Konstruktionen eine irdische Utopie zu verwirklichen. Er glaubte, den Bedürfnissen aller gerecht werden zu können, indem er Mehr durch Weniger schuf. Fuller – er wurde 1895 geboren, als Pferde noch ein ganz vertrauter Anblick und Glühbirnen eine Seltenheit waren – gehörte zu den Autodidakten. Durch seinen Dienst bei der Marine während des Ersten Weltkriegs und eine Reihe von Jobs erwarb er solide technische Grundkenntisse, doch zu Geld kam er dabei nicht. Als er 1927 nach einigen beruflichen Fehlschlägen deprimiert an Selbstmord dachte, während er in Chicago eine Straße entlangging, fühlte er sich plötzlich „in einer Art funkelnden Kugel" emporgehoben und hörte eine Stimme sagen, daß er nicht auf die weltliche Anerkennung seiner Ideen warten solle, da sie gut seien. So machte er sich daran, seine Utopie zu verwirklichen.

Im Jahre 1928 stellte er das Modell eines transportablen Heims vor, sein sogenanntes „Dymaxion-Haus", das an einem Mast in der Mitte aufgehängt war *(unten)*. Es sollte in Massenproduktion hergestellt, auf dem Luftweg geliefert werden und nur den fünften Teil eines normalen Hauses kosten. Das Haus ging nie in Serie, doch eine andere Erfindung Fullers – die geodätische Kuppel – fand mehr Freunde. Als Grundelemente verwendete Fuller Oktaeder und Tetraeder, die er zu hohlen Halbkugeln zusammensetzte. Sie besaßen bei minimalem Materialaufwand eine enorme Stabilität. Heute werden Fullers geodätische Kuppeln auf der ganzen Welt benutzt.

Es entmutigte Fuller keineswegs, daß nur wenige seiner Erfindungen solche Anerkennung fanden. Wie er glaubte, würden sie akzeptiert, wenn man sie dringend benötigte.

Sehr rasch holte die rauhe Wirklichkeit sie ein. Als am Tag nach der Gründungsfeier einer der ersten Siedler die Gegend erforschte, überwältigte ihn ein nicht geringer Schreck. „Da war nichts", erinnerte er sich später. „Der Wind peitschte über das Land, und es war kein einziger Baum da. Einfach nichts." In den Monaten, die folgten, brannte eine grausame Sonne auf die Siedler nieder, während sie sich mühten, ihrer neuen Heimat Gestalt zu geben. Naiv-arglos hatten die Auroviller erwartet, daß die einheimischen Tamilen sie wohlwollend auf ihrem Weg in die Zukunft der Menschheit begleiten würden, doch wie sich herausstellte, waren sie überaus mißtrauisch. Ein Tamile erinnerte sich im nachhinein: „Die ersten Auroviller kamen mit Jeeps in unser Dorf. Sie gaben uns Süßigkeiten, und wir glaubten, daß sie die Absicht hatten, uns zu vertreiben und unser Land zu stehlen".

Doch ungeachtet all dieser Schwierigkeiten blieben die ersten Bewohner Aurovilles der Karma-Yoga-Schule treu und packten mit einer Energie zu, die durch ihren Traum genährt wurde. Sie begannen mit der Aufforstung, und am 21. Februar 1971 wurde der Grundstein für das Matrimandir gelegt.

Am 17. November 1973 traf Auroville ein schwerer Verlust. Im Alter von 95 Jahren verließ die Mutter ihren Körper, wie es bei den Hindus heißt. Durch ihren Tod war die

In diesem Entwurf Fullers wird Manhattan von der 22. bis zur 62. Straße durch eine kunststoffbeschichtete geodätische Kuppel geschützt, die sich mehr als hundert Meter über das Empire State Building erhebt. Für eine Kuppel dieser Größe wäre weniger Stahl erforderlich als einst für den Bau des Ozeanriesen „Queen Mary". Durch die Möglichkeit, das Klima unter der Kuppel zu kontrollieren, könnten nach Fullers Meinung sowohl Energie- wie auch Reinigungskosten gespart werden.

Eine andere Idee Fullers sind die sogenannten „Cloud Nines", futuristische Maschinen, die leichter als Luft sind und durch Ausnutzung der Sonnenenergie über die Erde schweben. Nach Fullers Berechnungen wiegt eine geodätische Kunststoffkugel mit einem Durchmesser von 800 Metern nur ein Tausendstel der in ihr eingeschlossenen Luft und steigt empor, wenn diese Luft von der Sonne erwärmt wird. In einer einzigen Kugel könnten viele hundert Menschen reisen oder wohnen.

Diese Abbildung zeigt eine weitere Erfindung Fullers aus späteren Jahren – eine Stadt innerhalb einer aus Tetraedern zusammengesetzten Pyramide, die hier über der San Francisco Bay in der Luft schwebt. Wie die „Cloud Nines" sollte sie durch Sonnenwärme emporgehoben werden. Fuller betrachtete seine Luftbauten, Kuppelstädte und leichten Häuser als preiswerte „Wohnmaschinen", deren Bau aufgrund ihres geringen Materialbedarfs die kostbaren Ressourcen der Erde schonte.

Gemeinschaft führerlos geworden, und es folgte eine Zeit beträchtlicher Unruhe. Doch Auroville überlebte, und die Bewohner arbeiteten weiter. Bis 1990 sind mehr als zwei Millionen Bäume gepflanzt worden, die Erosion hat sich verlangsamt, in den alten ausgetrockneten Brunnen der Tamilen-Dörfer gibt es wieder Wasser, und in den neuen Wäldern singen Vögel. Die Arbeiten am „Inneren Raum" des Matrimandir sind beinahe abgeschlossen, aber das gesamte Gebäude wird erst in einigen Jahren fertiggestellt sein. Noch immer ist Auroville auf Spenden angewiesen, die von Freunden aus der ganzen Welt kommen, doch hat man mittlerweile verschiedene kleine Gewerbebetriebe gegründet.

In einer Siedlung beispielsweise bedienen sich die Auroviller westlicher Marketing-Methoden, um gewebte Waren zu verkaufen, die nach alter tamilischer Tradition hergestellt werden. Nicht weit entfernt davon baut eine Gruppe deutscher und französischer Fachleute Microcomputer. Von den 725 Bewohnern Aurovilles stammen etwa zwei Drittel aus dem Westen, wobei die Europäer den Amerikanern zahlenmäßig weit überlegen sind. Bei den übrigen handelt es sich hauptsächlich um Inder, und zur Freude der Auroviller, die einst als Eindringlinge betrachtet wurden, arbeiten in der Zwischenzeit auch etwa 2500 einheimische Tamilen in den verschiedenen Betrieben der Gemeinschaft oder nehmen an Ausbildungsprogrammen teil. Unlängst war Auroville auch Organisator eines eigenen internationalen Projektes im Sinne der „Bürgerdiplomatie" und brachte 45 junge Erwachsene zusammen, von denen jeweils 15 aus Indien, der Sowjetunion und den Vereinigten Staaten stammten. Heute genießt die Gemeinschaft die Anerkennung und Unterstützung der indischen Regierung, die 1988 sogar ein entsprechendes Gesetz verabschiedete.

Der Lebensstandard in den etwa 40 verstreut liegenden Siedlungen Aurovilles ist sehr unterschiedlich. Nahe dem Zentrum der Gemeinschaft gibt es Bezirke, die ein ehemaliger Auroville-Bewohner aus Deutschland mit einem „Vorort von Frankfurt" verglich. Dort wohnen die Leute in hübschen, modernen Häusern und verfügen über eine Annehmlichkeit, die in Südindien eher selten ist – fließendes Wasser. Die Bewohner der Randgebiete leben in einfachen Hütten und holen ihr Wasser aus Brunnen. Doch Komfort hat auf der Wunschliste der Auroviller nie weit oben gestanden, für sie zählen innere Harmonie und der Einklang mit der Umwelt."

Esalen, Findhorn und Auroville sind drei Beispiele für Gemeinschaften mit sehr unterschiedlicher Entstehungsgeschichte, unterschiedlichen Aufgaben und Auffassungen darüber, welchen Platz sie auf dem Planeten einnehmen. Solche Gemeinschaften präsentieren sich der Welt, die sie verändern wollen, in einer großen Vielfalt.

Während Auroville in einer öden Wildnis gegründet wurde, lassen sich andere Gruppen in bereits existierenden Städten nieder. Einigen genügt es, einfach inmitten des hektischen Stadtlebens Inseln der Ruhe zu schaffen. „Wir leben in einer lauten Großstadtstraße und kommen jeden Abend zum Essen zusammen, um miteinander über unsere Erlebnisse zu sprechen", beschreibt ein Mitglied des *New Moon House* in San Francisco die Lebensweise der Gruppe. „Wir verzichten auf das Fernsehen, ernähren uns vorwiegend vegetarisch und rauchen nicht."

Andere städtische Gemeinschaften arbeiten vor allem im karitativen Bereich. 1967 gründeten in Milwaukee einige Katholiken, die es für notwendig hielten, „daß sich die katholische Kirche mehr um die Armen auf der Straße kümmert", die Organisation *Casa Maria*. Sie versorgt Bedürftige nicht nur mit Essen, Kleidung und gebrauchten Möbeln, sondern besitzt sogar ein großes Haus, in dem Platz für vier Familien und drei alleinstehende Frauen ist.

Heute gibt es auch eine ganze Anzahl von Projekten, an die jene Blumenkinder der 60er und 70er Jahre selbst in ihren kühnsten Träumen nicht gedacht hätten. Sie spiegeln einen zunehmenden Reifeprozeß der „Alternativen" wider. „Als einzelne wie auch als Gemeinschaften haben viele von uns ihre infantilen reaktionären Neigungen hinter sich gelassen", sagt David Thatcher, dessen *100 Mile House* in British Columbia zu der *Emissary Foundation International* gehört, die weltweit etwa 200 Gemeinschaften mit ungefähr 10 000 Bewohnern zählt. „Wir betrachten uns auch nicht mehr als alternative Gesellschaft", fährt Thatcher fort, „sondern als ‚ergänzende Katalysatoren' oder als ‚Lichtzentren'."

Einige New-Age-Gruppen arbeiten unter Bedingungen, um die sie viele konventionellere Institutionen beneiden mögen. Die *Federation of Egalitarian Communities* zum Beispiel verfügt über ein Netz von sechs Organisationen, das von Oregon bis nach New Hampshire und Ontario reicht. Ihre rund 200 Mitglieder arbeiten in Kleinbetrieben und erwirtschaften pro Jahr etwa eine Million Dollar Umsatz. Alle sechs existieren bereits seit mehr als zehn Jahren, und mittlerweile hat die Vereinigung eine Informationsmappe zusammengestellt, die unter anderem über Mitgliedschaft, Satzungen, Eigentumsregelungen, Hausordnungen, Arbeitsorganisation, Verwaltungsformen, die Philosophie der Gemeinschaft, Steuereingruppierungen und Besucherpolitik unterrichtet. Mitglieder, die von einer Gemeinschaft zur anderen reisen, um dort zu arbeiten oder an Konferenzen teilzunehmen, erhalten eine finanzielle Unterstützung, und es gibt auch einen Fonds, aus dem besonders hohe Krankenkosten bezahlt werden. Viele Gemeinschaften haben zudem, so Thatcher, „ihre Haltung geändert und gehen nicht mehr auf Konfrontationskurs zu existierenden Institutionen, sie respektieren sie und arbeiten mit ihnen zusammen". Die *Roandoak of God Christian Commune* im kalifornischen Morro Bay beispielsweise bietet eine Arbeitstherapie an; Menschen mit Problemen werden von Bewährungshelfern und Kirchen dorthin vermittelt.

Seit den Tagen, in denen die Kommunen noch als Brutstätten des Drogenmißbrauchs galten, hat sich die New-Age-Bewegung stark gewandelt. In vielen Gemeinschaften sind heute nicht nur illegale Drogen, sondern auch Alkohol und Tabak verpönt. Dennoch stellen diese Gruppen in der Regel ein Schreckgespenst für ihre bürgerlicheren Nachbarn dar. Gemeinschaften von Homosexuellen beispielsweise begegnet die Bevölkerung nicht selten mit Ablehnung. Doch die Homosexuellen gehen mitunter in die Offensive, um ihre Anliegen öffentlich zu vertreten, wie die *Wimmin of Spiral*, eine Gemeinschaft von Lesbierinnen in Monticello, Kentucky, die sich nach eigener Aussage „der Unterstützung des Femininismus und dem Kampf gegen Sexismus, Rassismus und Kapitalismus, die Diskriminierung alter Menschen, den Leistungsdruck sowie gegen den Heterosexismus in unserer patriarchalischen Gesellschaft" verschrieben haben.

Unter dem Dach des New Age versammeln sich zahlreiche Gemeinschaften mit den unterschiedlichsten Zielen. Die einen führen in Provinzstädten Kanadas Theaterstücke auf, andere versuchen mit Delphinen im fernen Pazifik in Verbindung zu treten. Viele leben ein einfaches, christliches Leben ohne konfessionelle Bindungen, andere stehen einer der Kirchen nahe. So ist die *Holy City Community*, die auf einem 25 Hektar großen Stück Land im sumpfigen Wald von Louisiana liegt, den Weisungen eines katholischen Bischofs verpflichtet. Im kalifornischen Berkeley gibt es die *Aquarian Minyan*, die sich als „egalitäre spirituelle Gemeinschaft von Juden" bezeichnet. Andere Gemeinschaften wiederum sind an keine der herkömmlichen Kirchen gebunden.

Doch die meisten dieser Gemeinschaften befassen sich mit östlichen Religionen, Philosophien, Lehren und Mysterien, um durch eine Bewußtseinserweiterung Energien zu erzeugen, die die Welt verändern. Es gibt zahllose Gurus mit klangvollen Namen, deren Lehren Gemeinschaften auf der ganzen Welt folgen, indem sie sich in Kundalini-Yoga, Raja-Yoga, Bhakti-Yoga, Karma-Yoga oder Hatha-Yoga üben. Außerdem gibt es noch Dutzende, wenn nicht gar Hunderte von Bauernhöfen, die über die Hügel Englands, die Ausläufer der Pyrenäen, den gefährlichen australischen Busch, das Grasland Afrikas und die Täler Oregons verstreut liegen. Einige sind über 800 Hektar groß, andere winzigklein. Einige sind hochtechnisierte Betriebe mit modernsten Produktionsmethoden, andere pflügen ihre Äcker noch auf fast mittelalterliche Weise mit Pferden. Doch unabhängig von ihrer Größe oder ihrem technologischen Standard werden diese bäuerlichen Gemeinschaften von einer uralten Sehnsucht der Menschen beseelt, in Harmonie mit der Erde zu leben und das Wachstum der Pflanzen zu beobachten.

Wie auch immer ihre Philosophie, Lebensweise oder Organisation aussehen mag, alle Gemeinschaften haben das Ziel, eine bessere Welt zu schaffen. Für einige ist diese Welt auf ihr persönliches Umfeld und für andere auf die lokale Ebene beschränkt, viele hingegen sehen ihre Arbeit als globale Aufgabe. „Über die ganze Erde verstreut leben ungezählte einzelne Menschen, kleine Gruppen und Gemeinschaften, die im stillen an einer Gesellschaft arbeiten, die auf der Einheit des menschlichen Geschlechts und dem Zusammenwirken mit den Kräften der Natur basiert", sagte einmal ein Findhorn-Mitglied. Nach Gordon Davidson und Corinne McLaughlin, die im Zuge ihrer Recherchen für ein Buch mehr als hundert dieser Gruppen besuchten, ist allen „ein unverkennbarer Optimismus und eine Lebenskraft zu eigen, die man in der normalen Gesellschaft nur selten findet". Und diese „Begeisterung und schöpferische Kraft" sei in der Tat nichts weniger als „die Energie der Zukunft, die in der Gegenwart zu Gast ist".

DANKSAGUNG

Die Herausgeber möchten den folgenden Personen und Institutionen ihren besonderen Dank aussprechen: Stefania Auroli, Rom; Lydia Bonora, Rélations Publiques, Musée des Beaux-Arts, Chartres, Frankreich; Kathryn Booth, Terre Nouvelle, Laragne, Frankreich; Caroline Bourbonnais, La Fabuloserie, Dicy, Frankreich; Center for Communal Studies, University of Southern Indiana, Evansville, Indiana, USA; Ester Coen, Rom; Dr. Bodo von Dewitz, Agfa Foto-Historama, Köln; Professor Robert S. Fogarty, Antioch College, Yellow Springs, Ohio, USA; Jerry Grant, Shaker Museum; Sabine Hartmann, Bauhaus-Archiv, Berlin; Kansas Grassroots Art Association, Lawrence, Kansas, USA; Monika Kinley, Outsider Archive, London; Heidi Klein, Bildarchiv Preußischer Kulturbesitz, Berlin; Susanne Klingeberg, Itzehoe; Grace Knoche, Theosophical Society; Robert Knodt, Fotografische Sammlung im Museum Folkwang, Essen; Martina de Luca, Rom; G. Franco Maffina, Direktor, Fondazione Russolo-Pratella, Varese, Italien; June Maher, Auroville International USA, Sacramento, Kalifornien; Kirby van Mater, Theosophical Society; Jean Prince, Findhorn Foundation, Forres, Schottland; Michele del Re, Rom; Father Ronald, Brotherhood of the Essenes, Seven Oaks, Kent, England; C. Raman Schlemmer, Kurator des Oskar Schlemmer Family Estate und Oskar Schlemmer Theater Estate, Oggebbio, Italien; SPACES (Saving and Preserving Arts and Cultural Environments), Los Angeles; Roberto Sparagio, Comunità Damanhur, Baldissero Canavese, Turin, Italien; Sergio Stingo, Mailand; Lise Tatin, Musée Robert Tatin, Cossé-le-Vivien, Frankreich; Achim Windschuh, Akademie der Künste, Abt. Baukunst, Berlin.

BIBLIOGRAPHIE

Adams, Steven: *Arts & Crafts. Eine außergewöhnliche Kunstbewegung.* Xenos-Verlagsgesellschaft, Hamburg 1989

Andô, Shôei: *Zen and American Transcendentalism.* Hokuseido Press, Tokio 1970

Andrews, Edward D.:
The Gift to Be Simple. Dover, New York 1962
The People Called Shakers. Dover, New York 1963

Apollonio, Umbro (Hrsg.): *Der Futurismus. Manifeste und Dokumente einer künstlerischen Revolution 1909-1918.* Übers. von Christa Baumgarth und Helly Hohenemser. Verlag M. DuMont Schauberg, Köln 1966

Auroville Today (Tamil Nandu, Indien), 28. Februar 1989 und August-September 1989

The Avant Garde in Russia: 1910-1930 (Ausstellungskatalog). Los Angeles County Museum of Art, Los Angeles 1986

Bayer, Herbert, Gropius, Walter und Ilse (Hrsg.): *Bauhaus 1919-1928.* Niggli, Teufen (Schweiz) 1959

Bell, Quentin: *Ruskin.* George Braziller, New York 1978

Benesch, Otto: *The Art of the Renaissance in Northern Europa.* Phaidon, Greenwich (Conn.) 1965

Bennett, J. G.: *Gurdjieff – Der Aufbau einer neuen Welt.* Aurum Verlag, Freiburg 1976

Berneri, Marie Louise: *Reise durch Utopia.* Kramer Verlag, Berlin 1982

Bestor, Arthur, Jr.: *Backwood Utopias.* University of Pennsylvania Press, Philadelphia 1950

Biesantz, Hagen, Klingborg, Arne, und Fant, Åke: *Das Goetheanum. Der Bau-Impuls Rudolf Steiners.* Philosophisch-Anthroposophischer Verlag, Goetheanum Dornach 1978

Boller, P. F., Jr.: *American Transcendentalism, 1830-1860.* G. P. Putnam's Sons, New York 1974

Brewer, Priscilla J.: *Shaker Communities, Shaker Lives.* University Press of New England, Hannover (N.H.) 1986

Canaday, John: *Mainstreams of Modern Art.* Holt, Rinehart and Winston, New York 1964

Carden, Maren Lockwood: *Oneida: Utopian Community to Modern Cooperation.* Johns Hopkins Press, Baltimore 1969

Carmean, E. A., Jr.: *Mondrian: The Diamond Compositions.* National Art Gallery, Washington (D.C.) 1979

Chelminski, Rudolph: „Robert Tatin – Artist, Fantasist, Visionary – Revels in Museum Built with His Own, and His Wife's Hands." *Smithsonian*, Februar 1979

Cheney, Sheldon: *Vom mystischen Leben. Geschichte der Mystik in den verschiedenen Zeitaltern.* Limes Verlag, Wiesbaden 1949

Chevalier, Denys: *Klee.* Südwest Verlag, München 1972

Collins, George R.: *Antonio Gaudi.* Otto Maier Verlag, Ravensburg 1962

Comstock, Craig, und Feller, Gordon: „New Wave Diplomat." *Nuclear Times*, November-Dezember 1986

Corcoran, Bobbi: *The New Age Community Guidebook.* Harbin Spring, Middletown (Calif.) 1988

Covello, Joe, und Benedict, Lowell: „Clarence Schmidt." *Cosmopolitan*, Dezember 1964

Crease, Robert, und Mann, Charles: „The Transformed Trash of Untrained Artists." *Smithsonian*, August 1983

Curtis, Edith Roelker: *A Season in Utopia.* Russell & Russell, New York 1961

Descharnes, Robert, und Prévost, Clovis: *Gaudí: The Visionary.* Dorset Press, New York 1982

Easton, Stewart C.: *Rudolf Steiner: Herald of a New Epoch.* Anthroposophic Press, Spring Valley (N.Y.) 1980

Edwards, Paul (Hrsg.): *The Encyclopedia of Philosophy.* Bd. 7. Macmillan, New York 1967

Eliade, Mircea:
Das Mysterium der Wiedergeburt. Versuch über einige Initiationstypen. Insel Verlag, Frankfurt/M. 1988
Das Heilige und das Profane. Vom Wesen der Religionen. Insel Verlag, Frankfurt/M. 1984

Eliade, Mircea (Hrsg.): *The Encyclopedia of Religion.* Bd. 6 und 11. Macmillan, New York 1987

The Encyclopedia of Eastern Philosophy and Relligion. Shambhala, Boston 1989

Fauchereau, Serge (Hrsg.): *Moscow 1900-1930.* Rizzoli, New York 1988

Ferguson, John:
Encyclopedia of Mysticism and Mystery Religions. Crossroad, New York 1982
Utopias of the Classical World. Cornell University Press, Ithaca (N.Y.) 1975

Ferguson, Marilyn: *Die sanfte Verschwörung.* Knaur Verlag, München 1984

The Findhorn Community:
Faces of Findhorn. Harper & Row, San Francisco 1980
Der Findhorn-Garten. Ein neues Zukunftsbild: Mensch und Natur im Einklang. Schickler Verlag, Berlin 1987

Finster, Howard, und Patterson, Tom: *Howard Finster: Stranger from Another World.* Abbeville Press, New York 1989

Fletcher, John: *Art Inspired by Rudolf Steiner.* Mercury Arts, Hertfordshire (England) 1987

Fletcher, Valerie J.: *Nightmares: Utopian Visions in Modern Art.* Smithsonian Institution Press, Washington (D.C.) 1983

Franciscono, Marcel: *Walter Gropius and the Creation of the Bauhaus in Weimar.* University of Illinois, Urbana (Ill.) 1971

Friedman, Mildred (Hrsg.): *De Stijl: 1917-1931. Visions of Utopia* (Ausstellungskatalog). Abbeville Press, New York 1982

„From Foundation to Foundation." *Auroville Today* (Tamil Nandu, Indien), 28. Februar 1989

Fuller, R. Buckminster: *Critical Path.* St. Martin's Press, New York 1981

Gaines, Judith: „In the Eden of Id." *The Boston Globe Magazine*, 21. Juni 1987

Gardner, Albert TenEyck, und Feld, Stuart P.: *American Paintings* (Ausstellungskatalog). Metropolitan Museum of Art, New York 1965

Gaunt, William: *The Pre-Raphaelite Dream.* Schoken Books, New York 1966

Genovese, E. N.: „The Paradise and Golden Age: Ancient Origins of the Heavenly Utopia." *The Utopian Vision.* University Press, San Diego 1983

Glenn, Jerome Clayton:
„Auroville." *The Futurist*, Oktober 1980
Linking the Future: Findhorn, Auroville, Arcosanti. Hexiad Project, Cambridge (Mass.) 1979
„Prototype Communities of Tomorrow: Auroville." *The Futurist*, Oktober 1980

Greenwald, Jeff: „Glasnost by the Bay." *San Francisco Focus*, Dezember 1989

Harvey, David: *Thorsons Complete Guide to Alternative Living.* Thorsons, Wellingborough (England) 1986

Hawken, Paul: *Der Zauber von Findhorn.* Hugendubel Verlag, München 1984

Hayden, Dolores: *Seven American Utopias.* MIT Press, Cambridge (Mass.) 1976

Heehs, Peter: *Sri Aurobindo: A Brief Biography.* Oxford University Press, New York 1989

Heinberg, Richard:
Memories and Visions of Paradise. Jeremy P. Tarcher, Los Angeles 1989
„The Universal Myth of the Lost Golden Age." *New Realities*, Mai-Juni 1989

Hemleben, Johannes: *Rudolf Steiner.* Rowohlt Verlag, Reinbek o. J.

Hemphill, Herbert W., Jr., und Weissman, Julia: *Twentieth-Century American Folk Art and Artists.* E. P. Dutton, New York 1974

Henderson, Philip: *William Morris: His Life, Work and Friends.* McGraw-Hill, New York 1967

Hertzler, Joyce Oramel: *The History of Utopian Thought.* Macmillan, New York 1926

Hilton, Timothy: *The Pre-Raphaelites.* Harry N. Abrams,

New York 1970
Holloway, Mark: *Heavens on Earth.* Dover, New York 1966
Holme, Bryan: *Zauberwelt der Bilder. Eine ganz und gar ungewöhnliche Einführung in die Kunst.* Umschau Verlag, Frankfurt 1979
Horgan, Edward R.:
The Shaker Holy Land. Harvard Common Press, Harvard (Mass.) 1982
In the Image of Man: The Indian Perception of the Universe through 2000 Years of Painting and Sculpture. Alpine Fine Arts Collection, New York 1982
„In Long-Forbidden Tibet." *National Geographic*, Februar 1980
Jones, Allen H.: *Essenes.* University Press of America, Lanham (Md.) 1985
Jong, Casper de: *Paintings of the Western World.* Barnes & Noble, New York 1963
Jouve, Jean-Pierre, Prévost, Claude, und Prévost, Clovis: *Le Palais Idéal du Facteur Cheval.* Moniteur, Paris 1981
Kagan, Donald, Ozment, Steven, und Turner, Frank M.: *The Western Heritage: 1300-1815.* Macmillan, New York 1983
Kahn, Alice: „Esalen at 25." *Los Angeles Times Magazine*, 6. Dezember 1987
Kanter, Rosebeth Moss:
Commitment and Community. Harvard University Press, Cambridge (Mass.) 1972
Communes. Harper & Row, San Francisco 1973
Kephart, William M.: *Extraordinary Groups.* St. Martin's Press, New York 1982
King, Ronald: *The Quest for Paradise: A History of the World's Gardens.* Mayflower, New York 1979
Kourik, Robert: „The Lessons of Esalen." *National Gardening*, Januar 1988
Laidler, Harry W.: *Social-Economic Movements.* Thomas Y. Crowell, New York 1946
Lamson, David R.: *Two Years' Experience among the Shakers.* David R. Lamson, West Boylston (Mass.) 1848
Larson, Martin A.: *The Essene Heritage.* Philosophical Library, New York 1967
Leonard, George: „Encounters at the Mind's Edge." *Esquire*, Juni 1985
Lipke, William C., und Blasdel, Gregg: *Schmidt* (Ausstellungskatalog). Robert Hull Fleming Museum, University of Vermont, Burlington (Vt.) 1975
Litwak, Leo E.: „Joy Is the Prize." *The New York Times Magazine*, 31. Dezember 1967
Lockridge, Ross F.: *The Labyrinth.* Hyperion Press, Westport (Conn.) 1975
Lohman, Ruud: *A House of the Third Millennium: Essays on Matrimandir.* Alain Grandcolas, Paris o. J.
McKnight, Floyd: *Rudolf Steiner and Anthroposophy.* Anthroposophical Society in America, New York 1977
McLaughlin, Corinne, und Davidson, Gordon: *Builders of the Dawn: Community Lifestyles in a Changing World.* Sirius, Shutesbury (Mass.) 1986
Manley, Roger: *Signs and Wonders: Outsider Art inside North Carolina* (Ausstellungskatalog). North Carolina Museum of Art, Raleigh (N.C.) 1989
Marshall, Tyler: „A Futuristic Community Fails." *Providence Rhode Island Evening Bulletin*, 8. Dezember 1982
Martin, Eddie Owens, und Patterson, Tom: *St. Eom in the Land of Pasaquan.* The Jargon Society, Columbus (Ga.) 1987
May, Antoinette: „Auroville: Legacy of a Goddess." *Psychic*, September-Oktober 1974
Melton, J. Gordon: *Encyclopedia of American Religions.* Gale Research, Detroit 1987
Missing Pieces: Georgia Folk Art (Ausstellungskatalog). Georgia Council for the Arts and Humanities, Atlanta 1976
Molnar, Thomas: *Utopia: The Perennial Heresy.* Tom Stacy, London 1972
Moment, Gairdner B., und Kraushaar, Otto F. (Hrsg.): *Utopias: The American Experience.* Scarecrow Press, Metuchen (N.J.) 1960
Moore, James: *Gurdjieff and Mansfield.* Routledge & Kegan Paul, London 1980
Morgan, Arthur E.: *Nowhere Was Somewhere: How History Makes Utopias and How Utopias Make History.* Greenwood Press, Westport (Conn.) 1976
Moszynska, Anna: *Abstract Art.* Thames and Hudson, London 1990
The Mother of Auroville. Auropublications, Auroville (Tamil Nandu, Indien) 1977
Moynihan, Elizabeth B.: *Paradise as a Garden: In Persia and Mughal India.* George Braziller, New York 1979
Mumford, Lewis: *The Story of Utopias.* Peter Smith, Gloucester (Mass.) 1959 (Reprint der Ausgabe von 1922)
Naives and Visionaries (Ausstellungskatalog). Walker Art Center, Minneapolis. E. P. Dutton, New York 1974
Naylor, Gillian: *The Bauhaus Reassessed: Sources and Design Theory.* E. P. Dutton, New York 1985
Naylor, Gillian (Hrsg.): *William Morris by Himself: Designs and Writings.* Little, Brown, Boston 1988
Newman, Cathy:
„The Shakers' Brief Eternity." *National Geographic*, September 1989
„The Next Challenge." *Auroville Today* (Tamil Nandu, Indien), 28. Februar 1989
Nisbet, Robert: „America as Utopia." *Current*, Juni 1987
Oxley, William: *Modern Messiahs and Wonder Workers.* Trübner, London 1889
Pérouse de Montclos, Jean-Marie: *Etienne-Louis Bouillée (1728-1799).* George Braziller, New York 1974
Platon: *Der Staat.* Artemis Verlag, München 1973
Popenoe, Oliver und Cris: *Seeds of Tomorrow: New Age Communities That Work.* Harper & Row, San Francisco 1984
Richards, I. A. (Hrsg.): *The Republic of Plato.* W. W. Norton, New York 1942
Richardson, E. P.: *Painting in America: From 1502 to the Present.* Thomas Y. Crowell, New York 1965
Rose, Anne C.: *Transcendentalism as a Social Movement.* Yale University Press, New Haven (Conn.) 1981
Rose, Milton C., und Mason, Emily (Hrsg.): *A Shaker Reader.* Universe Books, New York 1975
Rosen, Seymour: „Environments in France." *SPACES*, Nummer 10, 1989
Roters, Eberhard: *Maler am Bauhaus.* Rembrandt-Verlag, Berlin 1965
Rudofsky, Bernard: „Home Is What You Make it." *Horizon*, Herbst 1964
Ruedi, Hans, und Clerc, Priska: *Das Goetheanum und seine Umgebung.* Philosophisch-Anthroposophischer Verlag, Goetheanum Dornach 1987
Sasson, Diane: *The Shaker Spiritual Narrative.* University of Tennessee Press, Knoxville (Tenn.) 1983
Scott-Kilvert, Ian (Hrsg.): *British Writers.* Bd.7. Charles Scribner's Sons, New York 1984
Shambaugh, Bertha M. H.: *Amana.* State Historical Society of Iowa, Iowa City (Iowa) 1988
Sharp, Dennis (Hrsg.): *Glass Architecture by Paul Scheerbart and Alpine Architecture bei Bruno Taut.* Praeger, New York 1972
Sieden, Lloyd Steven: *Buckminster Fuller's Universe.* Plenum Press, New York 1989
Snyder, Robert (Hrsg.): *Buckminster Fuller.* St. Martin's Press, New York 1980
Solà-Morales, Ignasi de: *Gaudi.* Rizzoli, New York 1984
Spangler, David:
Towards a Planetary Vision. Findhorn Foundation, Forres (Schottland) 1977
Vision of Findhorn Anthology. Findhorn Foundation, Forres (Schottland) 1976
Speeth, Kathleen Riordan: *The Gurdjieff Work.* Jeremy P. Tarcher, Los Angeles 1989
The Spiritual in Art: Abstract Painting 1890-1985 (Ausstellungskatalog). Abbeville Press, New York 1986
Sri Aurobindo und the Mother: *Towards Tomorrow.* Sri Aurobindo Society, Pondicherry (Indien) 1974
Steiner, Rudolf:
Bilder okkulter Siegel und Säulen. Rudolf Steiner Gesamtausgabe, Rudolf Steiner Verlag, Dornach (Schweiz) 1976
The Essential Steiner. Hrsg. von Robert A. McDermott. Harper & Row, San Francisco 1984
Der Hüter der Schwelle. Rudolf Steiner Gesamtausgabe, Rudolf Steiner Verlag, Dornach 1976
Ein malerischer Schulungsweg. Rudolf Steiner Gesamtausgabe, Rudolf Steiner Verlag, Dornach 1986
Der Seelen Erwachen. Rudolf Steiner Gesamtausgabe, Rudolf Steiner Verlag, Dornach 1976
Das Wesen der Farben. Rudolf Steiner Gesamtausgabe, Rudolf Steiner Verlag, Dornach 1976
Stern, Jane und Michael: *Amazing America.* Random House, New York 1978
Taylor, Anne: *Visions of Harmony.* Oxford University Press, New York 1987
Taylor, Thomas: *Iamblichus' Life of Pythagoras.* Inner Traditions International, Rochester (Vt.) 1986 (Reprint der Ausgabe von 1818)
Teilhard de Chardin, Pierre: *The Heart of Matter.* Harcourt Brace Jovanovich, New York 1978
Thomas, Robert David: *The Man Who Would Be Perfect.* University of Pennsylvania Press, Philadelphia 1977
Thorndike, Joseph J., Jr.: „Fruitlands." *American Heritage.* Februar-März 1986
Tisdall, Caroline, und Bozzolla, Angelo: *Futurism.* Oxford University Press, New York 1978
Tompkins, C.: „Profiles: Michael Murphy." *The New Yorker*, 5. Januar 1976
Tompkins, Peter, und Bird, Christopher: *Die Geheimnisse der guten Erde. Hoffnungsvolle Wege aus der ökologischen Krise.* Scherz Verlag, München 1989
Turner, J. F.: „Howard Finster's Paradise Garden." *Raw Vision* (London), Winter 1989-1990
„Twenty-One Years of Auroville: A Village View." *Auroville Today* (Tamil Nandu, Indien), 28. Februar 1989
Vahle, Neal: „Esalen Celebrates Its Silver Anniversary." *New Realities*, September-Oktober 1987
Viera, Ricardo, und Girardot, Norman: *The Worlds Folk Art Church: Reverend Howard Finster and Family* (Ausstellungskatalog). Lehigh University Art Galleries, Bethlehem (Pa.) 1986
Visionary Architects: Bouillée, Ledoux, Lequeu. University of St. Thomas, Houston (Tex.) 1968
Vogel, C. J. de: *Pythagoras and Early Pythagoreanism.* Van Gorcum (Niederlande) 1966

Wachsmuth, Guenther: *Rudolf Steiners Erdenleben und Wirken. Von der Jahrhundertwende bis zum Tode.* Philosophisch-Anthroposophischer Verlag, Goetheanum Dornach 1964
Walker, Kenneth: *Venture with Ideas.* Jonathan Cape, London 1951
Ward, Fred: „In Long-Forbidden Tibet." *National Geographic*, Februar 1980
Webb, James: *The Harmonious Circle.* G. P. Putnam's Sons, New York 1980
Welch, Stuart Cary: *India: Art and Culture, 1300-1900.* Holt, Rinehart and Winston, New York 1985
Westwood, Jennifer (Hrsg.): *The Atlas of Mysterious Places.* Weidenfeld & Nicholson, New York 1987
White, Anna, und Taylor, Leila S.: *Shakerism.* AMS Press, New York 1971
Whitford, Frank: *Bauhaus.* Thames and Hudson, London 1984
Wilfried: *The Mother: A Short Biography.* Sri Aurobindo Society, Pondicherry (Indien) 1986
William Morris Today (Ausstellungskatalog). Institute of Contemporary Arts, London 1984
Wilson, Colin: *Gurdjieff – Der Kampf gegen den Schlaf.* Verlag Droemer Knaur, München 1986
Wingler, Hans M.: *Das Bauhaus. 1919-1933 Weimar – Dessau – Berlin und die Nachfolge in Chicago seit 1937.* Verlage Rasch und M. DuMont Schauberg, Bramsche und Köln 1968
Wosien, Maria-Gabriele: *Sakraler Tanz. Der Reigen im Jahreskreis.* Kösel Verlag, München 1986
Wright, Frank Lloyd: *An Autobiography.* Horizon Press, New York 1932
Wright, Lawrence: „Part Three: Inner Peace." *Rolling Stone*, 16. November 1989
Wright, Olgivanna Hinzenberg: *The Shining Brow: Frank Lloyd Wright.* Horizon Press, New York 1960
Wythe, Iain Boyd:
Bruno Taut and the Architecture of Activism. Cambridge University Press, Cambridge 1982
Glass Chain Letters: Architectural Fantasies by Bruno Taut and His Circle. MIT Press, Cambridge (Mass.) 1985

QUELLENNACHWEIS DER ABBILDUNGEN

Abbildungen von links nach rechts sind durch Semikolon, solche von oben nach unten durch Gedankenstrich getrennt.

Einband: Illustration von Greg Harlin, Stansbury, Ronsaville, Wood, Inc. 6: Chester Beatty Library, Dublin. 7: Mit frdl. Genehmigung der Arthur M. Sackler Gallery, Smithsonian Institution, Washington (D.C.). 8: Jean-Louis Nou, Paris. 9: Bildarchiv Preußischer Kulturbesitz, Berlin. 10, 11: Metropolitan Museum of Art, the Sackler Fund (1969 69.242.10); Bofutenmangu, Bofu, Yamaguchi Prefecture, mit frdl. Genehmigung des Tokio National Museum, Tokio. 12, 13: Scala, Florenz, mit frdl. Genehmigung der Galleria degli Uffizii, Florenz; Bridgeman Art Library, London. 14, 15: Tate Gallery, London. 17: Illustration von Kim Barnes, Stansbury, Ronsaville, Wood Inc. 18, 19: Mit frdl. Genehmigung der National Portrait Gallery, London; Archiv für Kunst und Geschichte, Berlin; mit frdl. Genehmigung der British Library, London. 20, 21: Bridgeman Art Library, London. 22: Bildarchiv Preußischer Kulturbesitz, Berlin. 23: Scala, Florenz, mit frdl. Genehmigung des Memling Museum, Brügge. 24: Kay Chernush/Image Bank – Sonia Halliday Photographs, Weston Turville, Buckinghamshire. 26, 27: Galen Rowell/Mountain Light. 29: Scala, Florenz, mit frdl. Genehmigung der Sammlung Fosco Maraini, Florenz. 30: Mary Evans Picture Library, London. 32: Bibliothèque Nationale, Paris. 34: Bildarchiv Preußischer Kulturbesitz, Berlin. 35: National Portrait Gallery, London. 36, 37: William Morris Gallery, London; Victoria and Albert Museum, London; E. T. Archive/Tate Gallery, London, Hintergrund William Morris Gallery, London. 38: Hulton-Deutsch Collection, London; City of Manchester Art Galleries, London, Hintergrund William Morris Gallery, London. 40, 41: Worchester Art Museum, Worchester (Mass.). 43: Photo von Jonathan Williams, aus *St. Eom in the Land of Pasaquan* von Tom Patterson, Jargon Society, Columbus (Ga.) 1987. 44, 45: Productions Clovis Prévost – aus *Le Palais Idéal du Facteur Cheval* von Jean-Pierre Jouve, Claude Prévost und Clovis Prévost, © Éditions du Moniteur, Paris 1981, Hintergrundphoto Archives de la Drôme. 46, 47: Aus *St. Eom in the Land of Pasaquan* von Tom Patterson, Jargon Society, Columbus (Ga.) 1987, mit frdl. Genehmigung von Roger Manley; Jonathan Williams. 48, 49: © Roger Manley. 50, 51: Aus *Fantastic Architecture: Personal and Eccentric Visions* von Michael Schuyt, Harry N. Abrams, New York 1980, ausgenommen oben links Robert Doisneau/Ralpho, Paris. 52, 53: Gregg Blasdel (2), Hintergrundphoto Joe Covello/Black Star. 54, 55: Explorer, Paris, ausgenommen oben links Dmitri Kessel, Paris. 57: Illustration von Kim Barnes, Stansbury, Ronsaville, Wood, Inc. 58, 59: Mit frdl. Genehmigung der Church Archives, Church of Jesus Christ of Latter-day Saints, ausgenommen Mitte, Church of Jesus Christ of Latter-day Saints, Visual Resources Library, Salt Lake City (Utah). 61: Photo von Cliff Roenh, mit frdl. Genehmigung der Pennsylvania Historical and Museum Commission, Old Economy Village, Ambridge (Pa.) – Indiana Historical Society, William Henry Smith Memorial Library (# 4485). 62: New York State Museum, Albany, New York. 63: Collection of the United Society of Shakers, Sabbathday Lake (Maine). 64, 65: Fruitlands Museums, Massachusetts. 66, 67: Mit frdl. Genehmigung William Helfand; Collection of the United Society of Shakers, Sabbathday Lake (Maine); Henry Groskinsky, mit frdl. Genehmigung von Milton Sherman (8). 68: Western Reserve Historical Society, Cleveland. 69: New York State Museum, Albany, New York; Shaker Museum, Old Chatham, New York. 70: Shaker Museum, Old Chatham, New York. 71: Hancock Shaker Village. 72: Hancock Shaker Village (2) – Collection of the United Society of Shakers, Sabbathday Lake (Maine); Western Reserve Historical Society, Cleveland. 76: Oneida Community Mansion House, New York. 78, 79: Columbia University Libraries, Harris Oliphant Collection. 80, 81: Aus *Facing the Light* von Harold Francis Pfister, publiziert für die National Portrait Gallery von der Smithsonian Institution Press, Washington (D.C.) 1978 (3); Library of Congress. 82: Gemälde von Josiah Woolcott, mit frdl. Genehmigung der Massachusetts Historical Society. 83: Kopiert von Mark Sexton, mit frdl. Genehmigung des Orchard House, Concord (Mass.). 84: Aus *Art and Glory: The Story of Elbert Hubbard* von Freeman Champney, Crown, New York 1968. 85: Kopiert von Larry Sherer, mit frdl. Genehmigung der Roycroft Associates; Roycroft Associates. 86-97: Archives, Theosophical Society, Pasadena (Calif.) 99: Illustration von Kim Barnes, Stansbury, Ronsaville, Wood, Inc. 100: Bettmann Archive/UPI Newsphotos; aus *The Harmonious Circle: The Lives and Work of G. I. Gurdjieff, P. D. Ouspensky, and Their Followers* von James Webb, G. P. Putnam's Sons, New York 1980. 102, 103: © Farrell Grehan/Photo Researchers. 104: Aus *An American Architecture* von Frank Lloyd Wright, hrsg. von Edgar Kaufmann, © Horizon Press, New York 1955 – Frank Lloyd Wright Archives, © Frank Lloyd Wright Foundation. 105: Aus *Gurdjieff: Making a New World* von John G. Bennett, © 1973, publiziert von Turnstone Books, London 1973. 106: Aus *Teachings of Gurdjieff* von C. S. Nott, Routledge & Kegan Paul, London 1961. 107: Illustration Time-Life Books, Inc. 108: Aus *The Harmonious Circle: The Lives and Work of G. I. Gurdjieff, P. D. Ouspensky, and Their Followers* von James Webb, G. P. Putnam's Sons, New York 1980 – aus *Journey through This World: The Second Journal of a Pupil* von S. C. Nott„ Routledge & Kegan Paul, London 1969. 109: Aus *Gurdjieff and Mansfield* von James Moore, Routledge & Kegan Paul, London 1980. 110: Süddeutscher Verlag, Bilderdienst, München. 111: Aus *Art Inspired by Rudolf Steiner* von John Fletcher, © Mercury Arts, 1987. 112-115: Rudolf Steiner Verlag, Dornach. 116, 117: Museo Comarcal de Reus, kopiert von Catalá-Roca, Barcelona; Catalá-Roca – René Roland, Le Vésinet, Frankreich. 118, 119: Rudolf Steiner Verlag, Dornach (Schweiz). 120, 121: Erich Lessing, Wien, mit frdl. Genehmigung der Sammlung Hablik; © 1990 Familiennachlaß Oskar Schlemmer, Badenweiler. 122: Giraudon, Paris. 123: Kopiert von Luca Carrà, Mailand, mit frdl. Genehmigung der Sammlung Angelo Calmarini, Mailand – kopiert von Vivi Papi, Varese, mit frdl. Genehmigung der Fondazione Russolo-Pratella, Varese. 124, 125: Tretjakow-Gallerie; Ilse Berg – Kasimir Malewitschs suprematistische Komposition: Weißes Quadrat auf weißem Grund, 1918, Museum of Modern Art, New York; Indiana University Art Museum, Bloomington (Ind.) (#77.55.2). 126, 127: Akademie der Künste Berlin, Abt. Baukunst, ausgenommen unten rechts Wenzel-Hablik-Stiftung, Itzehoe. 128, 129: Bauhaus-Archiv, Berlin, © VG Bild-Kunst; mit frdl. Genehmigung des Agfa Foto-Historama, Köln – Bauhaus-Archiv, Berlin. 130: Kunsthaus Zürich; Bauhaus-Archiv, Berlin; aus *Klee* von Denys Chevalier, Crown, New York 1979, mit frdl. Genehmigung ARS, New York/COSMO-PRESS – Hugo Erfurth, Agfa Foto-Historama, Köln. 131: Bildarchiv Preußischer Kulturbesitz, Berlin; © 1990 Theaternachlaß Oskar Schlemmer, Sammlung UJS Badenweiler; Fotografische Sammlung im Museum Folkwang, Essen – Musée National D'Art Moderne, Centre National d'Art et de Culture Georges Pompidou, Paris. 132, 133: Gemeentemuseum, Den Haag; Stedelijk Museum, Amsterdam (2) – Produktie Grafische Afdeling, Capi-Lux Vak; Bauhaus-Archiv, Berlin. 135: Illustration von Kim Barnes, Stansbury, Ronsaville, Wood, Inc. 136: © Joyce Lyke/Esalen Media Center – Michael Alexander für LIFE. 138, 139: Paul Fusco/Magnum Photos. 140, 141: Sergio Stingo, Mailand; Comunità Damanhur, Turin; Sergio Stingo, Mailand. 142, 143: Aus *Linking the Future: Findhorn, Auroville, Arcosanti* von Jerome Clayton Glenn, Hexiad Project, Cambridge (Mass.) 1979. 145: Aus *Faces of Findhorn: Images of a Planetary Family* von Findhorn Community, Harper & Row, San Francisco 1980. 146, 147: Dominique Darr, Paris. 148, 149: Dominique Darr, Paris (2); Guy Piacentino. 150, 151: Buckminster Fuller Institute, Los Angeles, Hintergrund von Time-Life Books, Inc.

REGISTER

Kursiv gedruckte Seitenzahlen verweisen auf eine Abbildung zu dem betreffenden Stichwort.

A

Adam (biblische Gestalt), *22*; und Eden, *7, 12–13*; und Paradies-Mythen, 20
Adams, Hester Ann: Zeichnung, *72*
Adventisten, 57
Aeneis (Vergil), 33
Airaudi, Oberto, 141
Alchimie, 60
Alcott, Amos Bronson, *83*; und Fruitlands, 82–84; und Henry David Thoreau, 82; und Transzendentalisten, 81
Alfassa, Mirra (auch Mutter): und Auroville (Indien), 146, 149–150; und Karma-Yoga, 147, 149; und Paul Richard, 146; und Sri Aurobindo, 146, 147–148; Tod, 150
Amana Society, 75
Amida-Buddhisten, 6. *Siehe auch* Buddhisten
Anaximander (Astronom), 25
Andreae, Johann Valentin: und *Christianopolis*, 42
Ann, das Wort. *Siehe* Lee, Ann
Anthroposophie: und Rudolf Steiner, 102, 110, 118–119
Apokalypse: und die Essener, 33
Aroma of Athens, The (Schauspiel), *96–97*
Arts and Crafts-Bewegung: und Elbert Green Hubbard, 85; und William Morris, 36; und John Ruskin, 35
Astrologie, 60
Augustinus (Heiliger): und *Über den Gottesstaat*, 39; und Thomas More, 39
Auroville (Indien), *146–147, 148–149*; 150–152; und Mirra Alfassa, 146, 148; und Karma-Yoga, 147, 149, 150, 153; und Sri Aurobindo, 146, 147; und die UNESCO, 145
Azteken, 24

B

Bacon, Francis: und *Nova Atlantis*, 42
Bande Mataram (Zeitschrift), 147
Baptisten, 64
Basilius (Heiliger), 102
Bauhaus: und Almanach, *121*; und Walter Gropius, *129;* und Johannes Itten, 129, *130;* und Wassily Kandinsky, 129, *131;* und Paul Klee, 129, *130;* Manifest, *128*; und Oskar Schlemmer, *131*
Bauhütten, 129
Beelzebubs Erzählungen für seinen Enkel (Gurdjieff), 99
Beissel, Johann Conrad: und die Ephrata-Gemeinde, 60, 61
Besant, Annie, 118
Biodynamische Landwirtschaft, 118. *Siehe auch* Landwirtschaft
Biosphäre, 139
Bisi, Giannetto: Photo, *123*
Blauer Gott (Krishna), *8, 9*
Blavatsky, Helena Petrovna: und Rudolf Steiner, 115, 118; und die Theosophen, 87, 115, 118
Blithedale-Abenteuer, Das (Hawthorne), 82
Blok, Aleksandr, 121
Boccioni, Umberto, *123*
Botticelli, Sandro: Gemälde, *12*
Boullée, Étienne-Louis: Ehrengrabmal, *32*
Brook-Farm, 81, *82*
Brotherhood of the New Life, 79
Brueghel d. Ä., Jan: Gemälde, *12–13*
Brueghel d. Ä., Pieter: Gemälde *20–21*
Buch Mormon, 59
Buddhas, *29, 104*
Buddhisten, 11. *Siehe auch* Amida-Buddhisten; Zen-Buddhisten
Burden, Jane, *37, 38*; und William Morris, 36; und Dante Gabriel Rossetti, 36
Bürgerdiplomatie, 137, 152

C

Caddy, Eileen: und die Findhorn-Gemeinde, 143, 144; (zit.), 143, 144, 145
Caddy, Peter: und die Findhorn-Gemeinde, 143, 144
Calvinisten, 65
Campanella, Tommaso: und *Der Sonnenstaat*, 40, 42
Cheval, Ferdinand: und Architektur, *44–45*
Cheyenne-Indianer, 18
Chiliasten (Millennaristen), 24; Definition, 57; und goldenes Zeitalter, 24–25; und Harmonisten, 62–63; und William Miller, 57, 60; und John Humphrey Noyes, 77; und Georg Rapp, 62, 63; und Jemima Wilkinson, 74; und *The Woman in the Wilderness*, 60
Christianopolis (Andreae), 42
Cohoon, Hannah: Aquarelle, *71, 72*
Coitus reservatus: Definition, 78
Collins, Polly: Aquarell, *73*
Cortes, Hernando, 24
Coxcie, Michiel van: Gemälde, *22*

D

Damanhur, *140–141*
Davidson, Gordon, 153
Devas: und Dorothy Maclean, 143, 144
Dilmun, 18–20
Doesburg, Theo van, 132; Gemälde, *133*; und *De Stijl*, 132

E

Eden: und Adam, *7, 12–13*; und Eva, *7, 12–13*; und Paradies-Mythen, 18, 20
Einstimmung: und die Findhorn-Gemeinde, *142–143*, 145
Elysium, 23
Emerson, Ralph Waldo, *81*
Engelmeditation, *145*
Enki (Gott), 18, 20
Enneagramm, *107*
EOM, St. *Siehe* Martin, Eddie Owens
Ephrata-Gemeinde, 60–62
Erziehung: und Rudolf Steiner, 111, 113, 118–119. *Siehe auch* Raja-Yoga-Schule
Esalen Institute: und Bürgerdiplomatie, 137; Eigenschaften, 135–137; und Robert S. Fogarty, 137, 138; und Boris Jelzin, 137; und Leo Litwak, 134–135; und Michael Murphy, 135, 137; und Richard Price, 135; und sowjetisch-amerikanisches Austauschprogramm, 137; und Arnold Toynbee, 139; und Workshop, *138–139*; und Yoga, *136–137*
Esoterisches Christentum: und Georgeij Iwanowitsch Gurdjieff, 102; und Rudolf Steiner, 102, 114–115
Essener: und Apokalypse, 33; als Auserwählte, 35; und Disziplin, 34–35; und Johannes der Täufer, 35; und Josephus, 33, 34; Niedergang, 35; und Pythagoreer, 33, 35; und Sabbat, 34; und Sklaverei, 34, 35
Eumenides (Aischylos), 96
Euripides, 96
Eurythmie, 118
Eva (biblische Gestalt), *22*; und Eden, *7, 12–13*; und Paradies-Mythen, 20
Exorzismus, *140–141*
Expressionisten, 129

F

Feste: der Shaker, 69, 70
Feininger, Lyonel: Holzschnitt, *128*
Findhorn-Gemeinde: und Eileen und Peter Caddy, 142, 143, 144; und Einstimmung, *142–143*, 145; und Engelmeditation, *145*; und Holismus, 143; und Dorothy Maclean, 142, 143, 144; und Lida Sims, 143; und David Spangler, 144; und Ralph White, 145
Finster, Howard: Kunstwerk, *48–49*
Fogarty, Robert S., 137–138
Fourier, Charles, 82
Fra, The (Zeitschrift), *85*
France, Anatole, 39
Friedensfest, *92–93*
Friedenskongreß, *93*
Fruitlands, 82, 84
Fuller, Margaret, *80*
Fuller, Richard Buckminster, 150; Architektur-Erfindungen, *150–151*
Fundamentalisten, 60
Futuristen: Hintergrund, 122; Kunstwerke, *122, 123*; und Filippo Marinetti, 122; und Technologie, 121, 122, 124

G

Gandhi, Mohandas K., 146
Garten: und Paradies-Mythen, *6–15*
Gaudí, Antoni, *116*; Architektur, *116–117*
Geburtenkontrolle, 78
Geheimwissenschaft im Umriß, Die (Steiner), 115
Geisteswissenschaft, 102
Gemeinde von Jerusalem: und Jemina Wilkinson, 74, 75
Gemeinschaften: Anzahl, 137–138; Eigenschaften, 138, 152–153; Definition, 17, 137; und das Esalen Institute, 137, 138; und Robert S. Fogarty, 137–138; und New-Age-Bewegung, 138–139, 142; und Arnold Toynbee, 139, 142; und Zen-Buddhisten, 137; Ziele, 137, 142, 153
Geschenkzeichnungen (Shaker), *71–73*
Gesetze, Die (Platon), 23
Ghose, Aurobindo. *Siehe* Sri Aurobindo
Gläserne Kette, Die, 121; und Paul Scheerbart, 126; und Bruno Taut, 126
Goethe, Johann Wolfgang von: und Rudolf Steiner, 113, 114, 115
Goetheanum, *114–115*
Goldenes Zeitalter: und Azteken, 23–24; und Chiliasten, 24–25; und Griechen, 22–23; und Hindus, 25; und Inder, 23; und Manichäer, 25; und Pythagoreer, 28; und Römer, 23
Gottesstaat, Über den (Augustinus), *30*, 39

Graham, Sylvester, 77
Griechen, 22–23
Gropius, Walter, *129*
Güell, Eusebio, 116; Park Güell (Gaudi), *116–117*
Guild of Saint George, 35
Gurdjieff, Georgeij Iwanowitsch, *100*; Eigenschaften, 98–99, 101–102, 119; Enneagramm, *107*; und esoterisches Christentum, 102; Institut für die harmonische Entwicklung des Menschen, *106*, 109; und Kappadozien, 102; und Katherine Mansfield, 109; und Massenhypnose, 107; und New-Age-Bewegung, 102; und Peter Ouspensky, 98, 100; und J. B. Priestley, 109; Reisen, 107, 108, 109; und Tanz, *105*, 109; Tod, 109; und Jean Toomer, 105; und Kenneth Walker, 98–99, 101; und Frank Lloyd Wright, 109; und Olgivanna Hinzenberg Wright, 104, *105*; (zit.), 101, 107, 109

H

Hablik, Wenzel August: Architektur-Entwurf, *127*; Gemälde, *120*; (zit.), 120, 127
Harmonisten (Harmoniten): und Chiliasten, 57; Eigenschaften, 57, 62; Entwicklung, 62; und Georg Rapp, *61*, 62, 63
Harris, Thomas Lake: und Fountain Grove, *78–79*
Hawthorne, Nathaniel, 81, 82
Hesiod, 22, 23; und *Werke und Tage*, 22
Hicks, Edward: Gemälde, *40–41*
Hindus: und goldenes Zeitalter, 25; und Paradies-Mythen, 6
History of Utopian Thought, The (Hertzler), 33, 39
Holismus: Definition, 142; und die Findhorn-Gemeinde, 143; und Dorothy Maclean, 143, 144
Hollister, Alonzo, *66*
Holyoake, George J., 68
Homer: *Odyssee*, 23
Hopi-Indianer, 20, 22
Hubbard, Bertha, 84
Hubbard, Elbert Green, *84*; und *Arts and Crafts*-Bewegung, 85; und Bertha Hubbard, 84; und Alice Moore, *84*; und William Morris, 85; und *Roycroft Printing Shop*, 85; und John Ruskin, 85; Tod, 84, 85; (zit.), 85
Hüter der Schwelle, Der (Steiner), *119*
Hunter, Dard: Gestaltung, *85*
Huxley, Aldous, 142

I

Iamblichos: und Pythagoras, 25, 26, 30; (zit.), 25, 26, 28, 30
Inder: und goldenes Zeitalter, 23
Insel der Seligen, 23
Inspirationisten: und *Amana Society*, 75; Eigenschaften, 57
Institut für die harmonische Entwicklung des Menschen: und Georgeij Iwanowitsch Gurdjieff, 109; Programm, *106*
Isidore, Raymond, 50; und Kunstwerke, *50–51*
Isis-Liga für Musik und Schauspiel, 96
Itten, Johannes, *130*; und Bauhaus, 129, 130; und Expressionisten, 129; Gemälde, *130*; und Mazdaznan, 130

J

Jackson, Rebecca, 68
Japan: und Paradies-Mythen, *11*
Johannes (Apostel): und Visionen, *23*, 24–25
Johannes der Täufer, 35
Josephus: und Essener, 33, 34
Jüdisch-christliche Überlieferung: und Paradies-Mythen, 6, *12–13*, *14–15*, 18, 20

K

Kali-*yuga*, 105
Kandinsky, Wassily, *131*; und Bauhaus, 129, 131; und Expressionisten, 129; Gemälde, *131*; und Kasimir Malewitsch, 131; und Suprematisten, 131; und Utopia, 121
Kant, Immanuel: und Rudolf Steiner, 111, 114
Karma-Yoga: und Mirra Alfassa, 147, 149; und Auroville (Indien), 149; und Karma-Yoga-Schule, 150, 153; und Sri Aurobindo, 147. *Siehe auch* Yoga
Kelmscott Press, 85
Kelpius, Johannes, 60
Kirche Jesu Christi der Heiligen der Letzten Tage. *Siehe* Mormonen
Klee, Paul, *130*; und das Bauhaus, 129, 130; und Expressionisten, 129; Gemälde, *130*; (zit.), 130
Koguski, Felix, 113
Kolumbus, Christoph, 58, 70
Konfuzianer, 6
Konstruktivisten: und El Lissitzky, 125; und Technologie, 124
Körperbewußtsein, 137
Koran: und Paradies-Mythen, 6, *7*
Kosmischer Baum, *86*
Kosmischer Tanz, *9*
Kräutermedizin, *66–67*
Krishna (auch blauer Gott), *9*, 147
Kritik der reinen Vernunft (Kant), 111
Kronos (Gott), 23

L

Landwirtschaft: und Rudolf Steiner, 110, 118
Lee, Ann (auch Ann, das Wort, Mutter Ann), 73; und Baptisten, 64; und Calvinisten, 65; Heirat, 63; und Shaker, 56, 63–64; Tod, 65; Verfolgung, 64, 65; und Visionen, 56, 63, 64, 69, 71; (zit.), 56, 69, 74; und Zölibat, 64, 65, 70
Lärmerzeugende Instrumente, *123*
Leben des Lykurg (Plutarch), 33
León, Maximilian de (auch Bernhard Müller), 63
Lissitzky, El: Photomontage und Zeichnung, *125*
Litwak, Leo, 134–135
Luther, Martin, 57

M

Maclean, Dorothy: und Devas, 143, 144; und die Findhorn-Gemeinde, 142, 143, 144; und Holismus, 144
Malewitsch, Kasimir, *124*; Gemälde, *124*; und Wassily Kandinsky, 131; und Suprematisten, 124; (zit.), 124
Malory, Thomas: *Der Tod Arthurs*, 36
Manichäer, 25
Manifestation (Findhorn-Gemeinde), 144
Mansfield, Katherine, *109*
Marinetti, Filippo, 122
Martin, Eddie, Owens (auch St. EOM): Kunst, 43, *46–47*
Martin, John: Gemälde, *14–15*
Massenhypnose, 107
Matrimandir (Auroville), *146*, 149, 152
Mazdaznan, 130
McLaughlin, Corinne, 153
Meacham, Joseph: und Shaker, 68
Melba, Nellie, 96
Menelaos (König von Sparta), 23
Menschenstaat, 30, 39
Menschliches Potential: und Georgeij Iwanowitsch Gurdjieff, 107–108; und Aldous Huxley, 142; und New-Age-Bewegung, 142
Message to Garcia, A (Hubbard), 85
Metamorphosen (Ovid), 23
Metempsychose, 28
Metz, Christian, 75
Millennaristen. *Siehe* Chiliasten
Miller, William: und Adventisten, 57; und Chiliasten, 57, 60
Mondrian, Piet, *132*
Montezuma II., 24
Moore, Alice, *84*
More [Morus], Thomas, 16, *18*; und Augustinus, 39; und Platon, 35; und Reformation, 17; und *Utopia*, 16, 39–40, 58
Mormonen, 58–59
Morris, William, *36*; und *Arts and Crafts*-Bewegung, 36; und Jane Burden, 36; Gemälde, *37*; und Elbert Green Hubbard, 85; und Dante Gabriel Rossetti, 36; und John Ruskin, 36; Tapete, *36–37*
Tod Arthurs, Der (Malory), 36
Moslems: und Paradies-Mythen, *6*, *7*
Mu, Volk von, *46–47*
Müller, Bernhard (auch Maximilian de León), 63
Murphy, Michael: und das Esalen Institute, 135, 137; und Sri Aurobindo, 135, 145; (zit.), 135
Mutter. *Siehe* Alfassa, Mirra
Mutter Ann. *Siehe* Lee, Ann
Mysterien-Dramen: und Rudolf Steiner, *118–119*

N

Naive Visionäre: Definition, 43; Kunstwerke, *44–55*
Neo-Pythagoreer, 33
Neresheimer, E. August, 90
New-Age-Bewegung, 17; und Gemeinschaften, 138, 139; und Georgeij Iwanowitsch Gurdjieff, 102; und menschliches Potential, 142; und Rudolf Steiner, 102; und Pierre Teilhard de Chardin, 139, 142; und Arnold Toynbee, 139, 142; und Wassermann-Zeitalter, 138–139
Neues Jerusalem, 25
Newhouse, Sewell, 80
New Jerusalem Church, 34
Newton, Isaac, 32
Ninhursag (Göttin), 18, 20
Noosphäre, 139
Nova Atlantis (Bacon), 42
Noyes, John Humphrey, *76*; und Chiliasten, 77; Exil, 80; und Geburtenkontrolle, 78; und Oneida-Gemeinde, 75, *76*, 78, 80; und Perfektionisten, 78; und Sexualität, 77–78, 80; (zit.), 77–78
Nyambi (Gott), 20

O

Objektives Bewußtsein: Definition, 108
Odyssee (Homer), 23
Oneida-Gemeinde, 75, *76*, 78, 80; und Sewell Newhouse, 80; und John Humphrey Noyes, 77–78; und Rassenzüchtung, 80; und Sexualität, 77–78, 80
Ouspensky, Peter, *100*; und Georgeij Iwanowitsch Gurdjieff, 98; und Kenneth Walker, 98

P

Paradies-Mythen: und Adam, 20; und Amida-Buddhisten, 6; und Angola, 20; und Buddhisten, 11; und Cheyenne-Indianer, 18; und China, 11; und Eden, 18, 20; und Eva, 20; und Gärten, 6–15; und Hindus, 6; und Hopi-Indianer, 20, 22; und Japan, *11*; und jüdisch-christliche Überlieferung, 6, *12–13*, *14–15*, 18, 20; und Konfuzianer, 6; und Koran, 6, *7*; und Moslems, *6*, *7*; und Persien, 6; und Sumerer, 18, 20; und Zen-Buddhisten, 6
Pasaquan, 43, *46–47*
Pasaquoyaner: Definition, 47
Peabody, Elizabeth Palmer, *81*
Penn, William, 40
Pennsylvania: Gründung, *40–41*
Perennial Philosophy, The (Huxley), 142
Perfektionisten, 78; Eigenschaften, 57; und Sylvester Graham, 77; und John Humphrey Noyes, *76*, 77–78
Perikles, 96
Perot, Rebecca, *68*
Pflanzenheilmittel (Shaker), *66–67*
Phaidon (Platon), 31
Phalangen: Definition, 82

Philistine, The (Zeitschrift), 85
Philo von Alexandria (Philosoph), 35
Philosophie der Freiheit (Steiner), 114
Pietisten, 75
Platon: und Akademie, 31; und *Die Gesetze*, 23; und Hesiod, 23; und Thomas More, 17, 39; und *Phaidon*, 31; und Pythagoreer, 30, 33; und *Der Staat*, 17, 31, 33, 35, 95; (zit.), 23, 30, 31
Plutarch: *Leben des Lykurg*, 33
Point Loma Universal Brotherhood and Theosophical Society, 88–89; und Friedensfest, *92–93*; und Nellie Melba, 96; Merkmale, 90; und Musik, *95, 96*; und E. August Neresheimer, 90; und Francis Pierce, 90; und Raja-Yoga-Schule, *94, 95*; und Schauspiel, *96–97*; und Albert G. Spalding, 90; und Katherine Spalding, 90; und Clark Thurston, 90; und Tänze, *94–95*; und Katherine Tingley, 87–97
Potential. *Siehe* Menschliches Potential
Präraffaeliten: und Dante Gabriel Rossetti, 36; und John Ruskin, 35
Price, Richard, 135, 137; und das Esalen Institute, 135
Priestley, J. B., 109
Proteus (Gott), 23
Public Universal Friend. Siehe Wilkinson, Jemina
Pythagoras, 17; und Iamblichos, 25, 26, 30; Leben, 25–26; und Pythagoreer, 17, 26, 28
Pythagoreer: Eigenschaften, 26, 28; und Essener, 33, 35; und goldenes Zeitalter, 28; und Initiation, 28; und Metempsychose, 28; Niedergang, 30, 35; und Platon, 30–31, 33; und Plutarch, 33; und Pythagoras, 17, 26, 28; und Rat der Dreihundert, 26; und Vergil, 33

Q

Quäker, 63
Quetzalcoatl, 24

R

Raja-Yoga-Akademie, *90, 91, 94*
Raja-Yoga-Schule, *94, 95;* und Katherine Tingley, *95. Siehe auch* Erziehung
Rapp, Georg, *61*, 62, 63; und Chiliasten, 62; und Harmonisten, 62–63; und Bernhard Müller, 63; Tod, 63; und Zölibat, 62, 63
Rappisten. *Siehe* Harmonisten
Rat der Dreihundert (Pythagoreer), 26
Reformation: und Martin Luther, 57; und Thomas More, 17
Richard, Paul: und Mirra Alfassa, 146; und Sri Aurobindo, 146; (zit.), 146
Rietveld, Gerrit T.: Architektur, *132*; und *De Stijl*, 133; Stuhl, *133*
Ripley, George: und Brook-Farm, 81–82
Rosenkreuzer, 60
Rossetti, Dante Gabriel, *38*; und Jane Burden, 36; Gemälde, *38*; und William Morris, 36; und Präraffaeliten, 36
Roycroft Printing Shop, 85
Ruskin, John, *35*; und *Arts and Crafts*-Bewegung, 35; und *Guild of Saint George*, 35; und Elbert Green Hubbard, 85; und William Morris, 36; und Präraffaeliten, 35
Russell, Bertrand, 25
Russolo, Luigi: Gemälde, *122*; und lärmerzeugende Instrumente, *123*

S

Sabbat, 34
Scheerbart, Paul, 126
Schlemmer, Oskar, *131*; Ballett, *131*
Schmidt, Clarence: Bauwerk, *52–53*
Schriftrollen vom Toten Meer, 34
Schwarze: und Shaker, 68
Seelen Erwachen, Der (Steiner), *118–119*
Selbstbewußtsein: Definition, 108
Sexualität: und Thomas Lake Harris, 79; und John Humphrey Noyes, 77–78, 80; und Oneida-Gemeinde, 75, 77, 78, 80
Shaker, 63–65, 68–70, 74; Entwicklung, 68; und Feste, 68, *69*, 70; und Geschenkzeichnungen, *71–73*; und Sylvester Graham, 77; und Handwerk, 68–69; Hintergrund, 56–57; und Indianer, 66, 69–70; und Rebecca Jackson, 68; und Ann Lee, 56, 63–64; und Joseph Meacham, 65; und Rebecca Perot, 68; und Pflanzenheilmittel, *66–67*; und Schwarze, 68; und Spiritualismus, 69–70; und Tanz, *64–65*, 69–70; und Verfolgung, 64, 65; und Visionen, 71; und Lucy Wright, 68; und Zölibat, 64, 65, 69, 70; und Zusammenkünfte, *63*, 69–70
Sims, Lida, 143
Sioux-Indianer, 23
Sklaverei, 34–35
Smith, Joseph, *58*; und Mormonen, 58, 59; Tod, 59; (zit.) 59
Sokrates, 31
Sommernachtstraum, Ein (Shakespeare), 96, *97*
Sonnenstaat, Der (Campanella), 40, 42
Sowjetisch-amerikanisches Austauschprogramm, 137
Spalding, Albert G., 90
Spalding, Katherine, 90
Spangler, David, 144
Spiel des Lebens, *141*
Sri Aurobindo (auch Aurobindo Ghose): und Mirra Alfassa, 146, 149–150; und Auroville (Indien), 145, 148; Hintergrund, 146–148; Karma-Yoga, 147, 149; und Michael Murphy, 135, 146; und Paul Richard, 146; Tod, 148; (zit.), 147, 148
Staat, Der (Platon), 17, 31, 33, 35, 95
Stadt der Morgendämmerung. *Siehe* Auroville
Steine Venedigs, Die (Ruskin), 35
Steiner, Rudolf, *110*; und Anthroposophie, 102, 110, 118–119; und Annie Besant, 118; und Helena Petrovna Blavatsky, 115, 118; und Erziehung, 111, 113, 118–119; und esoterisches Christentum, 102, 114–115; und Eurythmie, 118; und Farbe, *112–113*; und Geisteswissenschaft, 102; 109; und Geometrie, 111, *114–115*; und Johann Wolfgang von Goethe, 113, 114, 115; und das Goetheanum, *114–115*; Hintergrund, 109, 111–113; und Kali-yuga, 105; und Immanuel Kant, 111, 114; und Felix Koguski, 113; und Landwirtschaft, 110, 118; und Mysterien-Dramen, *118–119*; und New-Age-Bewegung, 102; und Visionen, 109, 111
Stijl, De (Künstlergruppe): Eigenschaften, 121, 132; und Theo van Doesburg, 132; und Piet Mondrian, 132, 133; und Gerrit T. Rietveld, 133
Stijl, De (Zeitschrift), 132
Sumerer, 18, 20
Suprematisten: und Wassily Kandinsky, 131; und El Lissitzky, 125; und Kasimir Malewitsch, 124
Swedenborg, Emanuel, *34*

T

Tanz: und Georgeij Iwanowitsch Gurdjieff, *105*, 109; und *Point Loma Universal Brotherhood and Theosophical Society, 94–95*; und Shaker, *64–65*, 69–70
Tantrismus, *29*
T'ao Ch'ien, 11
Tatin, Liseron, *54, 55*
Tatin, Robert: Skulpturen, *54–55*
Taut, Bruno: Architektur, *126*
Taut, Max: Architektur, *127*
Teilhard de Chardin, Pierre: und New-Age-Bewegung, 139, 142; und Biosphäre, 139; und Noosphäre, 139; (zit.), 139
Thatcher, David, 152
Theosophische Gesellschaft: und Avataren, 115; und Helena Petrovna Blavatsky, 87, 115, 118; und Piet Mondrian, 132; und Rudolf Steiner, 115, 118; und Katherine Tingley, 87
Thoreau, Henry David, *80*, 81, 82, 84; und Amos Bronson Alcott, 82, 84; und Transzendentalisten, 81
Tingley, Katherine, 87, *88, 89*; und Friedensfest, *92–93*; und Isis-Liga für Musik und Schauspiel, 96; als Philanthropin, 92; und *Point Loma Universal Brotherhood and Theosophical Society*, 87–97; und Raja-Yoga-Schule, *94, 95;* und Regel des Schweigens, 95; Tod, 87, 95; und Todesstrafe, 92; und Visionen, 88; und Woodrow Wilson, 92; (zit.), 87, 89, 92, 96
Toomer, Jean, 105
Toynbee, Arnold, 139, 142
Transzendentalisten: und Amos Bronson Alcott, 81; und Brook-Farm, 81–82; Eigenschaften, 57, 81; und Fruitlands, 82, 84; und Sylvester Grahamis, 77; und Ann Lee, 81; und Henry David Thoreau, 81

U

United Society of Believers in Christ's Second Appearing. Siehe Shaker
Urpflanze (Steiner), *112*
Utopia (More), 16, *18–19*, 39–40, 42
Utopie: Definition, 17

V

Vergil, 23; und *Aeneis*, 33
Visionen: und Rebecca Jackson, 68; und Johannes, *23*, 24–25; und Ann Lee, 56, 63, 64, 69, 71; und Rudolf Steiner, 109, 111; und Emanuel Swedenborg, 34; und Katherine Tingley, 88

W

Walden (Thoreau), 82
Walker, Kenneth: und Georgeij Iwanowitsch Gurdjieff, 98–99, 101; und Peter Ouspensky, 98
Waring, Jane Lee, *78*
Washington, George, *53*
Wassermann-Zeitalter, 138–139
Werk, Das (Gurdjieff), 102, 108, 109
Werke und Tage (Hesiod), 22
Wicker, Joseph: Zeichnung, *73*
Wilde, Oscar, 18
Wilkinson, Jemima (auch *Public Universal Friend*): und Chiliasten, 74; und Gemeinde von Jerusalem, 74, 75; Tod, 75
Wolcott, Josiah: Gemälde, *82*
Werke und Tage (Hesiod), 22–23
Woman in the Wilderness, The, 60
World's Folk Art Church, 49
Wright, Frank Lloyd, *104*; Architektur, *104*; und Georgeij Iwanowitsch Gurdjieff, 109; (zit.) 104
Wright, Lucy, 68
Wright, Olgivanna Hinzenberg: und Georgeij Iwanowitsch Gurdjieff, 104, *105*

Y

Yoga, *136–137. Siehe auch* Karma-Yoga
Young, Brigham, *59*; und Mormonen, 59
Yuga, 23, 105

Z

Zen-Buddhisten: und Gemeinschaften, 137–138; und Paradies-Mythen, 6. *Siehe auch* Buddhisten
Zimmermann, Johann Jakob, 60
Zölibat: und *Amana Society*, 75; und Ann Lee, 64, 65, 70; und Georg Rapp, 62, 63; und Shaker, 64, 65, 69, 70

TIME-LIFE BÜCHER

LEITUNG DER EUROPÄISCHEN REDAKTION:
Ellen Phillips
Direktor des Designs: Ed Skyner
Leitung der Administration: Samantha Hill
Chefassistentin: Ilse Gray
Stellvertretende Direktorin des Designs: Mary Staples

GEHEIMNISSE DES UNBEKANNTEN

DIREKTOR DER REIHE: Jim Hicks
Administration der Reihe: Myrna Traylor-Herndon
Designer: Tom Huestis

Redaktionsstab für *Visionen und Utopien:*
Redaktion: Sarah Schneidman (Bild); Robert A. Doyle, Janet Cave, Marfé Ferguson Delano, Margery A. duMond (Text)
Design: Susan M. Gibas
Dokumentation: Patti H. Cass, Constance Contreras, Sharon Obermiller, Carla Reissman

Weitere Mitarbeiter: Susan M. Schaeffer, Beth DeFrancis, Patricia A. Paterno, Evelyn S. Prettyman, Priscilla T. Schneidman, Joann Stern (Dokumentation); Champ Clark, John Clausen, George Daniels, Norman Draper, Alison Kahn, Robert Kiener, Harvey S. Loomis, Brian J. McGinn, Wendy Murphy, Jake Page, Curtis W. Pendergast, Susan Perry, Peter Pocock, James Schutze, Daniel Stashower, Danna L. Walker, May Wuthrich (Text); John Drummond (Design); Hazel Blumberg-McKee (Register)

Korrespondenten: Elisabeth Kraemer-Singh (Bonn); Christina Lieberman (New York); Maria Vincenza Aloisi (Paris); Ann Natanson (Rom)

Hilfreiche Unterstützung leisteten ebenfalls: Angelika Lemmer (Bonn); Judy Aspinall, Lesley Coleman (London); Trini Bandrès (Madrid); Elizabeth Brown (New York); Ann Wise (Rom); Mary Johnson (Stockholm); Traudl Lessing (Wien)

LEITUNG DER DEUTSCHEN REDAKTION:
Marianne Tölle
Textredaktion: Christine Westphal
Computersatz: Barbara Rechmann, Edelgard Prinz-Korte

Aus dem Englischen übertragen von Herbert Griese, Sabine Rubin, Margarete Tesch, Angelika Feilhauer

Berater:
Marcello Truzzi, Professor für Soziologie an der Eastern Michigan University, ist auch der Leiter des Center for Scientific Anomalies Research (CSAR) und Herausgeber von dessen Zeitschrift *Zetetic Scholar*. Dr. Truzzi, der sich bezüglich des Paranormalen als „konstruktiver Skeptiker" bezeichnet, bemüht sich über das CSAR um Dialoge zwischen Kritikern und Verfechtern ungewöhnlicher wissenschaftlicher Thesen.

Dieser Band gehört zu einer Reihe, die sich mit rätselhaften Phänomenen befaßt, für die die Wissenschaft bis heute keine schlüssigen Erklärungen gefunden hat.

Lizenzausgabe für den ECO Verlag GmbH, Köln
Eltville/Rhein, 1999

ISBN 3 933468 95 7

Farbreproduktionen: Liberty Engraving Co., Chicago, USA
Satz: Utesch Satztechnik GmbH, Hamburg
Druck und Einband: Artes Gráficas Toledo, S.A.
D.L.TO: 349-1999